生涯铸造：名人心理传记分析

王鹏　田梅　丁雪　著

山东人民出版社·济南
国家一级出版社　全国百佳图书出版单位

图书在版编目（CIP）数据

生涯铸造：名人心理传记分析/王鹏，田梅，丁雪著. -- 济南：山东人民出版社，2021. 3

ISBN 978 - 7 - 209 - 12548 - 2

Ⅰ. ①生… Ⅱ. ①王… ②田… ③丁… Ⅲ. ①名人—传记—心理学研究方法—中国 Ⅳ. ①K820

中国版本图书馆 CIP 数据核字(2019)第 267908 号

生涯铸造：名人心理传记分析

SHENGYA ZHUZAO：MINGREN XINLI ZHUANJI FENXI

王鹏　田梅　丁雪　著

主管单位　山东出版传媒股份有限公司
出版发行　山东人民出版社
出 版 人　胡长青
社　　址　济南市英雄山路 165 号
邮　　编　250002
电　　话　总编室（0531）82098914
　　　　　市场部（0531）82098027
网　　址　http：//www. sd - book. com. cn
印　　装　阳谷毕升印务有限公司
经　　销　新华书店

规　　格　16 开（169mm ×239mm）
印　　张　13. 5
字　　数　210 千字
版　　次　2021 年 3 月第 1 版
印　　次　2021 年 3 月第 1 次
ISBN　978 - 7 - 209 - 12548 - 2
定　　价　32. 00 元

前　言

拿到这本书，你可能会不禁产生一些疑惑：到底什么是生涯心理传记？它和传统意义上的人物传记有何区别？相对于现有的心理传记而言，生涯心理传记又有何特点和优势呢？下面就请你带着这些疑惑，跟随我们的脚步，来揭开生涯心理传记学的神秘面纱。

一、　心理传记学与生涯心理传记

（一）心理传记学

心理传记学是使用心理学理论、心理学和历史学研究方法对社会文化背景中具有历史意义的个体进行高强度的生命故事研究。1910 年，第一部心理传记作品《列奥纳多·达芬奇与他童年的一个记忆》出版，作者是著名心理学家弗洛伊德，心理学与文学传记第一次连接在一起，重新定义了传记和心理学作为应用精神分析的使命。这是心理传记学的开端。在此之后，大量的心理学传记出现，对此方法的批评也纷至沓来。但是这些批评并没有影响心理传记的发展，1915 年《王子凯撒的心理状态：一项感情和癖好的研究》、1917 年《从心理学视角看耶稣》等作品被视为心理传记学的尝试。20 世纪二三十年代以后，心理传记学继续盛行，出现了研究凯撒、达尔文、林肯和拿破仑等人的心理学传记，其中，埃里克森的《青年路德：一项有关精神分析的研究》最为著名。到了20世纪60年代，埃里克森的第二部作品《甘地的真相：好战的非暴力之起源》印证了心理传记学方法的拓展与成熟。20世纪70年代以来，随着心理传记出版物数量的增加，心理传记学家们意识到心理传记在很大程度上促进了人们对个体生命的理解。

目前我国郑剑虹教授从学科研究的历史与现状及综合视角提出了心理传记学的如下定义：心理传记学是系统地采用心理学的理论和方法对个别人物的生命故事进行研究的一门学问（郑剑虹，2014）。由此定义我们不难理解，心理传记学就是在传统人物传记的基础上，使用心理学理论，对某一传主的某些经历或人生中的重大事件进行分析，来探究传主在这段时间的心理活动，以及传主做出某种选择的背后动机。这也就意味着，我们在阅读某些名人的传记时所产生的疑惑，多半在心理传记学中可以寻得相应的解答，即心理传记学在很大程度上可以解答传主身上存在的悬疑性问题，比如，科学巨匠牛顿为何终身未婚。

（二）生涯心理传记

在心理传记学的基础上，引入“生涯”这一概念，使用心理学理论和生涯理论来对传主进行分析，就形成了我们这本书所要呈现给大家的“生涯心理传记”。何谓生涯？“生”，即“活着”；“涯”，即“边界”。广义上理解，“生”，自然是与一个人的生命相联系；“涯”，则有边际的含义，即指人生经历、生活道路和职业、专业、事业（魏毅君，2012）。生涯心理传记除了对传主进行必要的心理理论分析之外，还会对传主的职业选择、人生规划进行一个明确的剖析，以求更好地帮助读者了解传主进行某种职业选择的原因，以及传主在某阶段所做的规划对他整个人生所产生的影响。到这里怕是有读者要问了：生涯心理传记相对于普通的心理传记有何优势？这本书的价值又体现在哪里？对读者有何指导意义呢？

其一，心理传记学是在传统的精神分析理论上发展起来的，其产生的初衷旨在探究人们异常行为产生的背后原因，这其中难免会有消极成分。本书在普通的心理传记学的基础上加入属于积极心理学范畴的生涯理论，在一定程度上中和了心理传记学中所存在的消极成分，使本书所阐释的内容更加主流，面向的群体范围更加广泛。同时，在心理传记学中加入生涯理论，既有助于拓宽心理传记学理论分析的范围，又有助于完善心理传记学的研究体系，推动心理传记学持续健康发展。

其二，本书作为人物传记的一种，可以向读者讲述传主一生所经历的传奇故事，方便读者了解传主的生平。

其三，因为有心理学理论和生涯理论的加入，读者可以在阅读之余，学习到一部分心理学和生涯理论的相关知识，拓宽读者的视野，并可以引发个人生涯规划的思考。理论知识和人物经历相结合，我们可以更加直观地了解到名人是如何由普通人变得出类拔萃，以至最后流芳千古；可以更透彻地洞察到他们所走的每一步、他们所做的每一个选择，对他们的人生产生了怎样的影响。

二、 生涯研究现状及趋势

（一）生涯的定义

生涯，英语是 Career。中文直译“生”，即活着；涯，即“边界”。广义上理解，生，自然是与一个人的生命相联系；涯，则有边际的含义，即指人生经历、生活道路和职业、专业、事业（魏毅君，2012）。关于生涯的定义有很多，例如，1957 年 Super（舒伯）提出职业生涯是一个人终生经历的所有职位整体历程；London（伦敦）和 Stvmpf（斯顿夫）在 1982 年提出职业生涯是指个人进入组织并在组织中发展的整体性、系统性的做法；1989 年，林幸台提出职业生涯是指一种终生连续不断的过程，涉及个人各方面生活目标的选择与行为方式安排的历程，个人通过这种过程，将塑造出独特的生活方式与人生目标。美国国家生涯发展协会对生涯的定义是：“生涯是指个人通过从事工作所创造出的一种有目的的、延续不断的生活模式。”目前，大多数西方学者接受的生涯定义是 1976 年 Super 提出的：“它是生活里各种事态的连续演进方向；它统合了人一生中依序发展的各种职业和生活的角色，由个人对工作的投入而流露出独特的自我发展形势；它也是人生自青春期以至退休之后，一连串有酬劳或无酬劳职位的综合，除了职业之外，尚包括任何和工作有关的角色，如学习者、受雇者、领退休金者，甚至也包含了副业、家庭、公民的角色。生涯是以人为中心的，只有在个人寻求它的时候，它才存在。”从1976年Super提出的定义中，可以发现以下五个特点（金树人，2007）：（1）方向性：它是生活里各种事态的连续演进方向。（2）时间性：生涯的发展是一生当中连续不断的过程。（3）空间性：生涯是以事业的角色为主轴，也包括了其他与工作有关的角色。（4）独特性：每个人的生涯发展是独一无二的。（5）现象性：只有在个人寻求它的时候，它才会存在。（6）主动性：人是生涯的主动塑造者。本研究即采用1976年Super对生涯的上述定义。

（二）生涯研究的发展与现状

在生涯理论发展上，1908年，在美国移民潮背景下，Parsons（帕森斯）在美国波士顿建立职业局，这被视为生涯咨询的肇始。1909年，Parsons著作《选择职业》正式出版，其中界定了生涯选择的三个步骤：（1）对自身兴趣、技能、价值观、目标、背景和资源进行细致的自我评估。（2）考察所有学校学习、业余培训、就业机会和各种职业的可供选择的机会。（3）基于前两个阶段信息，推断最佳选择。Parsons提出的“人—职匹配”理论一直是当时理论和实践的焦点，这种理论把个人特质和职业性质看作是固定不变的，职业指导过程中弱化被指导者的主观能动性，且在强调心理因素的同时忽略经济、社会因素对职业的影响。该理论同时认为人的职业选择一次性完成，而非逐步完善。特质和因素分析方法是这个时期生涯研究的主要特点（Holland，1985）。20世纪50年代之后，生涯理论逐渐从特质和因素分析方法转向生涯选择，研究者们开始重视职业发展和决策的内容（Ginzberg，Ginsburg，Axelrad，&Herma，1951；Super，1957，1980）。特质和因素分析方法随着“人—职匹配理论”的动态化过程的演变也被细化（例如，Holland，1992，1997）。在这之后，大量的理论学家开始致力于生涯选择和发展的理论解读（例如，Bordin，1990；Brown，2002；Dawis，2002），同时也更加关注个体的职业发展、职业背景和职业过程等内容。另外一些研究还在关注能够解释生涯行为的多种微观变量（Krumboltz，2009；

Mitchell & Krumboltz，1996）。近些年来，重视个体在生涯中主动性发展的认知科学建构主义生涯理论兴起，很多研究者为此做了大量工作（例如，Lent，Brown，&Hackett，2002；Lent，2013；Young，Domene，&Valach，2014）。另外，Blustein（布卢斯泰恩，2006）工作元理论和 Patton（巴顿）、McMahon（麦克马洪）（2006）提出的系统框架理论也为生涯整体框架的完善起到了积极的完善作用。后来的生涯理论，如 Savickas（萨维卡斯，2013）建构的认知生涯视角、文化多样性视角，Hackett（哈克特），Lent（兰特）和 Greenhaus（格林豪斯，1991）建构的多元角色视角和发展视角，基本是基于逻辑实证主义或社会建构主义的哲学基础提出的（Brown，2002）。Savickas（萨维卡斯，1994）把这种趋势称为"认知革命"。

在生涯研究现状上，近十年来世界范围的研究者一直倡导将生涯研究追溯至社会公平、边缘群体之上（Blustein，2006；Stebleton & Eggerth，2012）。在研究方法上定量研究超过了70%（Lee et al.，2017）。生涯研究的对象人群越来越细化，如跨文化的生涯状况研究，女性的生涯状况研究，各类职业人群的生涯状况研究等等（Garriott，Faris，Frazier，Nisle，&Galluzzo，2017；邓子鹃，2012；Sijbom，Lang，&Anseel，2019）。另外，研究者注重探索人口学、家庭、人格、组织环境中的各要素对群体职业生涯的影响以及生涯内部机制的探索（谢义忠，宋岩，2017；An & Western，2019；Tseng，Yi，&Yeh，2019）。总的来说，生涯研究呈现出越来越精细化的特征，不同群体间各生涯影响要素越发清晰。运用传统的结构方程模型等定量研究方法和主题分析等定性研究方法探索出大量适合某类人群的一般性生涯研究规律。然而，这种追求普遍性生涯规律的研究导向具有因素单一、浅层性、脱离实际情景等诸多不足。这使得生涯研究成果一直无法较高程度地直接指导个体在面临诸多因素干扰下做出合适的生涯选择和探索。因此，本文选用了旨在追求个体差异性、探索个体深层生命规律的心理传记学方法对颇具历史研究价值的一系列古今中外名人的生涯状况进行研究，希望能在一定程度上给当前主流生涯研究趋势提供一定的补充和启发。

三、 心理传记学研究现状及趋势

(一) 心理传记学的定义

到目前为止，心理传记学并没有一个统一的定义。以下（表1）是国内外引用较多的定义。

表1 心理传记学的定义

心理学家	定义内容	要素
Erikson（埃里克森）	把心理传记学的上层概念“心理史学”定义为“用精神分析学和历史学相结合的方法来研究个体和群体的生活”（Erikson，1974）。	研究理论：精神分析、历史学 研究对象：个体和群体 研究目的：研究解释
Friedlander（弗里德兰德）	“心理传记学是精神分析理论或概念在传记学上的运用”（Friedlander，1978）。	研究理论：精神分析
Tucker（塔克）	把心理传记学的特点概括为“可视为一种学术研究，是传记家尝试去理解被研究对象的生命历程或重要阶段，而这些生命历程或重要阶段是对传主人格有意识地运用心理学的解释……它意味着所有的心理学传记家都会运用某种人格理论，无论是一种特殊的理论（例如弗洛伊德理论、后弗洛伊德理论以及非弗洛伊德理论），或者是以折中组合的方式提出解释的理论倾向”（Tucker，1977）。	研究理论：人格理论 研究对象：个体 研究目的：传主人格的心理学解释
Bromley（布罗姆利）	“心理传记学作为一种传记研究，是用心理学的概念、方法和发现来扮演了一种主要角色”（Bromley，1986）。	研究理论：心理学理论及成果
McAdams & Ochberg（麦克亚当斯、欧什伯格）	“心理传记学是系统地运用心理学、人格理论将个体生命转换成一个连贯且具启发性的故事”（McAdams& Ochberg，1999）。	研究理论：心理学理论（尤其是人格理论） 研究对象：个体 研究目的：形成连贯的启发性故事
Runyan（鲁尼恩）	“使用前人的心理学理论和研究来解释说明个体生命”（Runyan，2002）。	研究理论：心理学理论 研究对象：个体 研究目的：解释说明

续表

心理学家	定义内容	要素
Schultz.（舒尔茨）	“心理传记学是通过心理学理论和研究成果对历史非凡人物的分析。心理传记学不是去发现适用于每一个人或群体的普遍性规律，而是针对某个人生命历程中的细节去寻求个体的差异性和独特性，探究每个人是如何独特的。这种研究方法可以解释传主悬疑性问题的心理学诠释”（Schultz，2005）。	研究理论：心理学理论及成果 研究对象：个体非凡人物 研究目的：解答传主悬疑性问题的背后动机
郑剑虹	“心理传记学是系统地采用心理学特点的理论和方法对个别人物的生命故事进行研究的一门学问”（郑剑虹，2014）。	研究理论：心理学理论 研究对象：个体 研究目的：生命故事
Ponterotto（庞特洛图）	“心理传记是使用心理学理论和心理学和历史学研究方法对社会文化背景中具有历史意义的个体进行高强度的生命故事研究”（Ponterotto，2015）。	研究理论：心理学理论 研究对象：个体 研究目的：生命故事

综合表1，我们从众多的定义中分析出4个要点：（1）心理传记学以心理学理论与研究成果分析为主；（2）心理传记学研究追求个体的差异性，而不是寻求一种普遍的心理规律。它研究的是个体，而不是群体。（3）心理传记研究的传主为历史知名人物，且不以后人对其评价的褒贬为准则。（4）旨在探求传主悬疑性问题背后的心理学解释，从而书写传主的生命故事。

（二）心理传记学的发展脉络

20世纪之前的传记学家们很少使用心理学概念解释传主的生活（McAdams，1994）。部分原因可能是研究者期望通过忽略其准确性和研究深度来美化他们的传主（McAdams，1994）。因此，这些传记学家就会故意模糊传主的失败、缺陷、情感、欲望以及幻想（McAdams，1994）。后来精神分析的出现使人们对成年人的童年期欲望和挫折产生了兴趣（Runyan，1982）。如前所述，20世纪70年代以来，随着心理传记出版物数量的增加（Runyan，1988），心理传记学家们意识到心理传记在很大程度上促进了人们对个体生命的理解（Elms，1994）。但是，由于这一领域缺乏专家（Schultz，2005），心理学界又更倾向于严格的定量研究方法，所以心理传记学并没有得到很大的发展。心理传记学研究领域缺乏正规而严格的培训且需要获得更多的关注（McAdams，2006）。2005 年，Schultz 主编《心理传记学手册》出版，标志着心理传记学作为一门学科的初步形成（Schultz，2005；郑剑虹，黄希庭，2013）。心理传记学到目前为止并不在主流心理学研究方法之列，但是全球范围内研究者们对他的热情与认可度却越来越高（Ponterotto，2015）。

纵观全球，世界各国的心理传记学作品不断出现，除美国和南非外，中国也是心理传记学发展最快的国家之一。心理传记学最早由 Elms（埃尔姆斯）的学生——台湾辅仁大学丁兴祥教授引入并在辅仁大学落地生根。1990 年，辅仁大学正式开设心理传记学课程，并出现了采用心理传记学研究方法的学位论文。在发展过程中逐渐形成了一种互为主体的研究模式（例如，赖诚斌，丁兴祥，2002；张继元，丁兴祥，2012；薛荣祥，2017）。而大陆方面，1997 年郑剑虹的《梁漱溟人格的心理传记学研究》被公认为是最早在大陆出现的心理传记学研究作品。文章中首次将定量分析引入心理传记，开创了定量与定性结合的心理传记研究范式的先河（郑剑虹，2013）。后来陆续涌现出大量的以此为研究范式的论文（例如，吴继霞，薛飞，2008；吴继霞，赵子真，2008；郑剑虹，黄希庭，张进辅，2003；舒跃育，2009）。另外，国内的纯质性心理传记学研究也在不断发展（例如，王世明，2013；王新路，李朝旭，季润青，谭镇，孟洁，绍宣毓，2016；贺岩，2016；何梦君，2017）。2008 年秋，郑剑虹首次在大陆开设了心理传记学课程，联合谷传华、丁兴祥、舒跃育等国内心理传记学家共同主持翻译国际上心理传记学的权威著作《心理传记学手册》，对心理传记学在大陆的传播起到了积极的推动作用（舒尔茨，2011）。2013 年，由舒跃育等人主持的心理传记学研究所在西北师范大学正式成立，成为国内首个专门致力于历史名人的心理传记分析的学术机构。

（三）心理传记学的研究现状

目前，心理传记学已经从现代多元理论模型阶段发展到跨学科科学阶段（Ponterotto，2015）。心理传记学在西方也作为一种质性研究方法经历了过去十几年的高速发展。这种发展伴随着人们对于心理传记学研究方法本身真实性、严谨性、高信效度的不断要求（Plessis，2017）。一般而言，心理传记学研究通常要先选择一位研究传主，通过收集他的相关资料确定悬疑性问题，再围绕这个问题进行心理学理论的全方位论释，撰写这个人物的生命故事，揭示其生命世界的本来面目或深层秘密，旨在追求对个人生命独特性的理解（王婉贞，2016）。近年来，国外的心理传记研究越来越重视将心理学分析方法与史学研究方法相结合，把传主放置于更广阔的社会历史背景中，如Ponterotto在2013年对国际象棋冠军Bobby Fischer（博比·菲舍尔）的心理传记研究使用了Hiller（希勒）在2011年创立的“多层纪年表”（Ponterotto，Reynolds，2013），Fouché，Burnell，Van和Nortjé（2016）在个体寿命研究中使用信仰发展理论分析Beyers Naudé贯彻一生的信仰发展。目前国内对心理传记学研究常用的是“质量结合”研究方法，如吴继霞等人对一代名校长唐文治的心理传记研究（吴继霞，曹莉萍，朱浚溢，2013）就属于这种研究方法。具体而言，“质量结合”的研究方法的大致步骤是：首先，选择传主，再根据可靠史实和研究的需要编写人物传记；其次，让被试者阅读所编写的传记后，对传主通过人格形容词量表进行人格评定；然后，对人格形容词数据进行探索性因素分析，分析出传主的人格成分；最后，根据心理学理论和知识以及传主的生活史，解释和分析其人格形成原因，并解释传主后期的行为，对原来理论中不能解释的问题提出自己的假设。一些研究对心理传记中的“质量结合”研究方法提出质疑，比如：无法保证编写传记的效度；无法保证被试者填写问卷的依据；无法明确因素分析或者数量分析在传记分析中的位置；另外，对探索性因素分析的结果同语义分析的冲突没有现行的解决策略（舒跃育，2010；郑剑虹，2013）。同时，国内的纯质性研究也在不断发展，这表现为大陆学位论文和台湾互为主体心理传记作品的增多。大陆方面，近年来出现的学位论文，如何梦君（2017）对胡兰成矛盾性格的研究，吴毓清（2016）对辜鸿铭执着而偏执人格的研究，贺岩（2016）对《红楼梦》中人物的心理传记学研究等都采用了纯质性研究方法对传主人格进行剖析。台湾方面的心理传记学论文，相较于大陆呈现出更加多元化的态势。如，李小菁（2018）以互为主体的方式研究赖和的个人主体性发展；刘素凤、赖诚斌、丁兴祥（2016）援引性别与文化视框探讨张幼仪的个体自我追寻历程；薛荣祥（2017）借助荣格的原型观点，梳理太虚大师在不同时期所持的不同原型与其佛教主张之间的关系。宏观来看，大陆地区的心理传记研究多集中在对传主人格的横向生活史研究上，而我国台湾地区及国外会涉及传主的纵向生活史研究。另外，大陆地区的心理传记作品多侧重对传主的心理剖析，而缺少历史话语下的纵观考察；我国台湾地区及国外的研究已经各具特色，国外以对传主分析呈现结果的明确和规范见长，我国台湾地区则发展出独特的“互为主体”研究策略。

在研究理论上，早期的心理传记学作品中精神分析理论被大量地使用，有些解释不免牵强附会，加之理论本身的异常心理学取向和普遍的无法证实性，招致了很多研究者的质疑。此后，更多流派的心理学理论被大量应用在心理传记学作品中，如大五人格、脚本理论、依恋类型理论；社会学习理论中的观察学习、角色示范、预期、自我效能感；认知理论中的归因、控制感、社会图式；Maslow（马斯洛）的需要层次理论；Rogers（荣格）的自我理论等等。这些经过实验验证的其他流派心理学理论大大削弱了心理传记学的异常心理取向，也在一定程度上解决了心理传记研究的信效度问题。但是，随着心理传记这种研究方法逐渐引起国内学者的重视，用国外各个流派的心理学理论分析中国传统文化背景中成长起来的传主是否恰当，分析过程中是否会由于东西方文化的深层差异而导致分析结果对于传主本人真实情况的偏离，这些问题有待进一步探究。

四、 研究方法与步骤

（一）心理传记研究步骤

心理传记的具体研究步骤最早由埃尔姆斯（Elms）于 1994 年提出，经过二十多年的发展，心理传记学研究方法得到了很好地规范和完善，本研究采用 Plessis（普莱西斯）（2017）提出的心理传记学 12 步研究法。

1. 资料收集阶段

第一步：选择传主

研究者在选择传主时，需要重视传主本人的历史重要性；必须具备相当数量资料收集的条件；该传主的研究是否对研究同类型传主具有启发意义。

第二步：收集资料

识别传主的第一手资料和第二手资料，批判性地识别这些资料的来源，这为心理传记学研究作品的信效度提供了基本保证。

第三步：理清传主生活背景

研究者需要决定哪些背景能够用于对传主研究主题的分析。这些背景包括社会政治、当地传统、历史条件和文化背景。一旦背景被认同，就会从中得到充足的信息，这些信息汇集在一起影响着传主的生活。

第四步：选择合适的心理学理论

选择理论时应注意选用能说明传主生活的各个方面的理论。研究者必须非常熟悉这些理论的内部原理，达到深刻理解的水平。一般而言，宏观理论着眼于人类的本质，也试图解释人体功能的所有方面，比较适合综合性的心理传记研究；特定理论则聚焦于人类功能更特定的方面，比如家庭、爱、身份。更适合分析传主的某一个方面，比如宗教信仰、艺术创作等。注意区分发展理论和特质理论的使用——发展理论受限于传主成长过程信息收集，特质理论一般用来解释成年期传主的行为表现。总之，心理学理论对传主的生命的贴合度越高，说明该理论选择越恰当。

2. 资料处理与分析阶段

第五步：选择主题及范围

面对大量的文本资料，及时地选择研究主题、确定研究范围可以在相当程度上缩减庞大的资料处理的工作量，使研究者不至于迷失在文本资料的海洋。一般而言，研究者选择的主题及范围要与传主的生活密切相关。

第六步：资料抓取不失真

对传主进行分析需要把原来的材料打乱，然后依据心理模型的结构重新编排。在这个过程中，要避免因隔离式分析而容易造成的与周围事件不匹配的问题。

第七步：重视编码策略

此处需遵循三个原则：心理分析的显著性，对焦目标问题，主题编码简略化。

在进行资料处理与分析时，有两种略有重叠的策略，用以整理传记资料和找出这些资料中具有特别明显的以及具有心理意义的地方——Alexander（亚历山大）的“心理凸显性基本指标”（表2）和Schultz的“原型场景”关键指标（表3）。

表2　Alexander的“心理凸显性基本指标”

名称	内容
频率	任何重复出现的交流、主题、情景或重大或偶然事件、手段—目的序列、关系模式内心冲突、强迫观念等。
初始性	在文中最先出现的内容，且往往比其他内容告诉我们更多的事，或者向我们讲述一些独特意义的事。
强调	传主努力通过某种方式特意粉饰，包括强化、弱化或者误置的形式。
孤立	就是所谓“又出现了?”这是指当资料孤立的出现，与周遭的文脉无关，似乎联系不起来。
独特	传主过分强调事件的独特性和特异性。
未完成	传主开始讲述故事却又忘了要如何说完，在缺乏必要细节的情况下，他的言辞使主题逐渐消失，似乎是有意回避事情的结局。
错误、歪曲、遗漏	描述了一个错误的回忆，或者对真实事件进行歪曲，或者遗漏了同一件事件中的相关细节。
否认	在缺乏明确理由情况下的强烈否认，一种“格特鲁德”法则，在任何给定的心理或者传记事实面前“过度的抗议”。

3. 资料呈现阶段

第八步：选择展示形式

可用多种图表、表格、图形、多层年代表来辅助表达研究结果。

第九步：整合材料

整合材料，注意资料的多维度性使用与呈现。

4. 撰写与总结阶段

第十步：撰写心理传记

第十一步：检阅与修订心理传记，核查研究主题与编码证据的对应性

第十二步：评估研究过程

依据上述的12层逐步法全面检查心理传记研究成果。

表3　Schultz的“原型场景”关键指标

名称	内容
清晰、具体、情感强度	这种情景有着非常深刻的情感体验。高度的聚焦，加强的特色描述，忠实而又详尽的对白描述以及角色性格被仔细地定位。
贯通（渗透）	这种情景总是弥漫或渗透在不同的语境、活动或创造性作品中（故事、诗歌、小说或会议录）。
发展性危机	这种情景涉及个人与特定冲突的“关键性遭遇”，如认同（同一性）对角色冲突或者主动性对内疚。
家庭冲突	这种情景涉及家庭内部的冲突，如父女间、兄弟间或者母子间的冲突。
拒绝接受现状	这种情景使传主位于某种违反现状的境况之中。事情出现异常情况或让人难以预料，情感出现失调。原本理所当然的事陡然变得不可能，过去的合情合理也不再理所当然。传主一再重复地说着的故事使当事人能从待定事件中寻找意义，以降低对事件的陌生感及由该事件所引发的焦虑。

（二）心理传记的准法庭程序

Runyan（1988）提出了一套用于保证心理传记作品严谨性的准法庭程序，这套程序提供了一种心理传记外在标准检验：符合所有可以取得的事实证据，经得起反证的考验，面临其他的解释和诠释时仍能成立。准法庭程序主张心理传记中的证据、推论及观点，都必须接受相互对立观点的批判。

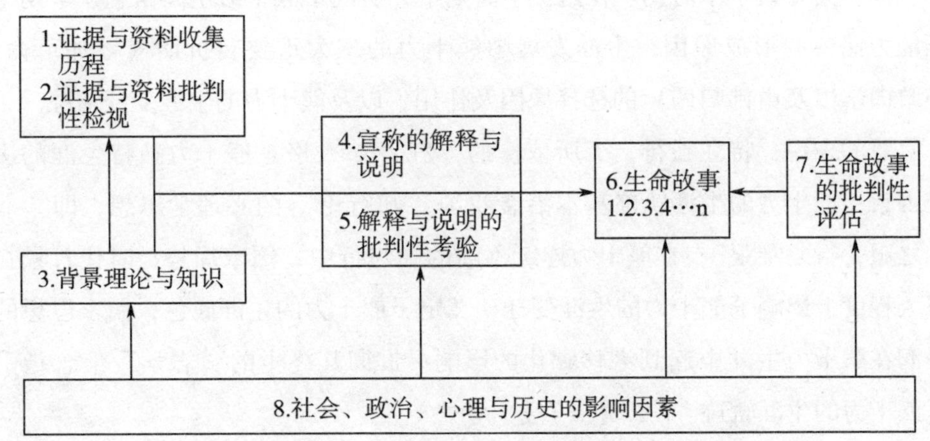

图1　生命史建构的准法庭程序

五、 本书主要内容介绍

唐太宗李世民曾言："夫以铜为镜，可以正衣冠；以史为镜，可以知兴替；以人为镜，可以知得失。"同样地，本书以名人们的亲身经历为例，为读者们提供了学习借鉴的榜样。读者通过了解传主们的生涯选择，特别是职业选择，可以为自己或者家人朋友的职业生涯做出更好的规划。

本书共为大家介绍了十位国内外一直备受世人关注的名人，他们分别是熊十力、老舍、杨绛、张爱玲、梁启超、李清照、李敖、王阳明、贝多芬和牛顿。通读此书，你就会发现，伟人的一生似乎都是孤独而又灿烂，一路虽荆棘满布，却又有玫瑰相随。

（一）一代大儒熊十力生涯的心理传记学分析

该部分采用心理传记学研究方法，分别从横向维度和纵向维度对一代大儒熊十力的生涯进行心理传记学研究。在研究一中，采用横向维度的视角，明确了熊十力"狂者"人格成因，阐明熊十力在"狂者"人格下的家庭关系、人际关系和学术中的生涯主题，探索了熊十力的生命故事和生涯发展间的联结。在研究二中，采用了纵向维度的视角，根据熊十力本人的生涯变迁特点将熊十力的生命经历划分为三个时期：熊十力幼年至从军前；熊十力从事革命行动时期；熊十力专研学术时期。在这三个时期中，明确了熊十力生涯信念、早期生涯能力储备的形成原因，生涯发展中熊十力的三大重要转折期（参加革命、弃政向学以及由佛归儒）的选择原因及作用，以及熊十力的生涯变迁情况。

总的来说，特立独行、无所依傍的"狂者"人格是熊十力独特生涯的决定因素；熊十力的生涯轨迹基本沿袭我国"知行论"的心理学思想，即"非知之艰，行之唯艰"；在熊十力连续不断的知与行中，国家局势、时代背景在很大程度上影响了熊十力的生涯变迁，奠定了熊十力的生涯底色；儒家思想的浸润在熊十力生涯中起到潜移默化的影响；贯彻其终生的"志学"信念指引了熊十力的生涯轨迹。（王鹏，丁雪，胡杰）

（二）老舍文学生涯的心理传记学探析

老舍出身贫寒，由一介平民成为"人民艺术家"，其过程漫长且曲折。本文结合心理传记学理论和生涯理论，采用心理传记分析法等质性研究的方法，着重探讨促进老舍走上文学之路的几个重要因素。综合老舍个人经历及外界环境因素，最终发现其早期童年经历、求学经历、教师生涯和社会环境因素等都对老舍后来的文学生涯产生了不容忽视的影响。（兰梦琪，田梅，马洁欣）

（三）执笔红尘：杨绛的人生经历与文学生涯

传统心理传记旨在专注于个人的成长经历对其人格与行为的影响，生涯心理传记则是利用心理学理论和方法对个别人物的经历（尤其是职业生涯发展）进行系统的研究。关于杨绛，人们大多从其文学作品或人生经历方面进行研究，从未有前人对杨绛进行过心理学方面的研究。本篇从心理传记学的角度，采用质性研究的方法，对杨绛进行分析。研究表明，杨绛能够走上文学之路，与其兴趣、同一性、自我效能、特质人格及亲密关系等因素有关。（马佳丽，王鹏，邢素素）

（四）繁华与落寞：奇女张爱玲的心理传记学分析

本文以生涯心理传记的形式对张爱玲一生四个重要的心路历程进行分析。根据我们提出的四个问题，论证后获得的结论是：其作品中对于男性的形象塑造源于童年时期父亲张志沂的消极影响，作品中大多凄惨悲凉的风格也是源于她童年的不幸经历；她选择作家作为自己的职业是基于自己的性格以及兴趣爱好，并最终在文坛取得极高成就；对于其与胡兰成、桑弧、赖雅的爱情纠葛，很大一部分原因是幼时未得到足够的父爱，使得她产生恋父情结；张爱玲晚年隐世，是幽闭情节以及防御机制过重的表现。（王星月，田梅，焦龙祯）

（五）善变如何不君子：对梁启超的心理传记学浅析

梁启超童年时接受了来自家庭的启蒙教育，在他的心中早早埋下了一颗爱国的种子；少年时在寻找自我同一性的道路上，梁启超经历母亲去世的打击后又遇到了他人生中的关键人物——康有为。采用生涯心理传记学方法追溯并研究梁启超的早期经历，不难发现，重要人物的失去和相遇都对他的人生产生了不可忽视的影响。梁启超的“流质善变”，虽他自己以规劝其师为目的，大肆宣扬，却成了他人对他的攻讦之语。为着爱国这一核心，学识眼界层层累积而致的“善变”，自然不可与趋名逐利的“善变”等同。（赵中慧，王鹏，颜萌）

（六）李清照的女性意识的心理传记学研究

李清照在她的存世作品中相对完整地表现出女性的世界，其中体现的女性意识对后世有一定的积极作用。早期经验为她的女性意识的萌芽奠定了基础。本书对李清照的女性意识的讨论主要在两个方面展开：一是女性自我经验世界的表达，二是超越女性自我世界对外部世界的审视。（刘桐，田梅，郭桂荣）

（七）李敖人格的初步分析及生涯启示

本篇从心理传记学和生涯发展的角度出发，采用纯质化研究的方法对李敖的人格的形成及发展过程及生涯的发展进行分析。结果发现影响李敖人格形成的因素主要包括以下几方面：（1）民主型的教养方式、特殊的时代环境是李敖表现出批判精神的重要原因，偏执型人格障碍造成了他猜疑、对他人不信任以及更具批判性的性格。（2）同一性危机使李敖无法建立亲密关系，导致李敖的两性关系混乱。（3）极好的心理韧性帮助李敖度过两次入狱、作品屡次被禁的打击。（4）关键人物和自身兴趣影响了李敖的生涯选择。（薛亭亭，王鹏，贾兆丰）

（八）心与理一，知与行和：王阳明的心理传记学分析

本篇从心理传记的角度，尝试将社会认知生涯理论与心理传记学相结合，对传主王阳明创立心学的历程进行多角度分析。王阳明创立心学主要有三个方面的原因：（1）童年期在矛盾教育方式中个性得到发展；（2）青年时期成就动机的形成；（3）遭遇贬谪后新的荣辱观及生死观的形成。（叶涵，田梅，李连吉）

（九）音乐圣途上的孤独巨人——贝多芬的传奇生涯

行走在音乐圣途上的孤独巨人——被赞誉为乐圣的贝多芬，在音乐上的造诣无人能与之匹敌，为后世留下的乐章至今仍代代称颂。然而壮年失聪，让属于贝多芬的夜更加黑暗，却又让星愈发明亮。究竟是什么赐予了那双手以力量，让他继续敲击着琴键，将孤独谱写成荡气回肠的交响乐，弹奏出一首又一首孤独者灵魂深处的吟唱？本篇用生涯传记学的方法对这一问题从三个方面进行分析和解答，为读者的生涯规划提供一定的建议。（王晓欣，王鹏，孙宇）

（十）孤独的伟人：对牛顿的心理传记学浅析

艾萨克·牛顿是人类历史上最伟大、最有影响力的科学家之一。他取得的成就打开了物理世界的大门。但就是这样一位神一般存在的伟人，却孤独地度过了一生。我们敬仰牛顿，但我们对牛顿的了解大部分是关于他的传奇事迹，很少会了解到他的生活、真实性格的一面。那么牛顿生活中是怎样的一个人呢？一生未婚又是为何？本篇结合他的幼年经历、性格、性取向以及生涯历程对牛顿不婚的原因展开分析，深入地探求牛顿不婚背后的心理机制。（袁熙庆，王鹏，李成金，朱玉娥）

伟人亦是凡人，让他们变得不平凡的，实则是他们对人生道路明确的选择规划，以及为实现目标所做出的坚持不懈的努力。心理学不应当只服务于科学理论，它应该被普及到生活中，服务于百姓。希望阅读此书的你，不仅仅是以旁观者的身份感慨伟人的丰功业绩，更多的是希望你能从书中得到对生活、对生命、对人生的一些启发，并且能够以此来指导自己的生涯选择。

比起故事的讲述者、名人心理传记的研究者，我们更想要做一盏为人生指路的明灯。通往成功的道路并非畅通无阻，但也绝不是遥不可及。希望这本生涯心理传记能助你一臂之力，帮助你提升到人生的新高度。

心理的秘符循环碰撞，叮咚作响，生涯的曲线跳跃起伏，谱写乐章。接下来，就让我们一起，静静聆听伟人的平凡吟唱……

［本书受到2018年度山东省研究生教育质量提升计划项目：高中生美术核心素养与生涯规划研究生教育联合培养基地（SDYJD18020）、山东师范大学心理学院和山东师范大学学科振兴计划项目资助］

目　录

第一章　一代大儒熊十力的生涯研究

——一种心理传记学的探索

一、 引言

(一) 熊十力生平简介

熊十力（1885—1968），原名继智、升恒、子真。中年学佛，改名“十力”。十力先生是我国20世纪最具原创性的哲学思想家，也是一位特立独行、无所依傍的学术怪杰（丁为祥，1999）。在近现代众多哲学家中，十力先生是唯一一位没有经历过正规学堂教育、纯靠自学成才的当代大家。他出身低微，却志存高远；他不拘小节，却思维缜密；他身处“文化圈”，却“野人气”十足。他知识渊博、功底深厚，却对人情世故一无所知。早年，十力先生出身黄冈农村，父母早亡，十力先生由兄长代为抚养，兄长务农，十力先生为人放牛以维持生计。青年十力先生投武昌新军当兵，投身反清革命。革命失败后他进入南京内学院学佛，从此走上学术救国之路。在南京苦学两年后与北大结缘，开始了国内抗战背景下孤独的学术求索。1968 年，十力先生因病逝世。十力先生一生著述不断、笔耕不辍，是“后五四时期”现代新儒学的哲学奠基人，为后世留下了大量宝贵的精神财富，为我国传统文化的继承与创新，做出了不可磨灭的贡献。

（二）熊十力的研究历史与现状

对熊十力先生本人及其作品的研究主要集中在两个方面：一方面是对熊十力哲学思想的研究。自 1979 年以来，对熊十力哲学体系的研究热度逐年递增。尤其是近十年来，专门讨论十力先生哲学体系的论文及著作出现井喷式的增长。在这一方面，大致上可以分为两个研究方向。其一，对十力先生本人哲学体系就某一方向的深入研究，例如李抗和汪凤炎（2018）对十力先生哲学体系中心理观呈现的挖掘研究；张少恩（2018）对十力先生哲学体系中“仁心本体”与“体用不二”思想的研究以及刘爱军（2018）在十力先生“性智”统领“量智”背景下的新儒家知识论研究等等。其二，对十力先生及其他相关学者哲学体系的比较研究，比较多的是十力先生与其同时代的梁漱溟、马一浮、冯友兰、唐君毅、牟宗三等其他新儒学大家思想的对比研究（张云江，2017；刘莉莎，2017；景海峰，2010；王晓珊，2012；刘俊哲，2008）。另一方面，十力先生个人生平经历也成为人们关注的焦点。这一部分以出版的人物传记为主。例如，郭齐勇（2013）的《熊十力传论》，叶贤恩（2010）的《熊十力传》，宋志明（2015）的《熊十力评传》等。另外还有一些讨论十力先生人物性格的论文散见于各大学术期刊（例如，阎秉华，2013；丁为祥，2002；程刚，2017 等）。总体看来，就学术思想角度，对十力先生学术思想的研究基本上停留在解说阶段，鲜有站在一个较为宏观的视角对十力先生哲学体系进行对话式探讨的研究；就个体生活史角度，目前的研究只局限在对十力先生本人性格及其经历的描述上。这两者平行发展，各有局限。但值得注意的是，十力先生并不是学院派的普通学者，他的哲学体系建构在真实的生命性格之上，是由生命存在或原始的心来展现文化、学问，并发展出独具特色的哲学体系（曾海龙，2017）。所以，懂得了十力先生的生涯，也就理解了十力先生深奥而独特的哲学体系背后的深刻内涵。

二、 熊十力生涯研究涉及的主要心理学理论

鉴于十力先生本人的生长背景，本研究拟在生涯理论视框下，采用东西方心理学理论及思想对传主十力先生的生涯进行详细剖析。

（一）主要生涯理论

1. 生涯理论

首先是Super生涯彩虹理论（图1）。生涯彩虹理论包含了生活广度和生活空间。在生活空间下，Super认为人的一生必须扮演这六类角色：子女、学习者、休闲者、公民、工作者及持家者。每个人在这六类角色中所占的比重不同，随着年龄的变化角色的比重也会不同。角色与角色之间相互影响，不同角色的相互影响汇集成个体独一无二的生涯。在生活广度下，Super把人的一生分为五个阶段：成长、试探、建立、保持和衰退阶段。这种阶段性的发展历程显示了生涯发展的成熟程度。生涯成熟的概念包括两方面，一方面是指个人在整个职业生活历程中达到社会期望的水平，另一个方面则以各发展阶段的发展任务作为衡量标准，如果个人达到了某个阶段的发展任务，就此阶段而言，他已经达到了生涯成熟的程度。五个阶段虽然各有其生涯特征和生涯任务，但阶段之间彼此相关，相互影响。另外，Super还特别强调各个时期年龄划分有相当大的弹性，应依据个体不同的情况而定（表1）。

表1　　Super的生涯发展阶段与生涯发展任务汇整表

阶段（年龄）	阶段特征	阶段分期	发展任务
成长期（0—14）	在家庭或学校与重要他人的认同过程，逐渐发展自我概念，需求与幻想为此一时期最主要的特质。随着年龄的增长、学习行为的出现、社会参与程度与接受现实考验的强度逐渐增加，兴趣与能力逐渐发展。	幻想期；兴趣期；能力期。	1. 发展自我图像；2. 发展对工作世界的正确态度，开始了解工作的意义。

续表

阶段（年龄）	阶段特征	阶段分期	发展任务
探索期（15—24）	在学校、休闲活动及打工的经验中，进行自我试探、角色探索与职业探索。	试探期；转换期；试验并初步承诺期。	1. 实现职业偏好；2. 发展出符合现实的自我概念；3. 学习开创更多的机会。
建立期（25—44）	确定适当的职业领域，逐步建立稳固的地位。职位可能升迁，可能会有不同的领导，但所从事的职业不太会改变。	试验投入和建立期；晋升期。	1. 找到机会从事自己想要做的事；2. 学习和他人建立关系；3. 寻求专业的扎实与精进；4. 确保一个安全的职位；5. 在一个稳固的位置上安定地发展。
维持期（45—64）	在职场上崭露头角，全力稳固现有的成就与地位，逐渐减少创意的表现。面对新进人员的挑战，全力迎战。		1. 接受自身条件的限制；2. 找出在工作上的新难题；3. 发展新技巧；4. 专注于本务；5. 维持在专业领域内既有的地位与成就。
衰退期（65—）	身心状态逐渐衰退，从原有工作上退隐。发展新的角色，寻求不同的满足方式以弥补退休的失落。	减速期；退休期。	1. 发展非职业性质的角色；2. 学习适合于退休人士的运动，3. 做以前一直想做的事；4. 减少工作时数。

2. 整体动力理论

该理论由马斯洛提出，理论假设整体的人总是被这样或那样的需要所激发，而且人们具有向心理健康发展的潜能，也就是自我实现的潜能。为了达到自我实现，人们必须满足像饥饿、安全和尊重这样的低层次需要。只有这些需要都得到相对满足以后，人们才可能追求自我实现（Feist，2009）。

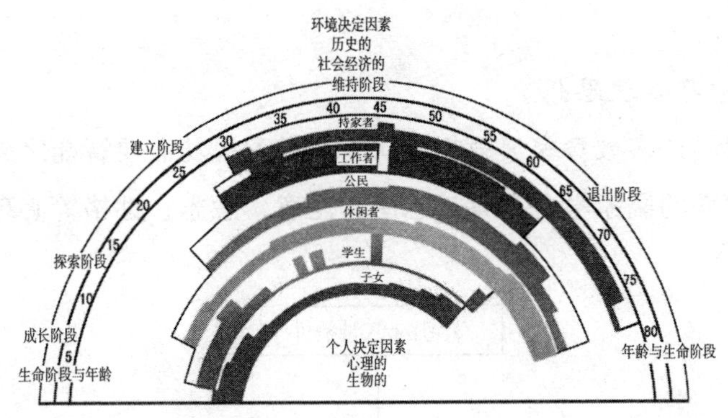

图 1　Super（1980）生涯彩虹图

（二）中国主要传统心理学思想

1. 儒家人格类型说

孔子从三个方面对人格进行分类，提出自己的人格类型说（杨鑫辉，2010）。

首先，孔子从德行方面将人格分成“君子”和“小人”。孔子认为：君子喻于义、怀德、怀刑、坦荡荡、和而不同、泰而不骄、固穷、求诸己；小人喻于利、怀土、怀惠、常戚戚、同而不和、骄而不泰、穷斯滥矣、求诸人。

其次，从人的气质秉性将人分为狂、狷和乡原三种。孔子认为：“不得中行而与之，必也狂狷乎！狂者进取，狷者有所不为也。”“狂”即敢说敢做，积极进取。“狷”即遇事拘谨，有所不为。

最后，从智能的角度将人划分为上智、下愚和中人。孔子说：“唯上智与下愚不移。”“中人以上，可以语上也；中人以下，不可以语上也。”

2. 儒家圣贤人格（理想人格）

圣贤人格实质上是一种仅存在于理想中的人格，起到引领社会风气的作用。圣贤人格的典型特征是“仁、智、勇”（曾红，2012）。此特征的表现形式是个体融于群体之中，个体化身于群体，完成自己的人生理想正是其走向理想人格的途径。这种人格的人生理想是思功进取、积极有为，以天下为己任。这种把个体人格理想投射到社会理想的行为，是以儒家为主的人格站在整个国民人格体系的表层表现，在这种理想人格的引领下，天下有志之士怀一腔热血，身负社会公众责任，积极从事政治，报效社会，匡时救世。

3. 儒家学习心理思想

中国古代的许多教育家、思想家认为，学习成功需要智能之外心理因素的参与。宋明时期的儒家学者考察过志向、注意、意志、性格等心理因素与学习的关系（图2）。

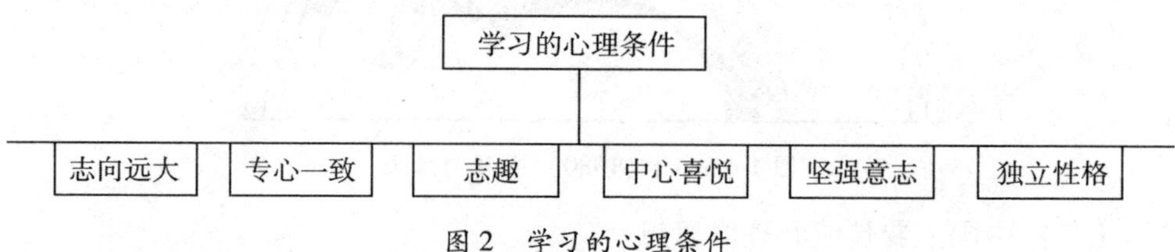

图2　学习的心理条件

另外，中国古代宋明清时期的儒家学者提出诸多学习原则和方法，例如朱熹《读书之要》中提出六大读书法：循序渐进、熟读精思、虚心涵泳、切己体察、居敬持志、著紧用力。综合各大家学习思想后主要归纳为三个方面：自求自得，循序渐进，熟读精思（杨鑫辉，2010）。

三、　问题提出

首先，当前的生涯研究侧重于对不同人群不同生涯状况的单一的、一般规律性的解释，缺少个体意义上的整体的、深层的挖掘。要探讨个体在各种环境因素交错影响的前提下，是如何运用性格优势、思维认知和个人能力等自身因素做出生涯选择，进行生涯探索以及实现生涯成功的。这一点对于当前注重一般人群普遍性规律的生涯研究现状具有一定的互补性意义。

其次，中华优秀传统文化是国家软实力，也是民族自强、民族自立的精神之魂。近年来，国家不断出台继承和弘扬中华优秀传统文化的政策，研究中华传统文化的重要性不言而喻。十力先生作为一位在中华优秀传统文化里成长起来的一代大儒、哲学大师，具有极高的研究价值。也是因为如此，随着我国文化自信、民族自信意识的不断增强，近年来研究十力先生哲学思想的内部诠释作品出现井喷式增长。但是，就十力先生这种做“生命的学问”的哲学家而言，仅仅对其哲学体系进行内部诠释是远远不够的。因此，本研究以外部诠释的角度，采用心理传记学研究方法，以十力先生为传主，尝试解读十力先生的生涯，这对于理解十力先生本人的哲学思想，理解同时期的其他哲学大师的思想历程，理解我国优秀传统文化对人的塑造作用具有一定的启发意义。

再次，对传主的分析不能仅仅在个人层面上进行解读，社会、历史、时代特色对传主人格、生涯的影响也非常之大。尤其是对于哲学家而言，其哲学体系一定是建立在时代背景之上的。因此，本研究以横向和纵向两个维度，从生命经验和生涯发展之间的关联，融合个人、社会、历史时代等多个分析角度，来分析传主的生涯，意图为传主提供更加具有全面性和具有多维参照性的生涯剖析。另外，Schultz（2005）还指出，选择的心理传记分析理论要以最贴合传主真实情况为原则。因此，除生涯理论及心理传记中常用理论之外，本研究还选取了中国传统心理学思想作为其微观理论的应用，传主十力先生是一代大儒，选用中国传统心理学思想进行理论分析不仅可以保证理论选用的高效度，而且这将有利于推进心理传记学的本土化。

此外，经上文可知，作为一位功底深厚、笔耕不辍、创造力无限、功勋卓著、声名海外的新儒学大家，十力先生偏偏是一位没有接受过正式教育，特立独行、行为作风与文化圈格格不入的人。究竟是什么原因造就了十力先生的性格，又是什么原因使他在学术界做出如此巨大的贡献和成就？带着这些疑问，本研究设置了以下悬疑性问题：

①十力先生何以形成其“狂者”人格？“狂者”人格下十力先生的生涯呈现出何种特点？十力先生的生命故事与生涯发展历程之间具有怎样的关联性？

②十力先生的生命经验及其生涯发展经历了哪些事件？哪些事件又是决定他生涯路程的关键事件？十力先生在关键事件中为什么会做出如此选择？

本研究根据上述问题，绘制了十力先生生涯研究建构图，如图3：

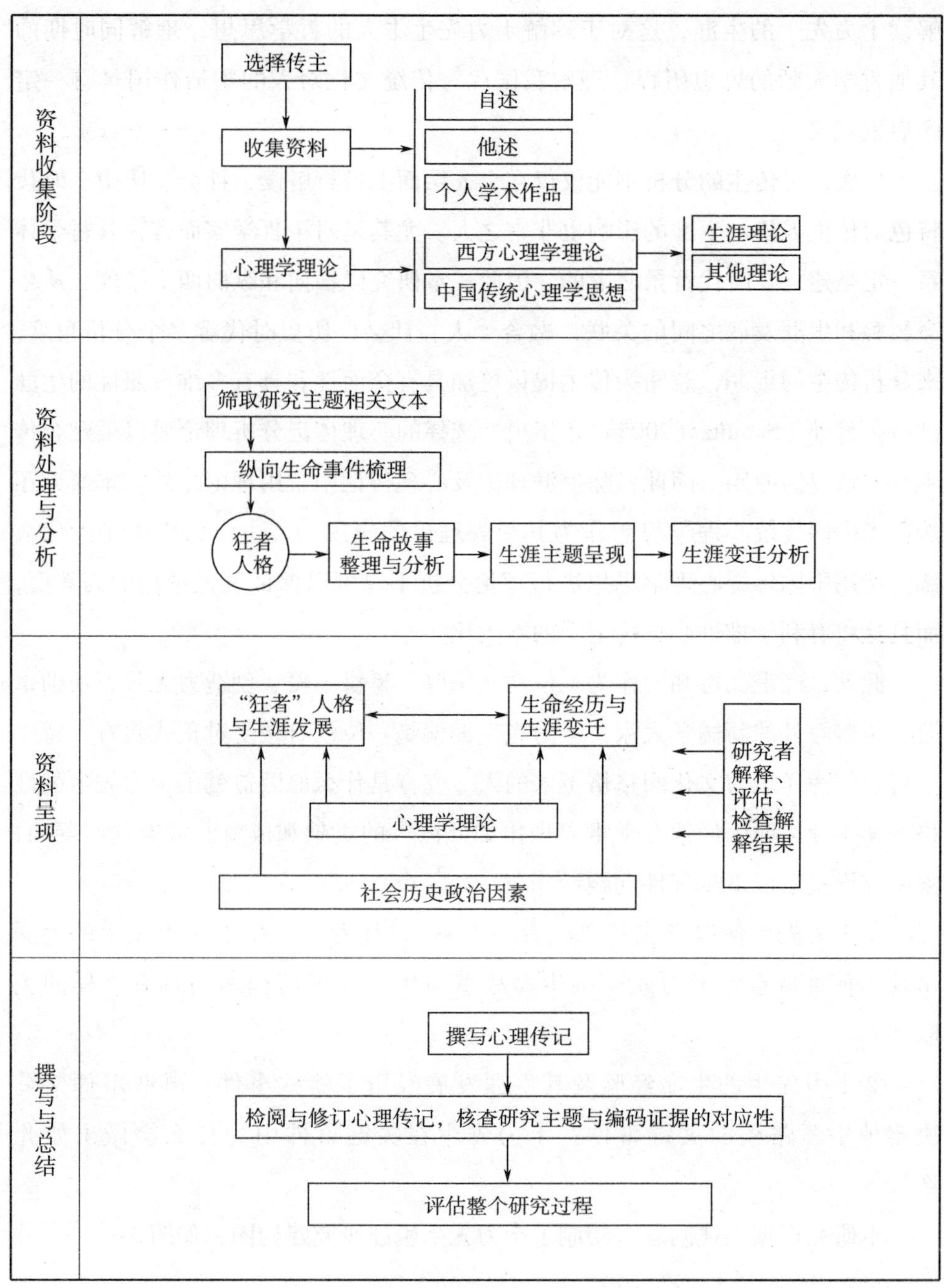

图 3　熊十力生涯研究建构图

四、 研究结果与讨论

（一）研究一：熊十力“狂者”人格与生涯发展

在我国古代人格心理学思想中，孔子讲有“狂者”“狷者”“乡原”这三种人。狂者“狂简、进取、不忘其初”，狷者“有所不为”、洁身自好，而乡原为“德之贼”也。十力先生属于典型的狂者人格，不为权势、世俗、条框所囿，敢说敢想，敢做敢当，敢为天下先，简脱豪迈，也不免轻率冒失（杨鑫辉，2010）。

1.“狂者”人格成因

经过我国心理学家在人格发展方面的多年研究，发现影响人格发展的因素主要包括：遗传与生理因素和环境因素。环境因素包含家庭、学校、社会文化环境等（车文博，2009）。据此，本文在十力先生生活史基础上，对十力先生“狂者”人格成因做出以下分析。

（1）“狂者”人格的影响因素分析

①巴水畔，哲人乡

十力先生出生于文化重镇湖北省黄冈县。全县自民国时期以来就有数百名英雄志士、贤豪圣哲涌现。明代黄冈县录取的进士占全国的26.2%，到了清代，进士录取率达到42.6%。几乎一半的清朝进士皆出于此。晚清后期，黄冈到处都是以当地名人名字命名的中学，例如闻一多中学、李时珍中学等。新中国成立前我国出国留学人员中黄冈人占了16%（梁璞，2015）。据黄冈市政府文件中《风土民情》（黄冈市地方志办公室，2016）记载，黄冈地区民风有这样几大特点：崇尚勤俭，珍爱诚实；尚衣尊读，乐土重乡；急公好义，崇尚节气；殷勤好客，注重礼仪。这四条民风特点，除了“注重礼仪”一点外，土生土长的十力先生几乎全占了。这并不难理解，在中国文化中，素有“一方水土养一方人”之说，而在西方心理学理论中，生态系统理论（Bronfenbrenner，1992）也认为当地环境作为一种宏系统，其环境中包含的信息，如黄冈地区的民风，会在无形中规定人们对待孩子（十力先生）的方式，教给幼时十力先生知识以及他应该努力的目标。在宏系统中存在的信息可以直接或间接地影响十力先生本人知识经验的获得。

②祖上贵，住破房

十力先生祖上都是读书人，家境殷实。但是到了十力先生的太爷爷一代，家中贫困。田无一垄，靠卖工或教“爬犁官”度日。《先世述要》中说：“余家几世学守礼”，“余先世士族，中衰”，“余家世穷困。所可闻知者，先曾祖光东公、先祖父敏容公，先父其相公，三世皆单丁，都无立锥地”。（熊十力，2001）“其父通经晓史，学宗程朱，一生困厄，不以科名为意”（郭齐勇，2013）。“讲程朱学于举世陷溺八股之代，以作绅士、行敲诈为子弟及生徒戒。”（熊十力，2001）熊父为人正直，同情贫苦乡邻，憎恨以强凌弱的现象，很受乡民的尊重。乡民请他给当地的孩子当私塾先生，熊父就以每月乡邻送来的一点米面维持生计。可以说十力先生生涯中显现出不慕名利，为人正直的性子受了熊父很大的影响。

熊父回家偶尔教十力先生识几个字。十力先生天生天资聪颖，记忆、理解能力超强，很快粗通文字。十力先生十岁，其父发现十力先生好问好学，“此儿眼神特异，吾不能教他识字，奈何？乃强起授馆，带之就学”（《十力语要》卷三）。十力先生还有一兄长名仲甫，读过几年书，因贫困十五岁废学务农，此后边放牛边自学。十力先生十二岁时，父亲因病去世，后由兄长照顾。十力先生和兄长仲甫的感情很好。兄长喜爱十力先生自小聪慧，鼓励十力先生好学上进，对十力先生不加管束。这样的家庭环境是十力先生养成狂放不羁、敢作敢为、特立独行的性格的重要原因。

③大英雄，书中藏

幼时十力先生听父亲讲“焚书坑儒”，好思的十力先生问父亲儒生是否要造反。父亲笑而不语，似默认造反为是。一次看戏，演员着汉服，十力先生认识到清军入关，明朝以众受制于寡（景海峰，2017）。听说《魏书》作者魏收曾骂南朝“岛夷”，十力先生即骂魏收猪狗。又听父亲讲北方少数民族攻打中原，致使生灵涂炭民不聊生，十力先生哀愤不已。十力先生读书也是全身心投入其中，如读《岳飞传》为岳飞所不平竟号啕大哭。十力先生幼时很喜欢阅读类似《岳飞传》类的悲壮故事，每每读完声泪俱下。经典作品中英雄人物大都具有豪迈、坚贞爱国、知其不可为而为之的特点。结合十力先生生命经历来看，这些儒家文化下的“英雄”符号在十力先生人格塑造中起到了榜样的作用。反叛意识的种子，连同拳拳爱国之心、坚贞救国之志也一同埋在十力先生的“狂者”人格之中。

④结良友，新思想

熊家坳（十力先生老家）的乡民日出而作，日落而息。读书人不多，视野有失宽广。为了给十力先生增长见闻，其兄时常带十力先生拜访朋友、名师。十力先生在此时便认识了何自新、王汉和何焜阁。19 世纪 90 年代正值帝国主义国家瓜分中国狂潮时期，这三人都是爱国的革命志士，富有才学，满身抱负，均以“豪侠”自称（郭齐勇，1994）。十力先生经常与这些人在一起切磋学问，在接触众多西方新思想同时，其行为特点也会不自觉趋同。

⑤清末弱，频战乱

19 世纪末 20 世纪初，清朝统治下的中国被帝国主义列强不断的欺凌践踏。从外看，“俄罗斯，自北方，包我三面；英吉利，假通商，毒计中藏；法兰西，占广州，伺窥黔桂；德意志，胶州领，忽视东方；新日本，取台湾，再图福建；美利坚，也想要割土分疆”。从内看，清朝以慈禧为首的统治者卖国求荣，奴颜婢膝。政府贪污腐败，迂腐落后。1895 年，甲午战争失败，中日《马关条约》签订，全国人民强烈反对。康有为联合一千三百多名举人“公车上书”，这其中就包括十力先生的好友何举人。十力先生因此十分了解公车上书的实际情况。而这种国家动荡、社会矛盾激化的时代环境恰恰是“天下兴亡，匹夫有责”式豪气粗人的培养皿。

（2）总结

整体动力理论认为：婴儿心中有两股力量。一股力量用于寻求安全感，倾向于后退，害怕危害到既有的一切，对独立自主、自由与分离感到恐惧；另一股力量朝向自我整合、自我独一性发展，朝向使自我能力完全发挥其功能，并在面对外在世界时充满自信，同时使人能够接受内在最深处、真正的、下意识的自我。自卫的力量与成长的倾向之间存在基本对立与冲突，并深植人性之中。而健康成长的历程可以视为一系列无止境的自由选择的情境，在十力先生一生中不时地出现；每次出现，十力先生都必须在安全的快乐与成长的快乐之间、依赖与独立之间、退缩与进步之间、成熟与不成熟之间做一选择。另一方面，儿童每向前成长一步，都是由于现有安全感才可能踏出，从安全的母港向未知的领域伸张。因为可以撤退，所以大胆前进。所以，只有安全得以确保，才能允许较高层次的需求与冲动浮现且朝向优势，而后成长（Maslow，1970）。而综合上述分析来看，在保家卫国的时代氛围影响下，十力先生成长的微系统对其主动性环境探索、形成积极认知等的成长性行为十分赞扬与提倡，对十力先生在成长过程中表现出的聪慧也大加赞赏。也就是说，儿童期的十力先生收到来自周围世界的爱、尊重、赞成、赞美等心理支持性因素在一定程度上弥补了动荡、贫穷的环境中的不安全性。这些给十力先生带来愉悦经验的心理支持是十力成长性倾向的重要牵引力量。这种成长性倾向最终使十力先生的人格呈现出自我实现者的特征——接纳自我、自发纯朴和自然、以问题为中心而颇具使命感、超然独立的独处需要、自主性、自我欣赏、社会关切感、具有创造性、抵制现存的社会文化类型。这些特征恰好与十力先生的"狂者"人格相吻合。

2. "狂者"人格与生涯主题

在生涯理论中生活广度与生活空间的发展观下，Super除了提出生涯发展阶段理论之外，还加入了角色理论，提出了"生涯角色"。生涯角色之间，生涯角色和生涯发展之间交互影响。在十力先生的一生中，并没有在子女、父母、丈夫这类家庭关系中的生涯角色上分配较多的精力，在休闲者角色上也没有过多涉及。十力先生的学生任继愈曾评价说："熊先生这个人，一生坎坷，没有遗产留给子孙，家庭关系处理得也不尽妥善。几十年来，没见过他穿过一件像样考究的衣服。伙食注意营养，却不注意滋味，甚至可以说是吃了一辈子没有滋味的饭，人们认为值得留恋的生活方式，跟十力先生也不沾边。"相反的，因为对复兴中华文化的爱国之心，十力先生在学习者、工作者、公民的生涯角色上，几乎花费了一生的心血。而在老师、朋友这类在人际关系上的生涯角色方面，因为十力先生的兴国之志和特立独行的性格而具备了很多传奇色彩。像马一浮、梁漱溟、董必武、陈毅等人是十力先生的至交，徐复观、唐俊毅、牟宗三等人都是他的学生。而十力先生的生涯主题，与生涯角色的分配息息相关。

（1）家庭：亲疏之间的跨越

十力先生十二三岁丧失双亲，后由其兄长抚养长大。自小过惯了“野人式”无拘无束、不喜礼仪的生活。十力先生结婚后的家庭关系，有着太多原生家庭的影响。“熊先生没有遗产留给子孙，家庭关系处理的也不尽妥善。（任继愈言）”“做学问，要像在战场上拼杀一样，要义无反顾，富贵利禄不能动心，妻子儿女也不能兼顾。（韩裕文言）”（熊十力，2015）。十力先生一生真正陪伴家人的时间少之又少，据十力先生的弟子李渊庭回忆：十力先生和妻子新婚度蜜月期间，十力先生也是埋头看书，一个蜜月便读完《二十四史》。十力先生的三个儿女也没有受到十力先生的熏陶，对十力先生的哲学思想不甚了解。十力先生后来收养的小女仲光，因为随养父习学，反而成了受其研学精神影响最深的一个。而另一方面，十力先生经常与自己的学生同吃同住，七七事变后南下逃难，也是其弟子随同左右。抗战胜利返回北大后得知好友邓高镜生活困难，每月资助生活费直至邓去世。

（2）人际关系：一身“真气”与“有失分寸”

徐复观在《悼念熊十力先生》时说十力先生“无一毫人情世故”。十力先生在生活上困顿，却从不掩饰自己的欲求，要吃鸡吃牛肉。十力先生对于徐复观、黄艮庸等学生给他的钱视为理所应当；在南京学佛期间只有一件长衫，晚上洗了就挂在菩萨头上晾着。十力先生北大执教，因为其率真坦诚、胸怀坦荡、敢笑敢骂颇受北大同事的喜欢。他与梁漱溟、马一浮的友情起伏也都是因为如此。梁培宽曾说：“如果要问我对熊先生最主要的印象是什么，我说是率真和豪放，这是从好的方面说，从不好的方面说，他很容易起急和骂人。把两面结合在一起，可以说他这个人不会约束自己，不想约束，他的不想约束表现在一切的行为和生活习惯上……他的一些习惯（包括骂人）既像大知识分子，又像乡下人。乡下人说话不一定有恶意，甚至亲热的话也用粗话表达。”（曾海龙，2017）

（3）学术：高创造力与不合规范

据十力先生的养女熊幼光回忆："父亲学无常师，只靠自学。一生著作甚多，少量出版，后来仅靠亲友赞助出版。虽然在他晚年，满腹学问无人可传，可他还是坚持写书，留下了宝贵的精神财富。"十力先生离开南京佛学院刚到北大不久，其扛鼎之作《新唯识论》的不同版本接连出世，杂取了禅宗、天台、华严，以及《周易》、老庄、宋明理学等各种学说，对唯识论进行创造性地解读、批评与改造。这是中国自古以来第一次有人从学者的角度研究佛学。这引起了佛学界的强烈批评，欧阳竟无公开指责十力先生，认为他叛逃师门。

十力先生自己也承认《新唯识论》是综合各派思想的产物。他在《尊闻录》附录《答友人》中说："弟之《新唯识论》，虽从印土嬗变出来，而思想根底，实乃源于《大易》，旁及柱下漆园，下迄宋明巨子，亦皆有所融摄。囊括万有，要归于认识本心。而此所谓心，固与西洋唯心论者之心，截然不同为物。"

在新唯识论体系基本构建后，十力先生在当时"考据"之风盛行的情况下，开始建构外王学，开始整体性回归儒学经典，并逐渐采用一种非历史、"六经注我"的态度解读儒家经典，意在全面否定儒学的时代大环境中为传统文化找到一席之地。对于考据之学，十力先生颇感厌恶："文科当为一国思想之发源地，为各科学之主干，尤其中心思想之阐扬必有赖于文科，巨子显学，最上不过考据之业，下者犹不敢与以考据之名，只是耳剽目窃，多所杂缀、扩大篇幅、出洋本本或腾报纸以驰声誉而已。至其所考核而陈列之题材，尤琐碎无谓，诚不知其居上庠而神游目注者，如是之琐碎鄙陋！既不能穷神知化，由无一材一艺之长可资实用。"又说："清末志士无救放国、无救于其自身，此事彰名，追原作俑，不能不归咎于考据学风之为害也。"对于十力先生的学术思想发展与演变的总体概括，即是"若经道术多迁变，请向兴忘事里寻"。

（4）总结

在马斯洛的需要层次理论中，高级需要的出现并不以低级需要的完全满足为条件。据马斯洛（1970）估计一般人满足他们的需要接近以下水平：生理需要85%，爱和归属需要50%，尊重需要40%，自我实现需要10%。较高层次的需要产生更多的是愉快和高峰体验，而低层的享乐主义需要却十分短暂。一般来讲，达到自我实现的人不会再有退回到低级发展阶段的动机。但十力先生酷爱吃肉是否是生理需要的不满足呢？依此，他在学术上的自我实现又怎会出现呢？生理需要是每个人最基本的需要，包括衣食住行这些最基本的元素。从十力先生在一生中多次接济困难友人、三拒蒋介石巨额资助等方面来看，十力先生成年后的行为并没有受到强烈的生理需求的影响，十力先生的童年虽然穷困，但也有父亲和长兄的养育而不至于饥寒交迫，生理需要得到基本满足。因此，十力先生嗜肉更像是一种补偿机制，仅仅是处于幼时的肉类匮乏而导致的过度补偿。

十力先生的人际关系是不稳定的，通过梳理他的生命事件可知十力先生的人际关系变动是以他个人的学术为中心的。而他与家人、家庭的关系亦是如此。客体关系理论认为个人的成人关系与童年时期个人与母亲的亲密关系十分密切，有研究证明依恋关系中回避型的个体通常努力保持情绪上的独立，因此他们不需要任何可能增加亲密程度的信息（Rholes，Simpson，Tran，Iii，&Friedman，2007）。在十力先生众多自述的作品中，多记录父亲对自己“志学”理念的深刻影响，而对母亲一方不曾提及。由于史料缺乏，在此无法对十力先生与母亲的关系做细节上的缜密探讨，但是十力先生对母亲很少提及的这种表现，却使得后来十力在家庭关系、人际关系上的表现有章可循。对十力先生终生“志于学”，而终在哲学领域取得巨大成就的方面，也可详细探究。

马斯洛在论述自我实现与创造力时提出，一般所谓的“常识”、适应良好、与适应力正常都意味着要不断扬弃人类心灵深处的认知与意念的本性。所谓顺应现实世界，乃暗含着个体的不断分裂，个体必须背弃自己内在的许多东西。这些心灵内在深处也正是他一切欢乐的源泉，是能够具有创造力的根源。十力先生不仅作为20世纪最具创造力的哲学家之一，拥有极强的个人整合力，不受社会习俗的禁锢，任由自己有些“傻气疯狂”，能够不怕别人非难，任情绪浮沉而无烦恼，而且十力先生作为一名自我实现者，自身的责任变成快乐，快乐又深入责任之中。工作与游戏之间的差异形同虚构。最成熟的人也是最孩子气的人（Maslow，2011），是有强烈的自我、最肯定的独立个性，同时也是最能轻而易举便达到无我、超我境界的人（Maslow，2011）。也就是说，十力先生的“一身真气”的“狂者”性格，为学术生涯中的高创造力提供了源源不断的内部动力。同时，从自我实现的角度来看，具有创造性、淳朴率真是自我实现者的典型特征。

3.“狂者”生命故事与生涯发展的联结

（1）生命故事与生涯发展联结

①“先天下之忧而忧”，生涯影响力重要因素

十力先生从少年时代接触《格物启蒙》等书籍、文章中的新学思想后，“先天下之忧而忧”便是十力先生的座右铭。他也是一直这样做的。在近代战乱的中国，爱国报国是所有先进人士共同奋斗的时代主题。蔡元培愿为当时哲学思想还不尽成熟的《熊子真心书》作序并大加赞扬，梁漱溟愿意引荐十力先生入内学院学习，十力先生养疴杭州时马一浮受其邀请亲自登门拜访并为《新唯识论》文言文本的成稿提供极为重要的建议，以及众多学生都爱听十力先生讲课，其中不少人用大半生追随十力先生，这样的影响力，除了十力先生率真不做作的人格魅力外，不得不说是与“忧国兴国”的时代理想有着极大的相关。

②“持志如心痛”，终其一生发奋著学

十力先生在《与读书周刊》一文中道“持志如心痛。一心在痛上，岂有工夫说闲话，管闲事”，这最早源于十力先生幼年在父亲临死之时“儿无论如何，当敬崇大人志事，不敢废学”的誓言。十力先生早期在自己的书中，也每每引用父亲的言语。其父人品贵重，颇有才华，一生都想创立自己的儒学体系，然终未如愿。十力先生深受父亲影响，就连在战争逃难之时，也不忘讲学著书。年事已高时，仍拖着病体笔耕不辍，直至八十岁高龄时，十力先生依然有《存斋随笔》等作品成文。

③半耕半读的放牛娃，以文交友借力上升

其长女熊幼光曾说：“父亲经常回忆自幼家贫，幼年丧父。随父就读一年，学无常师，只靠自学。”（熊十力，2015）。十力先生识字是由于做私塾先生的父亲回家偶尔教他几个字，因为自己好学好问，才赢得父亲的私塾旁听机会。父亲去世后，十力先生坚持自学，经常放牛时去私塾墙角偷听，十力先生

的才华和聪颖又赢得何圣木的垂青，为其免学费并使其成为私塾的正式学生。对于十力先生来说，读私塾学习在他那个贫穷的家庭中是很难得的，是一种纯粹的奖励。十力先生因此想方设法地学习，没钱买书就跟别人借书，想借书就得积极主动地去认识有书的人。这和十力先生成年后结识梁漱溟、蔡元培、马一浮等人是前后一致的。十力先生的家境贫寒，恰恰是这种善于创造机会把握机会的品质，才使得十力先生能够走上学术道路。

④"野人"式的少年生活，掉背孤往、无所依傍的学术胆识

"余少喜简脱，不习礼仪，慕子桑伯子不衣冠而处之风。夏居野寺，辄裸体，时出户外，遇人无所避，又喜打菩萨。"（《十力语要》卷三）这种"野人气"是十力先生性格中非常突出的一大特点。在五四运动的发生地、文化学者济济的北大，这种"野人气"显得格格不入。"一般名流教授随风气，趋时事，恭维青年，笑面相迎。以为学人标格直如此耳（牟宗三《我与熊十力先生》）"。十力先生不喜约束不通礼仪，经常骂人又无半点圆融之处，显然不具备混迹名流交际圈的条件。而恰恰是这种野人般的狂气，不会受固有学术圈规矩的桎梏，不会需要倚靠哪个思想门派给自己的真见"壮胆"。"真学术不是浮泛知识，首脱去依傍，有独立研究之精神，有宏远的规模，有深沉的风范，有宏达的气魄。"可以说，正是这种野人式的少年生活经验，才有十力先生"六经注我"的学术色彩和掉背孤往、无所依傍的学术胆识。

⑤自小聪慧多受夸赞，坚信自我价值观

十力先生自小十分聪慧，"初授《三字经》，吾一日读背讫。授四书，吾求多授，先父每不肯，曰：多含蓄为嘉也。求侍讲席，许之。时先父门下，颇有茂才，余自负所领会出其上，父有问，即肃对"，"是年秋，吾作八股文一篇。八股文有法度，不易驰骋，先父颇异之"。（《十力语要》卷三）熊父病逝后，其兄嫂也十分喜爱聪慧的十力先生，因此对十力先生的成长顺其自然，对他的管教较为宽松。这种聪慧连同儒学出身的父亲之夸赞是十力先生一生自信的始源。正是这种自信使他在面临佛家激烈批评时无半点胆怯之心，也使他一直相信来源于生命中最直接的体验和直觉，以"是"的态度，坚定不移地创

建自己的哲学体系。也使他在学术格局彻底颠覆时没有和其他思想家一样改弦更张，成为新中国成立后唯一没有宣布放弃自己原来思想体系的哲学家（宋志明，1993）。

⑥对实现自身最高价值的渴望，与政界保持距离和参政议政之间的矛盾

经过旧民主主义革命的失败，十力先生立誓从此远离政界，专心学术。至新中国成立时接到来自董必武等人"共商国事"的邀请后，原本对新政权持怀疑态度举棋不定的十力先生便放下心来，重回北大。此后，十力先生多次致信毛泽东、林伯渠、董必武、郭沫若等党中央高层领导人，提出倡导学术自由、建立哲学研究院等建议，同时期写成的《论六经》《原儒》等著作，也充满了对新中国各方面治国决策的评析与建议。很显然，在共产主义大潮下，十力先生想让自己的哲学体系发挥出更大的作用和价值。他曾说："天上地下，唯物独尊"（郭齐勇，2013），"念党人争权夺利，革命终无善果。目击万里朱殷，时或独自登高，苍茫望天，泪盈盈语下"（《十力语要》卷四），"当今之子，讲晚周诸子，只有我熊某能讲，其余都是混扯（牟宗三《我与熊十力先生》）"。十力先生也曾告诫弟子韩裕文："做学问不能甘居下游。要作学问就要立志，争当第一流的学者。"（宋志明，1993）从各个方面和时期看来，十力先生对自我价值的实现都是有极强的渴望的。

⑦出身底层，对肉类的刚性需求

十力先生嗜肉，喜欢吃乌龟、牛肉和鸡。这在当时国民经济困难时期，便是一件有些奢侈的事。新中国成立后十力先生初到北京时，经常为吃住不习惯等问题找董必武，董还打趣说"熊先生，我成了你一个人的副主席了"（叶贤恩，2010）。后来十力先生移居上海成为上海统战部工作对象，需要定期进行思想汇报。十力先生在给统战部的思想汇报上，多是对生活问题的需求，如住房问题、吃饭问题等。他还专门写过一篇《说食》，陈述国民要多进营养的观点。这与十力先生的出身背景有关。十力先生自幼家贫，时时要为吃穿生计发愁，直到三十几岁去南京学佛，十力先生也是一众同门佛室弟子中最穷的，穷到只能光着腿穿一件长衫，被同门戏称"空空道人"。

⑧革命的大无畏献身精神，无畏争议与苦难的奋勇直前

十力先生自十七岁起有十多年参加革命的经历，革命过程中刺杀、通缉逃窜、偷菩萨以筹措革命经费、行军打仗等等事件成就了十力先生性格中一身是胆、奋勇无畏的一面。这也可以解释十力先生无论是在北大这种生活安定、兼容并包的环境下，还是在南下逃难、颠沛流离流亡困顿的环境中，或是生计无忧而唯心论被整体批判漠视的环境里，都能坚守其志，勤奋著学。

（2）总结

十力先生生命故事与生涯发展八项联结的核心，在于其超越常人的坚定的“志学”信念。这也是破解十力先生巨大学术成就的关键所在。在心理层面上，父亲对十力先生“矢志学术，家国天下”的坚定信念有深刻影响，是十力先生生涯之路的原动力。但是关于双亲之重要一方的母亲，十力先生却鲜有提及，这说明父亲对十力先生产生的是强烈的、压倒性的、极其深刻的影响。熊父是典型的儒学文人，渴望建立儒学新体系，满腹经纶又不以科举为意，为人正派。根据弗洛伊德的理论，儿童的恋母情结一旦被解决或压抑，他的乱伦需求就会变成温存的爱，并开始发展原始的超我。男孩把父亲作为决定正确和错误行为的榜样。他将父亲的权威内射到自我中来，从此播下成熟超我的种子（Feist，Feist，2011）。这种人性的规律在中国根深蒂固的父权文化下，作用尤甚。十力先生曾说自己的学术奋进是因为始终牢记在父亲病榻前“不敢废学”的誓言。但值得注意的是熊父去世前本意是让十力先生“学个裁缝好谋生”，这更加印证了熊父在十力先生生涯中的权威导向作用。

（二）研究二：熊十力生命经历与生涯变迁

根据十力先生本人的生涯变迁特点，研究二将十力先生的生命经历划分为三个时期：十力先生幼年至从军前；十力先生从事革命行动时期；十力先生专研学术时期。本文将Super生涯发展阶段理论作为心理传记的宏理论嵌入十力先生的整个生涯历程中，以便于更好地观察十力先生生涯发展的宏观趋势。另外，本文将“熊十力个人—历史多元交叉纪年表”置于附录部分，以便于使研究二与十力先生真实生命经历相互对照。

1. 熊十力幼年至从军前（1—16 岁；1885—1900）

（1）“穷于财，可以死吾之身，不能挫吾之精神与意志”——坚定的“反压迫，强家国”生涯信念

①熊父离世

熊父的死是由于常年积劳成疾而染上的肺结核病，但“房产诬告”事件加速了熊父的死亡。熊家二房即十力先生的邻居状告熊家三房即熊父侵占民宅，并通过“地头蛇”向县官行贿，县官受贿出了黑案。熊父被逼无奈，将房子抵押，其欠款尽数交于熊家二房。自此，十力先生家的经济完全崩溃，熊父含恨而殁，不久母亲随夫而去。十力先生时年十二三岁，父母双亡（叶贤恩，2010）。十力先生自小就喜爱悲壮故事，有反叛意识萌芽。父亲去世更是成为关键事件，使十力先生的伸正义、反压迫思想更加强烈。

熊父临终之时十力先生对父起誓：“儿无论如何，当敬崇大人志事，不敢废学。”熊父留下遗言：“穷于财，可以死吾之身，不能挫吾之精神与意志。”（《先世述要》）十力先生在半个世纪之后，还追忆说“余小子终不敢怠学，盖终身不忍忘此誓言也”（《十力语要》卷三）。

②儒家入世思想深入骨髓

熊父学承程朱理学，因此无论是启蒙时期，还是跟着父亲去私塾旁听的一年，十力先生接受的都是儒家思想。熊父去世之后，十力先生的兄长不愿十力先生就此废学，领着十力先生拜到父生前好友何圣木先生门下，何先生喜其聪慧，遂免学费。这位何先生曾对十力先生讲“令先德其相先生，尝欲推尊孙（旬）氏与孟子并，以见儒学之大，惜未发其意而促”（《读经示要》卷二）。可见十力先生倾尽毕生心血创立“新唯识学”，归佛入儒，受父亲很大的影响。十力先生在田里野惯了，不耐塾堂约束，“从游半年，屡受斥责”（《读经示要》卷二），只在那儿受了半年旧学教育，其后便复归“耕读”模式。

十力先生自小受儒家学说熏习，儒家崇尚“入世”“家国天下”思想深深嵌入十力先生的骨血之中，他经常把范仲淹“先天下之忧而忧”当作自己的座右铭。（郭齐勇，2013）

③书籍影响

黄冈县的文化人特别多，对于国事民情的探讨已形成一股良风，清末的反清志士尤多。十力先生经常从当地一位举人那里阅读有关西方科学常识或是社会政治风尚之类的书，十力先生与其好友经常探讨国事，常有覆清之志。（郭齐勇，2013）

“邻县有某孝廉上公车，每购新书回里，如《格志启蒙》之类，余借读，深感兴趣。旋阅当时维新派论文与奏章，知世变日剧，遂以范文正‘先天下之忧而忧’一语，书置座右。稍读船山、亭林诸老先生书，已有革命之志。”（《十力语要》卷三）

④战火乱世之中保卫国家的国民意志

社会心理学认为，人无法独立于社会而独自存在，一个人会时时刻刻受到社会大氛围的影响。在近代中国，动荡不安的社会环境给每个人成长中烙下的印格外深刻。出生在那个时代的名人，以一己之力振兴中华是很多人的生涯发展的动力。

（2）儒学与新学思想交汇——“神童”熊十力的早期生涯能力储备

十力先生很小的时候跟着父亲粗学过几个字，后来入父亲私塾旁听。在旁听期间，习得《三字经》、四书、五经章句和史籍。听别的读书伢讲，习得《教儿经》《百家姓》《千家诗》《增广贤文》等很多旧学启蒙知识。随父游赤壁后，《前赤壁赋》和《后赤壁赋》也倒背如流。私下里读《岳飞传》一类的爱国悲壮故事，跟着何圣木先生读私塾也大抵是《顺民篇》这样的旧学经典。

结识何焜阁，十力先生的视野得到了极大的拓展。当时新学《格致启蒙》一类的书是十力先生的心头宝。中西两种思想文化在他心里激烈碰撞，他也和当时其他的激进青年一样持“否旧学，立新学”的立场。

①“神童”智力

两千多年前，孔子提出“三智论”如说：“性相近也，习相远也”，“唯上智与下愚不移”，“中人以上可以语上也；中人以下不可以语上也”。用现代心理学的话来讲，智力作“超长、正常、低常”之分。十力先生便属于这其中的“上智”，即超常。（杨鑫辉，2010）

十力先生自小记忆力、理解力超强。熊父偶尔教了几个字，便“粗通”以至于熊父道他“此儿眼神特异”。十力先生自小好问好学，“初授《三字经》，吾一日读背讫。授四书，吾求多授，先父每不肯，曰：多含蓄为嘉也。求侍讲席，许之。时先父门下，颇有茂才，余自负所领会出其上，父有问，即肃对。父喜，而复有戚色”（《十力语要》卷三）。

十力先生后期任职北大，也是唯一没有藏书的哲学家。他把书全部藏在脑子里，随用随取，撰写书籍文章时旁征博引，信手拈来。

②痴迷学习

十力先生随父学不及一年，父卧病在床，念十力先生生计无着，让十力先生作裁缝之业自活，十力先生床前立誓“不敢废学”。熊父去世后，十力先生效仿长兄，半耕半读，坚持自学。接触新思想后，十力先生每每去同乡举人处借书，“旋阅当时维新派论文与奏章”。他对陈亮“开拓万古心胸，推到一世智勇”很是向往，对陈白沙“尧舜事业，只如一点浮云过目”格外醉心。（丁为祥，1999）中国古代经书典籍中主张秉承“自求自得”“熟读精思”的学习原则和“志高”“专心一志”“学趣”“中心喜悦”“勇学”和“自去理会、体察、涵养”等六项学习心理条件。（杨鑫辉，2010）从这些方面来看，熊父说“此儿眼神特异”是极有道理的。

（3）总结

以生涯发展阶段理论的眼光来看，未成年期的十力先生属于其生涯发展中的成长期。这个时期的十力先生需要解决两个发展任务：发展自我图像；发展对工作世界的正确态度，开始了解工作的意义。Super 把生涯成长期划分为十岁之前的幻想期，此时的十力先生爱听爱看悲壮英雄故事，时常投身其中，慷慨激昂。十一二岁为生涯兴趣期，十力先生基本处于半耕半读的状态，加之时代原因，因此在年龄上会有一些差异。但是长大一些的十力先生接触了不少儒家典籍，“狂”者性格也初见端倪，对反压迫、报效国家之意念很是坚定。在生涯能力储备期，十力先生接触了新学以及更多的家国大事，时常与几位有进步革命思想的好友相聚。早年的黄冈生活，给十力先生奠定了继戎马青春保家卫国之后，专志学术由佛入儒的台基。

2. 熊十力从事革命行动时期（17—33 岁；1901—1917）

（1）生涯探索期的生命历程

1900 年，八国联军侵华，国内义和团运动达到高潮，次年《辛丑条约》签订。十力先生先同王汉、何自新三人来到省城武汉准备谋革命大业。1903 年十力先生入武昌新军第三十一标当兵。革命生涯正式开始。他白天用枪杆子习武，晚上也不敢废学。两年后，考入湖北陆军小学堂仁字斋，成了学生兵，经常往来学堂与军营之间。1906 年春，十力先生加入同盟会，组织“黄冈军学界讲习社”。同年，十力先生的好友王汉执行任务时英勇牺牲，进一步激起十力先生的革命斗志。十力先生计划策动兵变发动武装起义，不料事情败露，讲习社被查封，十力先生被通缉，逃到白石书院孔庙，以教书作掩护暗中从事革命活动。1911 年，武昌起义爆发，十力先生参加光复黄州战役调回武汉任参议。中华民国成立，十力先生任《日知会志》编辑。不料袁世凯称帝，革命形势发生逆转。十力先生多次撰写讨袁檄文。1913 年，孙中山领导的“二次革命”失败，十力先生退伍返乡。用遣散费为兄购置田产，自己安心读书，遍读先秦著作和西方哲学译本，并编《船山学自记》《某报序言》，抒忧时悲情，关心安心立命的大事。1917 年护法运动开始，十力先生再次从军奔赴两广，入护法军辅佐孙中山。不到半年，护法运动失败。十力先生返回德安。

（2）熊十力参加革命“始”与“末”

身为一个社会底层出身、家境贫寒的农村青年，在战乱年代能够让他“闯一番事业，出人头地”的活动可能非入伍参加革命莫属。十力先生当时深受严复所译《天演论》“自强保种”思想的影响，也十分敬佩顾炎武、王夫之的为人与学问，“读船山、亭林诸老先生书，以有革命之志，遂不事科举，而投武昌凯子营当一小兵，谋运动军队”（《十力语要》卷三）。

革命运动后期，十力先生在革命军内并没有处于当局权利核心，“革命大业”已成败局。在思想上，国民党党内风气明显与十力先生的价值观格格不入，十力先生深感“党人绝无在身心上做工夫者，如何拨乱反正?”（《十力语要》卷三）。“今之执政，不学无术，私心独断，以逆流为治，以武力剥削为能，欲玩天下于掌中，其祸败可立以。”（《熊子真心书》）“国人痛鼎革以来，道德沦丧，官方败坏，（袁氏首坏初基，军阀继之。贪污、淫侈、残忍、猜度、浮夸、诈骗、卑屈、苟贱，无所不至其极，人道绝矣。）士习偷靡，民生凋敝，天下无生人之气。”（熊十力，2001）马斯洛也曾论述，政治民主和经济繁荣本身并不能解决任何基本的价值问题，除了返回内在、走向自我，此外别无他处可作为价值的皈依（Maslow，2011）。这与熊十力的思想不谋而合。

（3）总结

此阶段是十力先生的生涯探索期。Super 的生涯探索期分为三个子时期：试探期、转换期、试探并初步承诺期。探索期的青年发展任务是：实现职业偏好，发展一个符合现实的自我概念，学习开创更多的机会。在这个时期，经过重重的革命洗礼和对社会现实认知的层层加深，十力先生弃政向学，发展出“天上地下，惟我独尊”“数荆湖过客，濂溪而后我重来”的自我概念。（郭齐勇，1994）

以枪杆子救国为主题，革命是十力先生在这个时期干的一件大事，也是十力先生人生中的第一次关键性的转折。它为后期十力先生的哲学思想体系的形成和发展提供了实践基础。他思想中的反帝反封建色彩因为袁世凯称帝事件而更加浓烈。其中刚健自强、民族腾飞的献身精神，成为十力先生日后哲学体系创立的钢骨。

3. 熊十力专研学术时期（34—84 岁；1918—1968）

十力先生讲自己的学术历程时说道：“平生探求宇宙人生诸大问题，就现象方面言，一切犹如环化，与此于确信不疑；但有无真实根源，苦参实究，老夫挥了许多血汗。求之宋明，不满；求之六经四子，犹不深契；求之老庄，乍喜而卒舍之；求之佛家唯识，始好而终不谓然；求之《般若》，大喜，而嫌其未免耽空也。最后力反之自心，久而恍然有悟，始叹儒家《大易》、佛家《般若》，皆于真实根源处却有发明……自此，复探《华严》《楞伽》《涅槃》等经，更回思无著，世亲之学，以及此土晚周诸子，逮于宗门大德、宋明诸老，众贤群圣，造诣不齐，而皆各有得力处。乃至西哲所究宣者，亦莫非大道之散著，析其意而会其通，去所短而融所长，则一致而白虑之奇诡，殊途而同归之至妙，乃恢恢乎备有诸几。”（《十力语要初续》）

（1）生涯建立期的生命历程（34—48 岁；1918—1932）

①弃政转学

十力先生参加的旧民主主义革命使十力先生认识到“革政不如革心”。十力先生以为“祸乱起于众昏无知，欲专利于学术，导人群以正见”（《十力语要》），深思之后认为革命失败是失了民族固有精神。于是不再与党人政客来往，十力先生在为《谈道书》一书作序时说“茫茫大地，契心几人？并此寥寥者亦复难聚，惟有撑拳赤脚，独往独来于天地间而已”（《熊子真心书》）。1918 年秋，十力先生汇集两年以来的札记二十五则，编《熊子真心书》，标志着十力先生由政转学的过渡。

②学佛南京（1918—1921）

南京内学院学佛学。1919 年，五四爱国运动爆发，整个中国掀起文化大战。国内文化界空前活跃。十力先生致信梁漱溟，其《究元决疑论》中对自己的批评很有道理。梁先生、十力先生相见恳谈，梁先生推荐十力先生去南京内学院跟随欧阳竟无大师学习佛学。十力先生在内学院的两年中，学习异常刻苦，接受了严格的思辨训练，打下了坚实的唯识学与因明学基础，并开始起草《唯识学概论》。

③执教北大（1922—1932）

1922 年，十力先生经梁漱溟介绍受北大校长蔡元培之邀到北大教授唯识学。在北大“思想自由，兼容并包”的氛围中，十力先生如蛟龙得水。同年，十力先生在南京佛学院起草的《唯识学概论》完稿。这本书按照唯识学体系成文，是十力先生“新唯识论”体系创造的起点。不久，十力先生“忽盛疑旧学，于所宗信极不自安。乃举前稿尽毁之，而《新论》始草创焉”（《新唯识论·绪言》）。1924 年，十力先生更名“十力”（原名子贞），寓意智慧超群、神通广大和法力无边。夏季，梁漱溟以新孔学思想欲办曲阜大学未成，遂办曹州高中。十力先生暂停北大教职同去。后来应石瑛之邀，去武大讲课。1925 年秋季返回北大。次年，佛学逻辑著作《因明大疏删注》和《唯识学概论》印行。《唯识学概论》批评佛家四缘论，阐述宇宙万象刹那生灭，与儒家易学体系接近，是十力先生由佛入儒的里程碑，标志着十力先生迈出以儒家哲学批判唯识学的第一步。因为成书逻辑严密十分耗脑，巨大的工作量使十力先生患上严重的神经衰弱。1927 年十力先生先到南京中央大学养病，后转至杭州广化寺，并在此结识马一浮。1930 年，《唯识论》出版，把学问分作知识和智慧之学，区分智、慧的不同，并把智作为本体，强调人生、现世的价值。1931 年九一八事变爆发，十力先生力劝好友陈铭枢北上抗日，上书国内政府主席“今宜下决心，与倭人死战而不宣”，款“国民熊十力扶病书”。1932 年一・二八战斗结束后，十力先生赴上海慰问将士，高兴地与陈合影。1932 年，十力先生的哲学代表作《新唯识论》文言文本在杭州问世。蔡元培和马一浮为之作序，蔡说：“惜两千年来，为教界所限，未有以哲学家方法，分析推求，直言其所疑，而试为补正者。有之，则自熊十力先生之《新唯识论》始。”

(2) 生涯维持期的生命历程（49—65 岁；1933—1949）

十力先生的《新唯识论》文言文本一经问世，立刻招致了佛界的强烈批判，引发了长达近半个世纪之久的学界与佛界之间对新唯识论持相反态度的“公案”。1933 年，十力先生发表《破〈破新唯识论〉》回应佛界《破新唯识论》“灭弃圣言”的指责，史称“破破论”。此后三年，十力先生在学术钻研和学术交友中继续增进自己对中华文化梳理重建的思索。1936 年，十力先生作《十力论学语辑》收录近三年的短文笔札。全面抗战之前的十力先生的思想面貌，大致反映其中。1937 年，十力先生作《佛家名相通释》，书中涉及很多十力先生的治学之术。这一时期，十力先生在学术界的影响渐大。7 月，七七事变爆发。十力先生由弟子陪同南下避难，辗转几处，十力先生一直讲民族精神、种源及通史，砥砺气节。此后，抗战期间的颠沛流离、流亡困顿的处境没有阻碍十力先生继续发展自己的哲学体系进程，他依然勤思苦索，著书不断。至 1943 年，十力先生已经是国内著名学者，北大破例升为教授。1945 年抗战胜利，《十力语要》、《中国历史讲话》、《新唯识论》语体文本、《读经示要》等著作在好友、学生的帮助下陆续出版。抗战胜利后，十力先生居无定所，依然笔耕不辍，先后有《十力语要》卷三、卷四和《韩非子评论》成书，发表论文若干。十力先生一直想办哲学研究院，蒋介石阅览《读经示要》后送来两次资助，一次被十力先生骂了回去，一次捐赠给南京内学院。1948 年，十力先生复至浙大讲学，给住处起名“漆园”。1949 年，郭沫若、董必武联名邀十力先生北上，十力先生次年 3 月重回北大任教，颠沛流离的生活结束。

（3）生涯衰退期的生命历程（66—84 岁；1950—1968）

十力先生在北京得到了很好的照顾，但经过五四运动之后，儒学和新中国已经产生了一层隔膜，在十力先生的课堂上，学生已经无心研究什么儒学了。十力先生备感落寞，不断上书中央政府，委婉地进言献策，提倡学术自由，建立哲学研究所等建议，皆被搁置。1950 年后，在老友董必武等人的保护下，十力先生著的《论六经》《原儒》《体用论》《明心篇》《乾坤衍》等虽然顺利出版，但在当时大量思想家转向唯物主义的风潮中，并没有产生什么影响。《存斋随笔》被退稿。至 1966 年，“文革”爆发，两年后与世长辞。

（4）专研学术期的重要转折

①熊十力赴南京学佛

这是十力先生人生中第二次重要的人生转折（十力先生参加革命是第一次人生转折），这次转折影响了中国的现代学术。谈及十力先生学佛的因由，除了《究元决疑论》引发的十力先生与梁先生的交流，以及梁先生的引荐这最直接和明显的原因以外，大抵还有如下几条：

首先，年少起源。十力先生很早就有了对人生的思考。“年十五岁，登高而伤秋毫。……顿悟万有皆幻。由是放浪形骸，妄驰淫佚，久之觉其烦恼，更进求安身立命之道。因悟患不自有，必依于真。如无真者，觉患是谁？泯此觉象，幻复何有？……果患相为多事者，云何依真起患？即依真起患，云何断患求真？幻如可断者，即不应起；起已可断者，断比复起。又舍幻有真者，是真幻不相干，云何求真？”（《熊子真心书》）从十力先生的整个学术探究来看，他一直在此问题上深耕细作。“体”和“明体”在新文化运动的背景下变成了“修、齐、治、平”和“科学、民主”两者位置安放的问题。

其次，当时文化环境的影响。新学与旧学的斗争中，大量的先进知识分子把儒学看作封建礼教的同体，无法将两者剥离看待。谭嗣同、章太炎等进步人士将具有思辨性佛学当作武器对抗西方哲学，发文借佛教“普度众生”“大无畏”等鼓舞斗志，弘扬战斗精神。十力先生经历过辛亥革命，十分敬佩二人，受到二人对佛教态度的影响。

再次，国事与家事的失败。十力先生革命失败返回德安后，“兄弟丧亡略尽”“怆然有人世之悲”。革命失败，亲人离去，除了深谙“革政不如革心”外，难免产生人生悲苦之叹。

最后，不通西文的最佳选择。十力先生认为：“今日稍有知识者，皆知吾国之痼疾，非输入欧化不足以医之。然诚欲输入欧化也，必取法隋唐古德。”“以吾国政治之纷扰，学校之废除，人民受教育者多少，而诸君日日空谈‘新’，空谈解放与改造，不务涵养深沉厚重之风，专心西学而广事译书，则欧化未得入而固有之文化已失，欲无绝命可得哉？此真所为栗栗危惧也。”（《熊十力与罗家伦通信》）十力先生不通西文，无法直接面对研究西哲法理。综合上文新文化斗争中“佛学”地位，对他来说，去南京学佛是最好的选择。

②熊十力由佛入儒

这是十力先生人生的第三次重要转折。这次转折引发了佛儒两家长达半个世纪的公案。总的看来，十力先生由佛入儒是生命推进中的必然结果。

首先，十力先生受梁的推荐入南京内学院学佛并不是出于真正想皈依佛教的态度。即使上文中提到十力先生在革命失败后“兄弟丧亡略尽”“怆然有人世之悲”，他并没有产生欲“遁入空门”之感，而是说“非事功之财，决志学术”“濂溪而后我重来”。从中可以看出，十力先生把佛教经典当作学问来研究的成分更多。

其次，十力先生在给学生教授唯识学、出版《唯识学概论》后不久，“忽盛疑旧学，与所宗信极不自安”。十力先生讲唯识学时是用《周易》思想来会通理解的。《周易》与佛学是不同根不同源的两种思想形态，以《周易》会通唯识学，难免会动摇对唯识学理论的原意理解。

再次，十力先生早年接触的正宗儒学熏染，其父和何圣木深研儒学，十力先生无论是受父亲价值观影响，还是自小接受的儒学启蒙，都为十力先生的生命染上了儒学的底色。儒学中的“性本善”论和“人贵论”是十力先生精神认知的“元范畴”，起到各个层面认知的统帅作用。从十力先生的深层价值观上来说，儒家的入世思想在十力先生的生命中贯彻始终，不可动摇。佛教的出世理念和泯灭人的创造功能和无上价值都明显与十力先生的价值观不相符合。

继之，十力先生的“狂者”性格使然。革命时期十力先生即“求为己之学”，他称自己既不是佛家，也不是儒家，“吾只是吾”。又说“实则佛氏元来本是一个人，并非神物。其道虽高，在大地古今万国中，不过圣贤一二”（熊十力，2001）。所以在当时常人看似离经叛道的事情，对十力先生来说只是生命中一次正常的遵循内心意志的选择，更像是“吾爱吾师，吾尤爱真理”。

最后，特定时代有其特定的主题。兴国强国是那个时代每个知识分子都迫切关心并为之努力的主题，十力先生也不例外。佛家倡导缘起性空、涅槃寂静，明显不能帮助十力先生达成“革心”“导人群以正见”以复兴中华民族的目的，佛学证悟本体，对现象认识只是不得已为之，也无法实现强国的目的。

(5) 总结

从弃政转学到《新唯识论》文言文本问世，属于十力先生的生涯建立期。在这一时期，十力先生确定了适合自己的发展领域，逐步建立了稳固的学术地位。身份从中学老师、南京内学院学生变为北大讲师。此时期又分为两个子时期：试验投入和建立期、晋升期。在试验投入和建立期，十力先生在学术领域刻苦钻研，稳扎稳打，也因为种种原因实现了从佛学向儒学的调整。而在晋升期，十力先生在北大致力于新唯识论的创作，工作氛围很好。学术地位逐步上升。个体在这个时期主要面临的发展任务是：找机会从事自己想做的事，学习和他人建立关系，寻求专业的扎实与精进，确保一个安全的职位，在一个稳固的位置上安定的发展。在建立期，十力先生通过梁漱溟的引荐得以进入佛学院学习，又因为蔡元培的赏识和梁的介绍执教北大。在北大执教期间结识了钱穆、汤用彤、林宰平等众多教授、哲学家和学者名流。十力先生在北大就是以自身的苦苦钻研和同友人进行学术交流的方式推进自己的哲学体系建设。因为日夜不怠，殚精竭虑，十力先生于杭州养病。其间，也不忘同马一浮等志同道合的有识之士交流学术观点，笔耕不辍。

实际上，在南京内学院对佛学的刻苦钻研为十力先生后来创立新唯识论哲学体系提供了坚实的辩证法方法论基础。若没有这份佛学中习得的严密细致的功夫，十力先生不可能进入北大，更不可能在后期发展出自己立论深广的哲学体系。而执教北大的十年间，是十力先生一生之中进行哲学研究最好的阶段。十力先生的代表作《新唯识论》文言文本就是在这个时期诞生的。

《新唯识论》文言文本成书之后至新中国成立时期，属于十力先生的生涯维持期。在维持期，十力先生在学术界已经很有名气，北大破格晋升他为教授。他不断拓展自己的新唯识论哲学体系。同时，与佛学界对新唯识论提出的强烈批评，也是全力应战。这个时期的生涯发展任务是接受自身条件的限制，找出在工作上的新难题，发展新技巧，专注于本务，维持在专业领域中既有的地位与成就。

生涯维持期的主要社会背景大致在九一八事变后伪满洲国成立至内战结束期间。在外部环境上，国内时局动荡不安。十力先生南下多地辗转避难，饥寒不定乃至手稿被毁。这在一定程度上影响着十力先生的哲学体系创建。但从矛盾论的角度讲，这是非决定力量的外部矛盾。在当时没有过多限制的学术环境中，加之民族复兴的时代理想驱使，大师林立、人才辈出，文化界尤其如此。且《新唯识论》文言文本出版后，十力先生已经在学术界声名鹊起，十力先生的学术研究并没有受到真正意义上的阻碍。他开始不满足于纯粹的哲学研究，在此生涯阶段在本体论基础上发展内圣外王之学是他的主要任务。

从十力先生受邀北上至逝世，属于十力先生的生涯衰退期。在生涯衰退期，十力先生的身心状态逐渐衰退，然而对哲学体系的拓展和完善工作却依然紧锣密鼓地进行。衰退期的十力先生也尝试转变自己的生涯观念，为居所起“漆园”之名，取意庄子的“知其不可奈何而安之若命”（《漆园记》，熊十力，2001）。但处在中华传统民族文化危亡的特殊年代，只得更加发奋著书，继续完善自己的哲学体系，凭一己之力奔走呼号：“余之息焉游焉于斯园也，非敢安之也，直以是触目而警心焉。”生涯发展理论中，衰退期包含两个子时期：减速期和退休期。这一时期生涯发展任务是发展非职业性质的角色，学习适合于退休人士的运动，做以前一直想做而没做的事，减少工作时数。

新中国成立后，马克思主义、唯物论凭借政治时局优势压倒了国内几乎所有其他意识形态的思想研究，而经过近代屈辱的列强压迫和五四运动以后，被封建制度捆绑了几千年的传统文化更为大多数人所抛弃。十力先生在这一时期的主要工作是修改、总结前期的思想体系，并努力向社会主义意识形态和建设靠拢，以期达到传统文化复兴的人生夙愿。这一时期，十力先生“六经注我”的学术研究意识发挥到极致，其学术呈现出一种非正常的裂变式发展特点。（李祥俊，2013）

很明显，在时代格局的影响下生涯维持期和生涯衰退期的个体发展任务并不适用于十力先生的生涯发展。他极旺盛的创造力贯穿学术生涯始终，而非在生涯维持期削弱。在衰退期，十力先生并没有做到“归隐田园，不问政事”的道家理想，反而更加忧心民族文化，笔耕不辍。这和十力先生自小“不敢废学”“先天下之忧而忧”的强烈信念有着很大的关系。

五、 研究启示与展望

（一）研究启示

其一，生涯教育应注重树立个人远大志向，提升格局。当前我国教育系统过于重视学生知识的、理性的教育，而在很大程度上忽略了学生的心灵的、感性的熏陶。在这样的教育背景下，学生的人文素养缺失而导致利己主义盛行。本文通过对传主十力先生的研究，发现十力先生一生的生涯走向均是出于对振兴国家的坚定志向。也只有在“文化救国”这样的大格局下，十力先生才能站在如此宏观的角度创建充满独特生命色彩的“新唯识论”哲学体系。因此，生涯教育注重树立个人远大志向，提升格局，有利于个人自觉地挖掘自身生涯潜能和自我价值的最大实现。

其二，生涯辅导应注重树立生涯自信，削弱个体的权威意识，以“是”的态度对待个体生涯发展。本研究发现，十力先生特立独行、无所依傍的“狂者”性格特征为十力先生的生涯提供了很大的助力，也是十力先生哲学体系极富原创力的重要原因之一。因此，从本研究的角度看，个体树立坚定的“是”的信念，帮助个体破除对权威的盲目信任，有利于个体实现生涯成功，发展出真正适合自身的特色生涯之路。

其三，建议尝试性地将名人心理传记引入生涯教育中，为个体生涯设计提供柔性支撑。本研究即是探索了十力先生的生命经验如何为生涯发展提供滋养，提供了什么样的滋养。生命经验是生涯发展的前提，将名人心理传记作品引入生涯教育，将为个体提供大量的、细致的、有温度的生涯剖析，打破原先生涯教育停留在理论应用及理论实践的尴尬层面。

其四，在优秀传统文化挖掘与研究工作中，对具有重大历史意义的名人大家的生命和生涯历程研究有助于对其遗留作品的深度解读与理解。本章对一代大儒十力先生的生涯解读，有利于哲学研究者理解其“新唯识论”哲学体系。将名人的生命经验和生涯状况融入相关文化体系中，能够更加恰当地盘活我国优秀传统文化，更易于将优秀传统文化的精髓融入现代人的骨血之中。

（二）研究局限与展望

其一，十力先生一生著作等身，笔耕不辍。其哲学体系又以晦涩难懂著称。本研究在资料收集和分析的过程中，所遇到的困难不言而喻。尽管本人付出了极大的努力，但是恐仍旧存在资料收集有限、对传主本人哲学理念的理解停留在浅层从而造成诠释不当的问题。因此建议后来的研究能够进一步加深资料挖掘力度，从各个角度展开对十力先生的心理传记学研究，从而达到对同一传主多方交互验证的效果。

其二，本章传主十力先生是在近代旧学教育下成长起来一代大儒，鉴于国家内忧外患却才人辈出的时代的特殊性，未来的研究可以在某一生涯主题下进一步探索十力先生同时期不同名人生涯特色之间的深层共同点与差异性，开展多传主比较心理传记学研究。

六、 结论

本研究分别从横向维度（研究一）和纵向维度（研究二）对一代大儒熊十力的生涯进行心理传记学研究。

研究一分析了十力先生“狂者”人格成因。黄冈地缘环境、人文气息浓厚的家庭环境与遗传、传统书籍与儒家文化下的反叛意识与爱国思想、同伴影响以及动荡国内局势，造就了十力先生的“狂者”人格。首先，成长性力量的不断牵引，是十力先生“狂者”人格形成的深层心理原因；其次，明确了十力先生的人格表现与生涯主题。在家庭方面十力先生表现出了亲疏之间的矛盾；人际关系方面十力先生表现出一身“真气”与“有失分寸”的矛盾，学术上十力先生表现出高创造力与不合规范的矛盾性特点。十力先生的家庭关系、人际关系以学术为中心，学术表现在很大程度上受到早期与父亲关系的影响，十力先生的高创造力与“一身真气”与自我实现有关。最后，探索了十力先生生命故事和生涯发展的联结。“先天下之忧而忧”的报国动机是十力先生巨大生涯影响力重要因素，“持志如心痛”的志学态度使十力先生一生发奋著学，半耕半读放牛娃经历使十力先生学会以文交友借力上升，“野人”式少年生活帮助十力先生养成无所依傍亦无所惧的学术胆识，自小聪慧受人夸赞使十力先生终生非常坚信自我价值观，渴望实现自身最高价值造就了十力先生与政界保持距离和参政议政间的矛盾，出身底层使十力先生对基本物质生活的需求强于常人，青年时期的革命经历、大无畏献身精神使十力先生在学术生涯中能够无畏争议与苦难奋勇直前。十力先生在这些联结中所显示出的“志学”的核心特征是早期对父亲的深刻认同所致。

在研究二中，十力先生的生涯变迁呈现了明显的分段特征：幼年至从军前；革命时期；决志学术时期。首先，幼年至从军前是十力先生的生涯成长期，在此时期十力先生的生涯信念和生涯能力初具雏形。十力先生在熊父离世、儒家入世思想、新思想书籍以及时代影响下产生了“反压迫，强家国”的生涯信念；先天“神童”智力和痴迷学习使十力先生完成了早期生涯能力储备。其次，革命时期是十力先生的生涯探索期。十力先生选择革命之路是在当时战乱局势和新旧思想交互影响下共同作用的结果。放弃革命生涯是由于革命之路不符合十力先生本人的价值观，且已无身居要职的可能。最后，决志学术期是十力先生人生持续最长也是最后的阶段，包括了他的生涯建立期、生涯维持期和生涯衰退期。这一时期十力先生赴南京学佛，是他人生中的第二次重大转折。十力先生年少时对人生的思考，再加上当时新学旧学抗争下儒学地位高涨，革命失败兄弟丧亡以及不通西文又志在学术等几方面原因，促成了十力先生赴南京学佛的转折。而后来十力先生由佛入儒，是十力先生的第三次重大转折。十力先生自小深受儒学教化，秉承研究者非皈依者的态度入南京学佛，后又以《周易》思想理解会通唯识学，另外，十力先生的狂者性格使他把佛视为凡人圣贤，且佛教理念与十力先生的救国理想相悖等多方面因素导致了十力先生由佛入儒的转折。

总的来说，特立独行、无所依傍的“狂者”人格是十力先生独特生涯的决定因素；十力先生的生涯轨迹基本沿袭我国“非知之艰，行之惟艰”的“知行论”的心理学思想；在十力先生连续不断的知与行中，国家局势时代背景在很大程度上影响了十力先生的生涯变迁，奠定了十力先生的生涯底色；儒家思想的浸润在十力先生生涯中起到潜移默化的影响；贯彻终生的“志学”信念指引了十力先生的生涯轨迹。

七、附录

表2　熊十力个人—历史多元交叉纪年表

人生分期	生涯阶段	年代	年龄	历史事件	个人事件	出版著作
幼年至从军前	生涯成长期	1885	1	19世纪末，帝国主义瓜分中国狂潮	出生于湖北黄冈上巴河镇	
		1892	8		放牛，粗识文字	
		1894	10		到父亲执教私塾旁听	
		1895	11	甲午战争失败，《马关条约》签订，公车上书	父亲病重，熊失学	
		1896	12		父亲病逝，熊立誓“终不废学”	
		1898	14	戊戌变法		
		1899	15		熊由兄长引去何圣木处读书	
		1900	16	八国联军侵华战争	接触西学	
从事革命行动时期	生涯探索期	1901	17	《辛丑条约》签订	结识何焜阁、王汉、何自新，立志革新政治	
		1903	19		投武昌凯子营第三十一标当兵	
		1904	20		创办科学补习所，因长沙起义被泄，科学补习所被封	
		1905	21	中国同盟会成立	王汉牺牲，熊革命激情高涨；考入湖北新军特别小学堂	

续表

人生分期	生涯阶段	年代	年龄	历史事件	个人事件	出版著作
从事革命行动时期	生涯探索期	1906	22		加入同盟会，组织主持黄冈军学界讲习社；因力主起事，消息泄露被通缉，隐匿乡间	
		1907	23		日知会被查封，熊往来于江西、德安等地	
		1908	24		返回黄冈，在百福寺白石书院孔庙教书	
		1911	27	武昌起义	何自新病逝，参与武昌起义结识董必武	
		1912	28	中华民国成立	任《日知会志》编辑	
		1913	29	二次革命	讨袁失败，返回德安	《庸言》发表杂文五篇
		1914	30		结婚	
		1915	31	新文化运动开始		
		1916	32	袁世凯恢复帝制失败		《船山学自记》《某报序言》
		1917	33	护法运动	结交蔡元培	
专研学术时期	生涯建立期	1918	34		对政党颇觉失望，念革命终无善果	《熊子真心书》
		1919	35	五四爱国运动爆发	天津南开学校教国文，结交梁漱溟	
		1920	36		南京学佛，长子子菩出生	与蔡讨论新文化运动，书信刊发《新潮》，连并《答熊子真心书》一起发刊
		1922	38		南京佛学院起草《新唯识学概论》，北大任教	
		1923	39		北大讲授唯识学	
		1924	40		更名“十力”，暂停教职随梁前往曹州高中	
		1925	41		小女再光出生，返回北大任教	《废督裁兵第一步》《镜相章》见刊
		1926	42			《因明大疏删注》《唯识学概论》
		1927	43	蒋介石在南京建立国民政府	杭州养病	

续表

人生分期	生涯阶段	年代	年龄	历史事件	个人事件	出版著作
专研学术时期	生涯建立期	1928	44	张学良宣布东北易帜		
		1930	46		结交马一浮	《唯识论》《尊闻录》
		1931	47	九一八事变		
		1932	48	一·二八事变；伪满洲国成立	重返北大，佛学院刘定权《破新唯识论》批评熊	《新唯识论》（文言文本）
	生涯维持期	1933	49		对佛学界批评进行反批评	《破〈破新唯识论〉》《新唯识论参考资料》《要在根本处注意》《杂感》《略释“法”字义》《循环与进化》
		1934	50	中央红军开始长征		在《独立评论》《大公报》发表评论若干
		1935	51	遵义会议		《文化与哲学——为哲学年会进一言》《十力论学语辑》（《十力语要》卷一）
		1936	52	西安事变		在多家期刊报社发表文章
		1937	53	南京大屠杀；卢沟桥事变	七七事变后由弟子陪同逃离北平，南下重庆	《佛家名相通释》
		1938	54	台儿庄战役		《中国历史讲话》《中国历史纲要》（未发表）
		1939	55		应马一浮聘，任复性书院主讲；寓居全毁于火，左膝受伤；因理念不合，离开复性书院，到武大短时讲学。欧阳竟无批评熊十力	
		1940	56	汪精卫伪国民政府在南京成立	应梁漱溟邀，到北碚勉仁书院讲学	《新唯识论》（语体本）上卷
		1941	57	皖南事变		《十力语要》卷二
		1942	58			《新论》（语体本）上中卷；在《思想与时代》发表短文多篇

续表

人生分期	生涯阶段	年代	年龄	历史事件	个人事件	出版著作
	生涯维持期	1943	59		欧阳竟无逝世，熊前往吊唁，与吕澂往复函辩论佛学根本问题	《新唯识论》（语体文本），发文若干
		1944	60			《读经示要》
		1945	61	日本宣布投降；重庆谈判	熊欲办哲学研究院，两拒蒋介石经费；王恩洋以佛学立场批评熊十力	《十力语要》卷三、卷四
		1946	62	国共内战开始	孙颖川为熊设哲学研究部，聘熊主持	在多本杂志发表多篇文章
		1947	63	人民解放军开始全国规模反攻	返回北大，周谷城、杜国庠著文批评熊唯心论	
		1948	64		浙大讲学，熊名居所“漆园”，收安陆池师周遗孤为嗣女，改名熊池生，字仲光	发文多篇
		1949	65	中国人民政治协商会议第一次全体会议；中华人民共和国成立	与友人、学生反复通函，谋安身之处；郭沫若、董必武联名电报邀熊北上，熊复函不做官，要讲学	《读经示要》《十力语要初续》《困学记》《韩非子评论》
	生涯衰退期	1950	66		援旧例，任北大哲学系教授	《与友人论张江陵》《催或显宗记》
		1951	67		建议当局恢复南京佛学院、智林图书馆和勉仁书院；设立中国哲学研究所。批评梁漱溟，辩论《中国文化要义》	《论六经》
		1953	69	“一五”计划开始实行		《新唯识论》（壬辰删定本）
		1954	70	第一届全国人民代表大会召开，《中华人民共和国宪法》颁布	离京赴沪	《原儒》上卷
		1956	72	三大改造完成	被选为全国政协委员，在陈毅照顾下，专事写作，避免与家人住一起使写作受到干扰。起草《体用论》导致心血管病复发	《原儒》下卷

续表

人生分期	生涯阶段	年代	年龄	历史事件	个人事件	出版著作
	生涯衰退期	1958	74	“大跃进”、全民炼钢和人民公社化运动	北大教授名义保留，熊工资由全国政协发放	《体用论》
		1959	75	三年困难时期		《明心篇》
		1961	77			《乾坤衍》《熊著选粹》
		1964	80			《存斋随笔》封存
		1966	82	“文化大革命”	熊被红卫兵抄家、批斗。淮海中路寓所被占，熊回青云路与家人住在一起	
		1968	84		与世长辞	

第二章　舍我的一生：老舍

一、 导读

老舍，原名舒庆春，字舍予，满族人。不难发现，“舍予”实则是“舒”字的拆分。后用笔名“老舍”，也只是保留了“舍”字。对此，他自己曾这样解释：“我的名字就是我的姓，以姓作名，舒字拆开来是一个舍予，意思是无我，没有我。我很为自己的名字骄傲，从姓到名，从头到脚，我把自己全贡献出来了。关键是一个‘舍’字，舍什么，舍的是予。我写的书用的笔名老舍，也是保了一个舍字，不是老予，不是老我。以姓为名，以名构成姓，都是围绕这个意思。这是我一辈子的信念，虽然我身居国外多年，作品也译成外文，但我从没给自己起过外文名字。可惜的是，我的姓名译成外文，只是音译，却译不出它的含义来。我不会起另外的名字，永远不，我至死守着这个舍字。我的名字和我这个人，是不可分割的整体。”

事实的确如此，放眼望去，“舍”字贯穿了老舍的一生。舍我舍我，为何而舍？为教育而舍，为文学而舍，为艺术而舍，为革命而舍，直到最后，自投太平湖。至此，老舍终于完完全全将自己舍了出去，完成了他这一辈子的信念——舍我。

老舍的出身不乏辛酸，最终却享得“人民艺术家”的美誉。究竟是什么原因让一个出生于没有任何文化背景家庭的老舍，走上文学之路？老舍曾身为教师，课堂深受学生喜爱，却为何频频辞职，直至最后放弃教育事业？老舍一路走来，掌声虽有，质疑声却也不曾停过，可这些都未能阻止老舍继续创作，继续奋斗，那他为何却在最后选择自投太平湖？正是因为投湖事件，老舍无缘诺奖，倘若先生知晓这一切，他是否会后悔那时做的决定？如果一切能重来，老舍先生会做出不同的选择吗？

伟人已去，很多答案我们无法求实，但运用心理学知识对老舍的作品及经历进行分析，老舍先生身上的悬疑性问题就不难解答了。

二、 幼时求学，天赋初显

有些人，自出生之日起，就注定是不平凡的。

老舍出生于公元1899年2月3日黄昏，阴历戊戌年（1898）腊月二十三酉时，恰逢中国的“小年”，一个灶王爷上天为百姓言好事，求平安的日子。而且民间还流行了一种说法是，在祭灶那天，那个时辰，一位文曲星或扫帚星降生在一个穷旗兵家里。凡此种种，皆为老舍的出生增添了一份传奇的色彩。

尽管如此，这也不能改变他惨淡苦涩的家庭状况。他出生时，家里已有三个姐姐和一个哥哥，姑母中年守寡，便同老舍一家一起生活。父亲是一名保卫皇城的“护军”，每月仅有三两银子，后丧生于战乱之中。父亲殉难时母亲仅仅四十二岁，自此这个小小的中国女人肩负起了一个大家庭的责任。

“父亲……死了。兄不到十岁，三姐十二三岁，我才一岁半，全仗母亲独立抚养了。父亲的寡姐跟我们一块儿住，她吸鸦片，她喜欢摸纸牌，她的脾气极差。为我们的衣食，母亲要给人家洗衣服，缝补或裁缝衣裳。在我记忆中，她的手终年是鲜红微肿的。”（《我的母亲》）“妈妈的手起了层鳞，叫她给搓搓背顶解痒痒了。可是我不敢常劳动她，她的手是洗粗了的。她瘦，被臭袜子熏得常不吃饭。”（《月牙》）在老舍的笔下，母亲是这样一个勤劳，能吃苦，为了家庭为了谋生而艰辛劳作的形象。看到母亲受苦受累，小小的老舍便懂得了体贴母亲。家里虽穷，却不能穷没了风骨，穷没了尊严。即使家中很破旧，母亲也会把庭院打扫得清清爽爽，铜环擦得锃亮锃亮。但凡家中有人来，母亲都会设法弄一些东西款待客人。亲友家有喜、丧事，母亲也会收拾得体体面面，亲自去贺吊。“劳动使我们穷人骨头硬，有自信心。她使儿女们相信：只要手脚不闲着，便不会走到绝路，而且会走得噔噔地响。”（《我的母亲》）自此我们也就不难理解，为何老舍出生于这样一个处于社会底层的家庭，却没有被当时的社会环境所同化，沦为俗人。

因为这一切都源于老舍的“第一任老师”——母亲。“生命是母亲给我的。我之能长大成人，是母亲的血汗灌养的。我之能成为一个不十分坏的人，是母亲感化的。我的性格，习惯，是母亲传给的。”“从私塾到小学，到中学，我经历过起码有百位教师吧……但是我真正的教师，把性格传给我的，是我的母亲。母亲不识字，她给我的是生命的教育。”

可见母亲对老舍人格的形成起到了关键性的作用。斯科菲尔德研究表明，母亲的人格与孩子的人格有关，父母积极的个性特质，如随和性、情感稳定性和责任心，与孩子积极的人格特质有关（李燕，肖博文，2015）。老舍的母亲用自己单薄的身躯肩负起整个家庭的责任。尽管家境贫寒，她也会热情地招待做客的客人，会尽自己所能帮助别人。母亲面对生活这种积极向上的态度，影响了老舍积极人格特质的形成，以至于老舍到后来一直保持了热情好客、乐于助人、幽默乐观的品质。尽管身处的社会动荡不安，他依旧喜欢召唤朋友来家小酌一杯，仿佛在热闹的饭桌上有属于母亲的那种熟悉的感觉，能为他在乱世中带来一丝抚慰。再者，父母的人格也会通过教养态度、教养观念和教养行为来影响孩子以后的社会化和同伴关系（李燕，肖博文，2015）。母亲从不将生活给她的磨难发泄到子女身上，从不抱怨贫穷的生活，反而教导孩子“只要手脚不闲着，便不会走到绝路，而且会走得噔噔地响”，这种不卑不亢的态度，造就了老舍谦虚而不失自尊的处世态度。

总之，是母亲的教导让老舍自小便懂得，穷人就更应当抬起头来，堂堂正正做事，不卑不亢做人。后来老舍为人处世的风格和这一身的风骨，都是随了母亲。

母亲虽让老舍生得了穷人应有的硬骨头，却无法凭一己之力供给他读书上学。金钱面前，穷人再多的挣扎都将成无奈。俗话说“穷人家的孩子早当家”，倘若故事照常发展，老舍说不定会早早步入社会，做一些粗事体力活，帮母亲减轻家庭的负担。如此一来，历史上就少了一名文坛巨匠，“舒庆春”这三个字所代表的，也不过是千千万万为谋生而劳作的百姓中的一人罢了。

这时，一位熟人的拜访，让老舍的人生自此出现了转机。这个人是被老舍称为“刘大叔”的刘寿锦。

“有一天刘大叔偶然的来了。我说‘偶然的’，因为他不常来看我们。他是个极富的人，尽管他心中并无贫富之别，可是他的财富使他终日不得闲，几乎没有工夫来看穷朋友。一进门，他看见了我。‘孩子几岁了？上学没有？’他问我的母亲。”“等我母亲回答完，刘大叔马上决定：‘明天早上我来，带他上学，学钱、书籍，大姐你都不必管！’我的心跳起多高，谁知道上学是怎么一回事呢！”（《宗月大师》）（老舍，2008）

都说命数不定，世事难料。刘大叔这次“偶然”的拜访，是不是可以理解为上天特意安排的一次美丽的“巧合”呢？后来老舍从私塾转入公立小学，也是受了这位刘大叔的资助。

话说小老舍终于能背上小书包去读书了，自然对这个机会很是珍惜，可毕竟是小孩子，时间久了，遇到不喜欢的课程也会逃学。这似乎也没有什么惊奇的，也许对于他们来说，在大自然里学到的远比在狭小的教室里学到的要多。老北京的城西和天桥，是小老舍最喜欢去的地方，这里鱼龙混杂，社会各阶层的人都能见到。久而久之，耳闻目睹之间，许多写作素材便印刻在老舍的脑中，后来老舍文学作品中一些场景的描写和人物的刻画，都有这里的影子。当然逃学也免不了挨罚，据说小时候老舍因逃学被打，疼到眼眶中泪水打转也不曾求饶。

老舍的写作天赋是从上公立小学开始显现出来的。科举制废除后，学校里开始有了绘画、算术等课程，然而老舍对这些丝毫不感兴趣，并且在课程上出现了偏科。偏科一事在大作家中并不罕见，钱锺书当年考入清华时数学也才只有十几分。对老舍而言，毫无疑问，成绩最好，也最让他感兴趣的，当属国文了。一年春天考作文，题目为“说纸鸢”，老舍很快写完，而同窗却一直坐在那里愁眉苦脸，一笔未动，搞得老舍都替他着急。原来俩人已经约好考完试一起出去放风筝，恰巧是很让同窗“头疼”的纸鸢。老舍决定帮他一次，他帮同窗起了个头：“纸鸢之为物，起风而畏雨；以纸为衣，以竹为骨，以线牵之，飘扬空中。”后面便由同窗自己写了。后来国文老师特意在课上表扬了同窗这一段文字，知情的同学却哈哈大笑，搞清楚原委后老师不但没有生气，反而感慨道：“我教书多年，庆春文章奇才奇想，时至今日，没有哪一个作文能超过他的。”（高增良，1981）

可以说老舍能够成为一名作家是必然的，因为他的天赋和兴趣很好地结合到了一起。倘若他只是对文学有着浓厚的兴趣，却没有写作方面的天赋，那老舍只可能成为一名“读书人”而非“写书人”了；同样，倘若没有兴趣的驱动，再好的天赋也会被荒废。由此可见，除却先天必要的天赋以外，兴趣是影响人们进行职业选择的一个重要因素。

一般认为，兴趣（Interest）是指个体对特定的事物、活动及对象所产生的积极的和带有倾向性、选择性的态度和情绪。我国著名的心理学家林崇德曾说过，天才的秘密在于强烈的兴趣与爱好。兴趣在很早以前就被职业发展专家当作是职业选择的一个重要组成部分。有相关研究表明：一个人如果从事自己感兴趣的职业，那么他可能发挥其全部才能的80%—90%，且可以长时间保持旺盛的精力和体力，且不易疲倦；相反如果从事自己不感兴趣的职业，那么他只可能发挥其全部才能的20%—30%。（陈曦，尹兆华，2006）于老舍而言，写作是他坚持了一辈子的事情，并且他乐在其中，不曾抱怨，乃至以作家的身份为后人所敬仰。

美国心理学家霍兰德认为职业兴趣有六种类型：现实型、研究型、艺术型、社会型、企业型、常规型。职业环境也可以分为相应的六大类，每种人格类型有其擅长的职业环境。于老舍而言，毫无疑问，他是偏向于“艺术型”的，该理论中对艺术型的解释为“偏好模糊、自由和非系统化的活动，并在这些活动中创造艺术作品；厌恶明确、秩序和系统化的活动。艺术型的人想象丰富，看中美的品质”（沈洁，2010）。如此便不难理解为何老舍一直都在追求一个能够自由写作的机会，并且能刻画出如此多经典的人物角色了。

15岁是老舍人生中的一个岔路口，母亲希望他能找个工作，赚钱养家，老舍自己也不希望母亲再受苦受累。并且在当时，读完小学对普通百姓来说已经足够了。可是就这样放弃学业，老舍会甘心吗？不，他自然不甘心于就这样重复走父兄们所走过的路，过完自己平庸的一生。于是他同罗常培一起报考了一所中学，然而成绩够了却交不起学费。眼看着小伙伴们能够继续读书，而自己只能做着不喜欢的粗活，老舍心里也着急啊。没过几个月听说北京师范学校开始招生，并且这里的学费、伙食、住宿、书籍以及制服等，一律由学校提供。因此老舍一听到消息便立马跑去报名了。招生名额有限，竞争之激烈可以想象，不过以老舍的实力考上这所学校自然是没有问题。或许老舍自己也没有想到，当年对求学这件事的坚持，改变了他后来的人生。凡将成大器者，皆不甘于平庸，他们定会奋力打破命运的枷锁，去摘得桂冠上的明珠。用阿德勒的观点来说，追求优越是人生的推动力。人的一切动机，无论好歹，都是向着一个方向：追求征服，追求优越，不断奋斗，永不停留（叶浩生，2014）。

北京师范学校于老舍而言，是天堂一般的存在。在这里，老舍的天赋和兴趣得到了充分的发挥，因为老舍所修的课程都与他的天赋和兴趣相容，如国文、教育学、历史学、演讲等。既然是老舍感兴趣的课程，成绩自然不差。老舍甚至因为成绩优异，被老师要求去为低年级学生做代课老师。校长方还是一名知名学者，他很欣赏老舍在文学方面的才华，同学校里其他老师一样，给予了老舍极高的评价，还会亲自指点老舍的写作。可以说，老师们的认可和帮助，是老舍文学路上的“助燃剂”。比如某位老师能够适时地关注到你，并向你表达自己对你的期望，你自然会下功夫在这门课程上，以期达到老师的期望；相反如果老师一直对你没有关注，你在老师面前一直处于一种默默无闻的状态，即你能很明显感受到老师对你并没有一种较高的期望，那你对于这门课程的热情就很难保持下去，甚至还会产生抗拒心理。这两种不同反馈的结果，其实是因为老师对你期望值的大小造成的，即“期望效应”，又称“罗森塔尔效应”或“皮格马利翁效应”，讲的是教师的期望能够激活学生的潜能，从而使学生取得教师所期望的进步。（丁蕙，屠国元，2004）老舍因为在文学方面表现出色，自然会得到老师的关注和帮助，这无形中就给了老舍一个期望，老舍便有意识地朝着老师期望的方向发展，自信心也随之提升，慢慢地，文学功底越来越好，写作水准自然日益提高。

三、 任教生涯，起起落落

老舍在北京师范学校毕业以后，经校长推荐，去当了京师第十七小学的校长。刚毕业就担任校长，不论是在当时还是在现在，都是不多见的。新上任，这位年轻人怀着满腔的热血和干劲，采用最新的教学课本与教学模式，将理论与实践结合在一起，既注重学生伦理道德的发展，又重视学生人格的培养。学校就这样在老舍的领导下，各方面得到了飞速的发展，老舍本人也得到了同行、家长和学生的一致好评。1920 年 9 月，老舍被提拔为京师郊外北区劝学员，督导教育。此时老舍的薪水已高达每月 100 余元！

来到新岗位，老舍仍旧一丝不苟地工作。青年老舍的一番作为非常有益于民国新式教育，但同时也触动了某些人的“奶酪”。劝学事务所本是个清闲的地方，老同僚们都抱着多一事不如少一事的态度，对工作上的事情睁一只眼闭一只眼，老舍这一折腾，倒显得他们很无能。他们关心的是如何为自己谋取更大的利益，而不是真正能为百姓做些什么。老舍如此勤恳地工作，换来的只是同僚们的冷遇和申斥。古人云，道不同，不相为谋。龌龊、卑鄙、封建的官场容不下他不卑不亢、一心为民的高洁灵魂。虽然这份工作有着颇高的薪水，但老舍向往的是一个可以施展自己雄心与抱负的、更广阔更纯净的天地。于是他辞职了。

辞职后的老舍来到南开中学担任国文教师，虽然只有 50 元的收入，但是老舍过得快活充实。任教一段时间后，又去了北京，在顾孟余的北京教育会任文书。后来经推荐，老舍去了伦敦大学东方学院担任官话外教，这一去，就是五年。这五年，让老舍的思想发生了巨大改变。

在这里，老舍为形形色色的英国人教授中文，帮助他们通过考试。也让老舍无尽感慨，英国已经比中国先进太多，可为了培养人才，还在处心积虑，不惜花费金钱。“英国的秘密侦探是著名的，军队中就有这么多、这么好的人才呀：和哪一国交战，他们就有会哪一国言语文字的军官。我认得一个年轻的军官，他已考及格过四种言语的初级试验，才二十三岁！想打倒帝国主义么，啊，得先充实自己的学问与知识，否则喊哑了嗓子只有自己难受而已。”比自己强大的国家都在努力，更何况是相对落后的中国呢？这次英国行的另一个目的本就是探索救国救民的道路，如此一来，老舍便明白了，想要救国救民，必须先改革教育。他在后来的作品如《二马》《猫城记》中都透露出了这种思想。

回国后，老舍同北师大才女胡絜青结婚，此时老舍已经 31 岁，如此一来也是了却了母亲的一大心愿。

1931 年夏，老舍作为新派知识分子的代表人物，被齐鲁大学林济青校长聘用为齐鲁大学教授。本着改革教育的思想，老舍身体力行，摒弃了传统的授课方式和陈旧古板的知识，而采用生动风趣、自由灵活的授课方式，为此老舍深受同学们的喜爱。他的课堂上总是挤满了学生，很多外系的同学也会跑来听先生讲课。而那些保守老教授仍在固执地讲一些陈旧的思想文化，处在五四时代的青年人又如何听得进去！看到老舍的课堂如此受欢迎，保守固执的教授们很是嫉妒，甚至集结起来，共同针对老舍。他们在老舍学历问题上大做文章，又逼迫老舍辞掉《齐大校刊》的主编。当初聘用他的校长只一味地搞平衡，使得老舍十分不满。这时老舍看清了中国教育的现状，封建守旧的根基顽固不移，所谓的权威、老教授思想落后不肯纳新。在这种环境下培养出来的青年，只会成为封建教条主义的傀儡，又怎么可能成为中国未来的主力军呢？老舍对中国的教育很是失望，然而一己之力微乎其微，无力、失望、愤怒，老舍最终决定辞职，表示不愿再教书，而是想靠写作赚钱养家。

像老舍这样在教育岗位上屡遭打击，欲改变中国教育现状却无能为力，最后产生放弃的心理，是“习得性无助”产生的结果。习得性无助（Learned Helplessness）是指有机体经历了某种学习后，在情感、认知和行为上表现出的消极、特殊的心理状态（温清霞，2014）。这种现象在我们的日常生活中很是常见，比如某一门学科，无论下多大功夫和精力，你总是学不好，考不出一个理想的成绩，久而久之你便会丧失对这门学科的学习热情，失去学好这门学科的信心。于老舍而言，习得性无助就表现在，老舍每到一个新的工作岗位，力图用自己的力量为青年人传授先进的思想文化，总会遭到顽固的守旧主义的反对和干扰。他仅凭一己之力难以逆流而上，满腔的热血总会被予以无情的打击。如此，老舍在教学这个岗位上遭受了接连不断的打击，他看着中国教育里那些存在着的亟待解决的问题，心中除了对顽固守旧主义的愤懑、不满，还有对中国教育现状的无力感，渐渐对教育丧失信心。于是他选择辞职，不愿再教书。

然而老舍很快认清了现实，少得可怜的稿费连养活自己都困难，更不必说养活整个家庭了。于是他接受了青岛山东大学校长的邀请，去那里担任了国文系教授。同在齐鲁大学时一样，老舍独特风趣的讲课风格深受学生们的喜爱，课堂依旧拥挤不堪。

老舍的每一个课堂之所以深受学生们的喜爱，保守的老教授之所以处处针对老舍，是因为老舍身为一名教师，他在当时那个时代拥有一种相当难得的精神，即创新精神。创新精神在本质上是指一个人从事创新活动、产生创新成果、成为创新之人所具备的综合素质（秦虹，张武升，2006）。说老舍创新，是因为老舍总是能把知识以一种新鲜的、吸引人的、与时俱进的方式，讲授给学生，学生们自然就喜欢老舍先生的课堂。这一点相信每一位有过读书经历的人都能感同身受。同样，如果想要在将来的工作中有所突破，创新便成为工作者必备的一项品质。这就要求学校和老师在教育教学过程中，紧紧抓住教、学、管三个方面，实现培养创新人才的育人目标（刘学忠，2008）。如老舍一般，教师在教学过程中主动向学生传达创新意识，以身作则，在让学生更好地理解课堂知识的同时，对他们的创新意识产生一种潜移默化的影响。当然，除了外界的引导和推动，我们自己也应当坚持创新，并将创新灵活地运用到各个领域。老舍先生的创新精神不仅仅体现在教与学上，在他的思想、他的写作中，处处都能看到创新的存在，处处都能感受到新鲜而又有朝气的血液在流淌。

1936 年暑假，山东大学闹学潮，老舍似乎从年轻人身上又看到了一丝希望。可是校方对学生的压制，将这丝希望打压下去，这令老舍十分不满。更戏剧化的是，他在齐鲁大学任教时的校长林济青也来到了山大，依旧担任校长。得知此事，老舍立马辞去在山大的教授职务。据了解林校长曾多次挽留老舍，甚至拿旧交情来说事，可老舍就是不买账。如此一来，老舍终于回家安心做起了职业作家。

常言道，道不同，不相为谋。仔细对比老舍的几次辞职的原因不难发现，是老舍的价值观同当时大部分守旧主义产生了分歧，也就是说，他们的职业价值观不同。Super（1950）认为职业价值观（Professional values）是个人内在需求和追求目标在所从事职业中的一种表达，是个人在进行职业选择时最重要的影响因素（闫师欧，2012）。于老舍而言，尤其是从英国教学回来后，他所追求的是一种教育上的创新和改革，尤其是在五四运动的影响下，老舍发现，封建的、陈旧的、顽固的、落后的教育教学已然不能适应青年人追求进步的需要，更不适合中国发展进步的需要。然同事者皆固执地坚持着落后的思想，打压着进步的思想。

这一切都和老舍所认为的教育事业的本质背道而驰。Bremer 等人也提出，人们之所以会对现有工作不满意，主要是因为职业价值观与企业文化和工作氛围无法匹配（闫师欧，2012）。在一个这样的环境里，同一群职业价值观不同的人一起做事，老舍自然是不愿意的。几番辞职，便也合情合理了。

其实树立正确的职业价值观于当代青年人而言极为重要。我们可以通过心理测试、职业测试、专业的职业咨询等，来对自己喜欢做什么，适合做什么形成一个充分、科学、客观的认识。通过见习、顶岗实习、暑期实习社会实践了解职业及其相关内容，为自己职业的选择和职业价值观的形成奠定认识与实践的基础（陈静，李卫东，2011）。

不过老舍也不是那种绝对的“不为五斗米折腰”的人，他所做的决定都是基于客观现实的，离开教职工岗位，单凭写作无法维持一家人生计的时候，作为一家人经济支柱的他还是以现实为重，重新任教。这时候我们看到的老舍，倒是有几分身为丈夫的责任了。

四、 潜心写作，妙笔生花

如果说，老舍得天独厚的写作天赋，对文学的兴趣，以及恩师的帮助，为老舍的写作奠定了基础，那么真正让老舍想要成为一名作家的，当属五四运动了。

五四运动打破了他在过去的二十几年里形成的认知，他开始敢于怀疑，怀疑圣人，怀疑那些在过去几千年里一直被认为是正确无疑的事。他懂得了反抗，懂得了批判。他大胆地挣脱了封建礼节和封建思想的桎梏，学着接受新思想、新事物，这也就不难理解为什么老舍的课堂如此受学生欢迎了。

“反封建使我体会到人的尊严，人不该作礼教的奴隶；反帝国主义使我感到中国人的尊严，中国人不该再做洋奴。这两种认识就是我后来写作的基本思想与情感。虽然我写得并不深刻，可若是没有‘五四’运动给了我这点基本东西，我便什么也写不出了。”就如老舍自己所言，“它叫我变成了作家，虽然不是怎么了不起的作家”（老舍，2011）。“五四运动”对老舍影响之大，由此可见。

老舍在任教期间，陆陆续续写过不少作品，如第一次用“老舍”做笔名的《老张的哲学》，还有《二马》《小坡的生日》《大明湖》《猫城记》《离婚》等，因为这些作品，老舍名气渐增。这些都是老舍在教学期间，利用闲余时间写的。很多时候，老舍都因为工作无法专心写作，也为此推脱过很多约稿。能安静下来专心创作，是老舍心里一直以来所期盼的。

赋闲在家创作出来的第一部作品是《骆驼祥子》。这是老舍正式写作的第一部小说，可以说这个作品成功与否，于老舍而言，意义重大。“我总是以教书为正职，写作为副业……我不甚满意这个办法。因为它使我既不能专心一致地写作，而又终年无一日休息，有损于健康……《骆驼祥子》是我职业写家的第一炮。这一炮要放响了，我就可以放胆地作下去，每年预计着可以下出两部长篇小说来。不幸这一炮若是不火，我便只好再去教书，也许因为扫兴而完全放弃写作。所以我说，这本书和我的写作生活有很重要的关系。”（老舍，1991）

所幸这本书成功了，一个贫苦车夫的故事就此震撼了一代又一代中国人的灵魂。同时这本书的成功，奠定了老舍在文坛上的地位。

《骆驼祥子》以黄包车夫“祥子”为主人公，讲述了祥子由原来的健壮、乐观一步步变得堕落、行尸走肉的过程，深刻体现了旧中国社会底层劳动人民的悲惨命运。这本书其实是当时中国劳苦人民的真实写照，祥子的悲剧也时有发生，见怪不怪。可是为什么老舍能取得如此大的成功呢？除了老舍扎实的写作功底外，还有什么原因能让这本书得到百姓们的认可呢？答案是“共情”心理。

Hogan（霍根，1969）认为共情是设身处地理解他人想法，在智力上理解他人的一种情感状态。Hoffman（霍夫曼，2002）认为共情是从他人的立场出发对他人内在状态的认知，从而产生的一种对他人的情绪体验状态（刘聪慧，王永梅，俞国良，王拥军，2009）。老舍在创作《骆驼祥子》前，用了近三个月的时间去走近黄包车夫，了解他们的真实生活。如此基于社会现实的写作，加之老舍生动有力的描述，这个关于祥子的故事才变得真实而引人入胜，使读者以为自己就是生活在故事中的一员，以上帝视角静观着他们的喜怒哀乐。这其中既有老舍先生对黄包车夫等底层劳苦人民的共情，又有读者对祥子等悲剧人物的共情。因为共情心理，老舍能把人物刻画得有血有肉，栩栩如生，读者能够更好地体会到书中人物的情绪状态。这也就不难理解为何我们读小说时，幽默处能哈哈大笑，情深之处也会潸然泪下。哪怕是在新时代的今天，重读《骆驼祥子》等经典作品，我们仍会有那种酣畅淋漓之快感，这其中就有“共情”的功劳。

可以说，《骆驼祥子》这头炮打响了，老舍便也安下心来，放胆地写下去了。

可惜老舍没能享受多久这安静的写作时光，1937 年，内战爆发了。昔日宁静美丽的青岛，此时被苦难和恐惧包围着。民族存亡之际，老舍觉得，再写一些不痛不痒的东西就是在粉饰太平，他开始考虑写一些战争题材的小说，开始思考文学应当如何更好地为民族、为国家服务。很快，老舍找到了切入点——通俗文艺。他不断地学习、写作，宣传抗战，在短时间内创作了大量的通俗文艺作品，且为了更好地掌握通俗文艺的写法，还会拜民间艺人为师。

可以说，老舍的写作是无私的，是没有功利性的。前面提到过，老舍之所以为自己取名“舍”字，为的就是一个“舍我”。同样，老舍写作，一方面是为了养家糊口，另一方面，为的就是老舍心中一直存在着的“民族气节”。幼时老舍的父亲在八国联军侵华的混战中去世，母亲的教导让他牢牢记住了洋鬼子的罪行；五四运动时期，老舍意识到了反帝反封建的必要性。凡此种种，皆造就了老舍先生为国“舍我”的气魄。“我以为，在抗战中，我不应当是个作者，也应当是个最关心战争的国民；我是个国民，我就应该尽力抗敌；我不会放枪，好，让我用笔代替枪吧。既愿以笔代枪，那就写什么都好；我不应因写了鼓词与小曲而觉得有失身份。”（《八方风雨》）好一个以笔代枪！好一个舍己为国！

不负众望，老舍抗战期间创作的通俗文艺作品，在全国各战场上上演，极大地鼓舞了前线士兵们以及百姓们的士气，对坚持抗战的作用不容小觑。写多了抗战的通俗文艺，看多了战乱给人民带来的苦痛，老舍决定写一部足以慰藉平生的作品，这部作品便是《四世同堂》。

其实在创作《四世同堂》之前，老舍已经在创作一部关于敌占区人民生活的作品《火葬》，可是一直苦于缺少亲身经历、写作素材和可以依托的实际背景，老舍自己也不得不承认“连我自己也不认识它了”。联系前文我们提及的“共情”可知，缺少共情基础的作品，便是缺乏灵魂的。好在妻子的到来为老舍解决了这一难题。1943 年 11 月，妻子胡絜青携子女赴重庆与老舍团聚，自此全家团圆并定居于北碚。之后家里每次有朋友做客，妻子便会滔滔不绝地讲述沦陷后北平的情况及街坊邻居在这一时期发生的一些生活琐事。说者无意，听者有心。妻子的讲述为老舍提供了鲜活的写作素材，更何况是老舍生于斯长于斯、再熟悉再了解不过的北平！很快，《四世同堂》这部文学经典的轮廓在老舍心中逐渐清晰起来。

《四世同堂》围绕着小羊圈胡同里居住的祁家老少四代展开，讲述了日寇铁蹄下北平人民所经受的苦难，和人民进行的勇敢的斗争。祁老爷子代表了当时北平小市民阶层，他原本对国事对政治毫不关心，他在乎的是家人是否安康，自己能否享得儿孙满堂的天伦之乐。可当他意识到民族已然处在危亡之际，这位和善的老人勇敢地承担起了作为一名中国人的责任义务。与祁老爷子相同，书中许多人物为了维护中国人的尊严，毅然决然地舍弃自己的生命，向日寇示威。

有时候作家写一本书，不仅仅是在讲述一个单纯的故事，更是作者本身情感的表达和人格的体现。《四世同堂》描述的不过是生活在那个年代普通百姓对战争、对日本侵略者的反抗和斗争，映射出来的却是当时千千万万中国人民的不屈和热血。小说中人物的愤怒、挣扎、反抗，也是老舍面对战争的愤怒、挣扎和反抗。老舍将自己的民族气节赋予了小说中的人物，他把聚焦的镜头一点点缩小，把整个中华民族的抗战，缩小至沦陷区一个不起眼的小胡同里。却又把人物身上的品质放大，放大为整个民族不屈的气魄和灵魂！这时候我们能切切实实感受到，老舍的作品已经不仅仅是为了讲述故事而生，而是为了捍卫民族气魄而生。如此一来，老舍倒真的像是个以笔为枪、以书为盾的勇士了！

老舍心中的民族气节不止于此。1938 年 3 月 27 日，中华全国文艺界抗战协会成立，老舍当选为理事。战乱时期物价飞涨，为维持协会的运转，老舍不得不多次放下架子，筹集资金。有时文协需要和国民党打交道，老舍因未参加任何党派，且在文艺界有一定的威望，经常出面同国民党交涉，协助党做事。事实上，晚年老舍曾提出过要加入中国共产党，是周恩来总理亲自同他谈话，认为老舍留在党外能发挥更大的作用，老舍便听从了总理的建议，一辈子在组织外做着党忠实的守护者。

五、 笔锋渐钝，自投太平

老舍在文学上的成就不止于小说创作，还有戏剧。之前在重庆时，老舍便注意到了话剧巨大的宣传作用。他尝试创作的第一部话剧《残雾》，就是为了为文协筹集资金。后来老舍在参加前线慰问团北上期间，《残雾》在重庆上演，且大获成功。老舍自己却不以为然："写剧本，初一动手，仿佛什么都容易：文字，不像诗那么难；论描写，也不用像小说那么细腻。头一幕简直毫不费力就写成了，而且自己觉得相当好，呕，原来如此，这有什么了不得呢！……第二幕啊要命！一想起第二幕，第一幕便露出许许多多的窟窿来，刚才所以为行云流水者，而今变成千疮百孔。一边咬牙写第二幕，一边还得给第一幕贴膏药！……我出的汗比写的字多着许多。"尽管第一次创作话剧的经历没有很顺利，但是《残雾》的成功让老舍斗志满满，自此老舍的话剧创作一发而不可收。

抗战期间老舍共写了《残雾》等八部作品，这八部作品虽说未达到登峰造极的地步，却也让老舍积累了大量的创作经验，恰恰是前期大量的积累，为后来《茶馆》的创作奠定了基础。

前文提到过，老舍虽终身未能加入中国共产党，却一直在党外以实际行动拥护党。即使在20世纪50年代的反右派运动中，老舍也十分积极。1957年8月，老舍在《北京文艺》上发表《旁观、温情、斗争》一文，批评那些对运动置若罔闻之人；1957年9月11日，老舍在《人民日报》上发表《答匿名信》，反驳"右派分子也爱过人民"的言论，次日又在《中国青年报》发表《应当感谢党的领导》，警戒青年作家"不要附和右派言论"（潘怡为，2009）。当时有不少人质疑老舍"专听共产党的号召，做了应声虫"，老舍对此嗤之以鼻，并表示了以后还会继续拥护党的决心。其实也可以理解，他身处在文联主席那个位置，又同党有着一定的联系，很多时候有些事情并不是我们想象中那么简单。即便老舍自己对一次又一次的政治运动存在不解，却依旧保持着对社会主义的热情。

像老舍这样，因为处在一定的位置，有时候即使心存不解，也不得不扮演相应的角色，发表文章来响应号召的行为，这是"人格面具"的体现。人格面具是指一个人表现在外部的那种得到社会认可的，并且能和一个人应怎样在公众面前表现出来的观念相一致的人格（余祖伟，2009）。简单来说，一个人在学校可能扮演老师的角色，在家庭扮演母亲的角色，在不同的角色扮演中这个人就要表现出不同的行为。老舍作为一个作家，他可以进行《骆驼祥子》

等的创作，作为北京市文联主席，一言一行又要同党的领导相呼应。况且老舍也是一个凡人，在当时发表这样的言论，也难免有一定的自保成分存在，因此可以说人格面具就是一种心理防御机制，它的目的就是为了保护自己免遭伤害，同时也为了使自己更好地适应周围的环境，发展自我（余祖伟，2009）。但是他虽然发表了许多反右派文章和言论，却从未主动把人打为右派。那个时代人人自危，处处小心翼翼地同右派划清界限，老舍却丝毫不在意，甚至会主动帮助他们解决生活中的困难，给予他们鼓励。

其实我们不难看出，面临着接踵而来的政治运动，身边朋友莫名其妙的右派头衔，老舍自己也迷茫了，现在的中国，是自己理想中的中国吗？是那个自己愿以笔为枪，去守护去改变的中国吗？想到这些，老舍不得不重新思考现实与理想的差距了。他开始沉默，对于文联的事务也不如原来热心。后来他向组织提出申请，要求减少自己担任的职务，如果能从岗位上退下来从而专心写作，最好不过。老舍何曾不想从纷乱的涡流中全身而退，居于家中，潜心写作，做一个本本分分的作家。只怕是人生在世，总有那么多的身不由己。到最后老舍也未能从繁杂的职位上下来，做个“清闲”的写书人。

1956 年，国家为促进科学、文化、艺术事业发展，提出了“百花齐放，百家争鸣”的方针，文艺界出现了一段时间创作比较宽松的创作环境。当年举办了首届话剧会演，其中相当一部分反映新时代表现新人物作品因存在公式化、概念化和模式化的问题，受到批评，其中就包括老舍。此事深深触动到老舍先生，在新中国，悲剧话剧并非主流，这令老舍十分不解：“我并不想提倡悲剧，它用不着我来提倡。二千多年来它一向是文学中的一个重要形式。……这么强有力的一种文学样式而被打入冷宫，的确令人难解，特别是在号召百花齐放的今天。”本着这种想法，不久《茶馆》便诞生了，这部作品可以看作是老舍等人“对当时文艺创作现状的不满和对自身创作反思的结果”，是不具备革命的战斗性和功利性的。（张宏图，2007）

1958 年 3 月 29 日，《茶馆》开始在全国上演，一时间获得极大的好评。各大文学报刊纷纷刊登与《茶馆》相关的各种消息。可以说，《茶馆》的诞生为沉寂许久的文学界注入了一股新鲜力量！不幸的是，同年 7 月，《茶馆》被文化部勒令停演，原因之一因为《茶馆》是“一首对旧时代的挽歌”（张庚，

1985)。好在周恩来总理帮了老舍一忙，他认为《茶馆》改一改还可以再演，顿时所有人都喜出望外。修改后的《茶馆》多了一些革命色彩，虽然有些地方有些差强人意，但起码可以继续上演了。

1966 年 8 月 23 日，这一天可以说是老舍一生中最黑暗的一天。自 1957 年反右派运动爆发后便很少去上班的老舍，把自己收拾得利利索索地去上班了。平日里会同老舍热情打招呼的人，此刻都保持了沉默，仿佛有意躲避着他。

一直到那一天的深夜，夫人胡絜青才接到消息，去派出所接老舍回家。“回家后，老舍不吃不喝，光坐着发愣……第二天，老舍仍然没有吃东西，我知道他的脾气倔，就对他说，今天我俩都不出去吧！他瞪了我一眼说，为什么不出去呢？我们真是反革命、特务？不敢见群众了？我拗不过他，只好默默地把他房间里的剪刀、皮带等可能致他于意外的东西统统拿走，锁到另一个房间里。在我行将离家时，他又一次两手紧紧抓住我的手，凝视我好久，我也预感可能要发生什么意外，可是在那叫天不灵、叫地不应的日子里，又有啥办法呢？”（傅光明，郑实，2009）夫人的预感没有错，最令人担心的事情还是发生了。

那天老舍离开家后，再也没有回来。8 月 25 日，老舍在太平湖被人发现已经投湖而亡。湖面上还漂着几张纸，那是老舍亲手抄写的毛主席诗词。

不管是于亲人，还是于外人而言，老舍的去世是突然的。据说老舍被打捞上来后，发现他腹中无水，脚下无泥。因此关于老舍是自杀还是他杀，众说纷纭。目前文学界更倾向于老舍是自杀而非他杀这一观点。据舒乙的回忆，他曾经有一次碰见冰心先生，当时不知是聊到哪一个话题，冰心突然说：“你爸如果死，肯定是跳河。”原因很简单，“他作品里的主人公有骨气的人、好人全是这么死的”（傅光明，郑实，2009）。这倒是不假，老舍作品里大部分人物都是投湖投河而死，如此一来，老舍自杀这一说法似乎站得住脚了，那老舍为什么要自杀呢？

目前存在的说法总结起来有以下几种，一种是老舍因不堪如此大的屈辱而自杀；一种是因为他热爱的文化被摧残，中国当时的社会状况让老舍几近绝望，从而自杀；也有人说，老舍自杀是一种无声的反抗。先生已逝，很多问题无法得到求证，傅光明先生用将近十年的时间来研究老舍之死，究其自杀的原因，也未能得出一个定论。因为每种说法，都有它立得住脚的依据。但不管是出于何种原因，老舍自杀前的心理状态都一定是痛苦的，即“心理痛苦”。心理痛苦（Psychache）这一概念由 Shneidman（施奈德曼，1993）提出，它是指一种由心理需要受阻或没有实现引起的被羞辱、内疚、愤怒、孤独以及绝望等精神痛苦的状态。当这种精神痛苦的程度超过个体所能承受的最大限度，个体会将自杀视为终止这种不可承受的意识流的唯一方法，从而发生自杀行为。（杜睿，江光荣，2015）老舍自杀的原因绝对不是单一的，而是多种原因交织在一起的后果，但是究竟哪种原因成为老舍自杀的最大推手，我们便不好下定论了。但是自杀前老舍的情绪一定是复杂的，事发前他坐在太平湖前许久，我想这期间他一定想了很多，有对自己尊严受辱的痛苦，有对祖国混乱现状的失望，有对“文革”破坏中国文化行为的愤怒，还有想要改变当时社会情况却又无能为力的无助感，还有很多，很多。这千千万万种情绪交缠混杂在一起，似是一道道枷锁，将老舍死死地勒住，禁锢住，囚禁住。这个伤痕累累的老人背负如此大的精神痛苦，几乎要喘不过气来，于是，他以自杀作为一种精神解脱。

就这样，这位“人民艺术家”，没有留下任何遗言，以“自绝于人民”的罪名，离开了人世。直到 1978 年，才得以平反，名誉得以恢复。

现如今社会上对老舍自杀这一行为看法不一，有人认为“老舍死得不值得”，因为如果老舍能忍一忍，他计划里的三部历史小说就能完成，并且也不会因此失去获得诺贝尔文学奖的机会。时至今日，仍有无数人为此感到惋惜。那于老舍而言是怎样的呢？舒乙曾在采访中提到过父亲：“抗战时，在那样一个民族存亡的关头，他曾写过一篇叫《诗人》的文章。他说，作为诗人，作为文人，如果蒙受了巨大的灾难，会以身殓，就是以自己的身体来进殓，投水殉职。”（傅光明，郑实，2009）由此可见，老舍的死是自觉的，是有使命感的。老舍绝不是一个为了荣誉而苟且活着的人，在他看来，比荣誉更重要的，是写作本身；比写作更重要的，是一个人的尊严，是民族气节。他一介文人，以笔代枪，一直在党外英勇奋战，为的就是一个单纯的民族气节，一个中国人的风骨，一颗炽热的爱国之心。自幼受母亲影响，尊严成为老舍做人的道德底线。这都决定了老舍不会为了单纯的写作，而强迫自己在那个纷杂的环境中苟活着。骄傲了一辈子，刻画了无数富有风骨的人物形象的老舍，更不会低下头颅忍受别人的指指点点。我想老舍绝不会后悔他做的决定，倘若时光回转，老舍依旧会做出相同的选择。

太平湖附近曾是老舍母亲的住地。这个老人，在他以为自己被抛弃，在他丧失了一切的时候，他想到了自己的母亲，这个给予他生命影响他性格的人。在他最无助的时候，他来寻找母亲了。投入太平湖，像是回到了母亲的怀抱，于老舍而言也算是个圆满的结局了。

舍予，舍我，这是老舍先生的初心，是他一生所奉行的信念。老舍先生也真真切切地做到了，不管是身为一名教师，还是一名作家，还是文联的领导，老舍对待工作都是兢兢业业，自始至终都是在奉献着自己，直至最后自投太平湖，老舍终于把自己完全地“舍”出来了。我想，后人不论怎样去解读老舍的这一生，都应当怀一颗敬畏之心，去了解这个老人。先生不管做何决定，自是有他自己的道理，他既选择在太平湖了结自己的一生，便祝福先生，在另一个世界里继续讲述他未讲完的故事……

六、 启示

那么老舍的职业生涯及其经历，对我们家长为孩子规划职业生涯有什么样的启示呢？第一，家长应当帮助孩子树立正确的职业价值观。职业选择不应被利益左右。老舍曾在教师岗位拿着不菲的薪水，奈何他实在看不惯旧时代教育系统的龌龊、腐败、守旧，最终退身转向写作。他如此不卑不亢的风骨和气节都是随了母亲，可见父母教养对孩子人格形成的影响。身为孩子的第一任老师，“不为五斗米折腰”的观念应是家长教会给孩子的，拥有正确的职业价值观，孩子才会在今后的职业岗位上保持清醒的头脑，不至于被眼前利益蒙蔽进而步入歧途。第二，家长应当尊重并重视孩子的兴趣。兴趣是职业选择的指向标。写作是老舍的兴趣，因此他能写下一部又一部著作，不曾停息。对孩子而言，选择一份自己兴趣范围内的工作，保持热忱，会更有可能在工作中获得幸福感，取得成就。我们不可复制伟人的成功，但我们可以沿着伟人一路走来的足迹，汲取经验，更好地规划未来。

第三章　执笔红尘

——杨绛的人生经历与文学生涯

一、 早期兴趣的培养

杨绛生在书香世家，小时候看到父亲出口成章，写的文章豪气冲天，十分羡慕，就向父亲请教秘诀，父亲对她说："哪有什么秘诀？多读书，读好书罢了。"她听了也学着去看书，觉得甚是有趣，便慢慢爱上了看书。（慕容素衣，2016）她喜欢诗文之类的书，父亲便不时在她书桌上放一本，如果她长时间不读，那本书就会不见了，这种无形的责备成了一种强化机制（strengthening mechanism），使杨绛看书的行为逐渐增多。在振华上学时，她觉得没有什么是比读书更好玩儿的了，生病时不去上课就躺在床上看书，当时流行的冰心的散文与苏曼殊的小说她也全读了。升入高中后，偶然接触到李煜的词，她喜欢得很，就找了李煜的所有词来读。父亲有次问她："阿季，三天不让你看书，你怎样？""不好过。""一星期不让你看呢？""一星期都白活了。"父亲笑着说："其实我也一样。"（杨绛，2016）从小撒下的爱读书的种子，正在悄悄萌发。

杨绛的母亲唐须嫈，不会因为做了妻子或是母亲就丢失自己的爱好，也不会成为保姆式主妇，而相反，杨绛回忆中她的母亲经常读书。杨绛在回忆母亲时写道：妈妈缝纫之余，常爱看看小说，旧小说如《缀白裘》，她看得哧哧地笑。看新小说也能领会各作家的风格，例如看了苏梅的《棘心》，又读她的《绿天》，就对我说："她怎么学着苏雪林的《绿天》的调儿呀？"我说："苏梅就是苏雪林啊！"她看了冰心的作品后说，觉得她是名牌女作家，但不如谁谁谁。（杨绛，2016）

在心理学上，由于人有通过语言和非语言形式获得信息以及自我调节的能力，使得个体通过观察他人（榜样）所表现的行为及其结果，不必事必躬亲便能学到复杂的行为反应。也就是说，学习者只要观察他人在一定环境中的行为，并观察他人接受一定的强度便可完成学习。（叶浩生，2014）父母的教养方式对杨绛的人格发展造成了一定的影响，她通过在日常生活中观察父母的言语、行为、为人处世方式和生活态度来进行学习。父母皆爱书，她就从小受到父母的榜样影响，从简单的模仿行为到慢慢对看书产生了好感，这成为她文学之路的钥匙。

杨绛只用了五年时间就修完了振华女中六年的课程，得以提前一年毕业，并且免试保送东吴大学。杨绛的心里却一心想考清华，不巧的是，刚好那一年清华在上海没有招生名额，她便与自己心心念念的清华错过了。在大学学习了一年后面临着分科的问题。杨绛那时想学一门对人有益的学科。当时东吴两门最强的专业是医学预科和法学预科。她本来想学法律，可父亲看透了国内司法的腐败，坚决反对她学法律。她又想去学医，可是她连蟹壳也不敢活剥，后来看了一次外科手术，整整两个星期吃不下肉，她实在是不适合学医。她很迷茫，于是向父亲请教，父亲告诉她，哪有什么益不益的，学自己喜欢的就好。杨绛心里还是不知如何是好，难道喜欢诗词就学诗词，喜欢小说就学小说？父亲回答："喜欢的就是性之所近，就是自己最相宜的。"（慕容素衣，2016）于是杨绛选了文科，可惜东吴没有文学系，她就选了政治系。没有学自己喜欢的文学，杨绛并没有自暴自弃，而是学好了每一门课，并且成了学校里著名的"笔杆子"。就算没有上自己理想的大学，就算没有学自己喜欢的专业，她依旧没有放弃，一直努力。

兴趣是心理学与教育学中一个非常重要的概念，它是人们探究某种事物活动的心理倾向，是推动人们认识事物探求真理的重要动机。（孟慧，2009）杨绛的兴趣为她提供了一个努力的动力，使她在学习工作中更加愉快、积极、放松，还提高了自己的能力。所以说，杨绛正是凭借着兴趣，乐在了其中。

大学时期的杨绛自我同一性（self-identity）已经基本获得，她知道自己的人生目标是什么，并为实现此目标而努力（David，Katherine，2017）。青年阶段自我同一性的获得是个重要的里程碑，会让人受益终身。她听从了好友的建议，转学入清华，在这里，她有了更多的机会接触文学，并为以后的文学之路奠定了基础。老师上课时对待学生的方式和传授的知识技能，为学生今后的职业生涯奠定了成功基础。优秀的教师会用个人的经验、技巧和人格魅力来影响学生，将自己身上的好的品质、价值观传递给学生，当然有助于学生职业发展的社会化。（孟慧，2009）当时任教的朱自清慧眼识珠，看出了这位女学生身上的文学创作的潜质，便帮她投了稿。朱自清可谓杨绛文学之路上的贵人了，他曾多次帮杨绛投稿，也从不吝啬对她的指导。

二、 爱情与尊重需要的满足

杨绛的婚姻算是圆满的，无论是从她的作品或话语中，还是其丈夫钱锺书的作品或对杨绛的评价中，都可以看得出来，两人对他们的婚姻都非常满足。

杨绛清华没毕业，便跟随钱锺书去了英国。因为牛津女子学院文学招生已满，杨绛就放弃了攻读学位，做了一名旁听生。杨绛因为没有功课，于是就有大把的时间来读书。夫妻二人从国内带去了大量的书，加上牛津大学图书馆的书可以随意借阅，二人便整天沉浸在书中，不知疲倦。两人都将读书看作人生第一大乐事。两人经常进行读书比赛，每读一本书各自记下来，看谁读得最多（慕容素衣，2016）。读书最缺的就是知己，嗜书之人每读到一本好书，就希望能有人与自己分享感受，交流心得，两人经常交流思想，无话不谈。两个人不仅看晦涩难懂的文章，也喜欢侦探小说，恰巧牛津有位学者，收藏了一架子的侦探小说，两人便经常去借阅。杨绛酷爱小说，几乎读遍了英国名家的小说，她的写作风格也受到简·奥斯丁的影响。杨绛自己也说过，去英国的第一年是我读书最多的一年。

爱情是人的需要之一。马斯洛的需要层次理论（hierarchy of needs）认为，人的需要层次分为七种，由低级需要到高级需要分别是生理需求（Physiological needs）、安全需求（Safety needs）、归属与爱的需要（Love and belonging）、尊重需要（Esteem）和自我实现的需要（Self-actualization）。（叶浩生，2014）其中，爱和归属需要作为一种基本需要，在人们的生活中占据很大的地位，在爱情里面，人们可以感到爱别人与被爱的满足感以及归属感，从而满足自身需要。杨绛与钱锺书互生爱恋，双方都满足了对方的爱和归属的需要。爱情保持的根本来自于尊重，要想获得长久的爱情，两人的互相尊重必不可少，所以在杨绛与钱锺书的爱情里面，两人都获得了尊重的需要。不仅如此，两人心性相和，爱好相似，不仅是情人，更像是知己，因而有了一辈子的爱情。杨绛在一百岁时说："我与钱锺书是志同道合的夫妻，我们当初正是因为两人都酷爱文学，痴迷读书而互相吸引走到一起的。"

在大多数人看来，钱锺书长相不佳，有些狂妄，而且笨手笨脚，生活一塌糊涂，经常自己的鞋带都系不好；杨绛是一个独立的人，上学时床铺不肯让别人帮忙非得自己收拾，在钱锺书去西南联大教学的时候自己带孩子并且还当了校长。不仅如此，杨绛的家庭偏向于新式，而钱锺书的家庭则是传统的东方家庭。但是种种矛盾并没有影响到他们。杨绛虽然是新式家庭的孩子，但是脱不了传统的思维圈，夫为妻纲、夫为妻先的传统思想在她头脑中根深蒂固，让她处处以钱锺书为先；她独立的性格，让她能够悉心照顾钱锺书，不辞劳苦，所以两人矛盾并不多。另一方面，两人互相尊重与需要，志趣相投，共同语言颇多，并且钱锺书的学问造诣甚高，杨绛也极其钦佩。

三、 真正创作生涯的开始

1943 年，杨绛的话剧《称心如意》在上海金都大戏院上演，轰动了上海。她的作品语言生动形象，情节巧妙连贯，人物形象鲜明立体，获得了一致好评。杨绛热爱文学，但对话剧却不特别感兴趣，抱着或许能补贴家用的想法一试，没承想，这成了她广为人知的第一部作品，使她在上海文学界崭露头角。《称心如意》一炮而红后，她紧接着又写了一部喜剧《弄假成真》。这部作品引起了更大的反响，人们对她赞誉有加。她一口气写了四部话剧，可自此之后，再也没有重拾。

美国波士顿大学的帕森斯（Parsons）教授提出了特质—因素论，该理论认为，每个人的能力与性格不同，也就注定了在选择职业时要充分考虑这两大因素：特质与职业要求。首先要了解自己，了解并评价自己的身心特点，包括身体状况、能力倾向、兴趣爱好、气质与性格、家庭背景、学业成绩等方面（孟慧，2009）。对于杨绛而言，她知道自己并不很喜欢话剧，也就是在特殊时期写了四本，自此不再写。其次要了解职业，最基本要知道自己喜欢的这个职业是要干什么，怎样干。最后是人与职业的匹配，选择适合自己特点的又有比较大把握的职业。

"文革"年代波谲云诡，杨绛本来志在创作，但自己创作难免会被批判，索性就翻译起他人作品来。《堂吉诃德》译稿完成四分之三的时候，"文革"开始了，译稿也被没收，几经曲折终于失而复得，然而杨绛觉得之前的文气断了，接不上了，毅然决然从头开始。这部《堂吉诃德》从翻译到出版，整整经历了二十年。影响职业选择的因素有很多，从主观因素来讲，个人的价值观、气质性格、能力、性别因素、年龄、经历因素、教育文化因素都会对职业选择产生影响；从客观因素来讲，影响职业选择的因素有社会因素、家庭因素、信息因素、偶然因素。（孟慧，2009）杨绛喜爱创作，却因特殊的环境而改成翻译作品，这也是她职业选择的一种替代，并不是一定要根据兴趣爱好来选择职业，也要考虑其他方面的因素。面对不同的处境仍能积极应对，顺势而为，这在心理学上称作生涯适应力（Career adaptability）。生涯适应力强调生涯发展过程中人与环境的相互作用，指个体在生涯发展过程中主动去适应新的、不断变迁的生活环境，主动调节并应对各种事件，在千变万化的现代化生活中寻求自己与所处环境之间的和谐与平衡。我们不要一味责怪外界客观因素的影响，提高自己的适应力关键在于自己本身的努力。

"文革"过去后，她开始潜心创作，把自己的经历写进文里，《干校六记》《洗澡》《将饮茶》相继面世。她的作品并没有绚丽多彩，相反，她的字里行间透露出了一种沉淀的智慧。或许是性格的原因，也可能是生活的积淀，她的作品没有那种怨天尤人的心调及哀伤阴郁的愤懑，只是向人们娓娓道来。

后来，女儿与丈夫相继去世，她拿起《我们仨》继续写。这时的杨绛，已经九十多岁。之后，她又出版了《走到人生边上——自问自答》一书。一方面，从焦虑防御机制来看，亲人的离世给了她不小的痛苦打击，所以要用创作的方式来减轻自己的焦虑。另一方面，从需要层次理论来看，人们都有自我实现的需要，这是人格发展的最高动力，是人类独有的一个终极价值，也是完美人性的实现。杨绛进行创作正是满足自己的这种自我实现的需要，对于她而言，人生的意义就在于创作，加上她独特的人生经历，这种沉淀下来的文学气息，更加耐人寻味。

四、 结语与启示

早期童年经历在人的一生发展中极其重要，或许可以用来预测一生。如同杨绛，她的各种好的习惯、不同的性格，大部分是儿童时期形成，孩子不仅会听从父母的教诲，也会通过在日常生活中观察父母的言语、行为、为人处世方式和生活态度来进行学习。所以父母对孩子的培养要真真正正地从小开始，言传身教，让好的习惯一点一滴慢慢融入孩子的生命中。杨绛与文学的结缘就是源于小时候父母对她的熏陶，这种慢慢培养起来的爱好，成了杨绛一生的追求。

俗话说，三百六十行，行行出状元。职业千差万别，我们每个人对于它的想法会不同，选择不同，最后走的道路也会不同。家长在指导孩子的职业生涯选择过程中，还是有一些一般性的原则可以作为参照的。做自己喜欢的事，可以调动个人的主观能动性，所以兴趣可以作为孩子职业选择时的首要考虑因素。只有兴趣是远远不够的，关键的还在于能力的大小，有了能力才会有可能出色地完成工作。家长要指导孩子，可以参考别人的意见，但绝不能依赖别人的观念，做什么工作是自己的事情，别人的建议可能会对自己有所启发，也可能会有误导，所以，要让孩子学会对自己负责，独立认真地思考，毕竟工作是自己的，出了事别人也帮不了自己，只能自己承担。还要考虑到社会现实，协助孩子制定准确的计划，不要眼高手低，一味空想，从而错过适合自己的职业。要走什么样的路，如何来走，一直以来就是人们热衷探讨的话题，选对了路，走起来才会更加开阔，也会走得更加潇洒。

第四章　繁华与落寞：奇女张爱玲的心理传记学分析

一、导读

我们研究的传主是张爱玲。海外学者夏志清教授的《中国现代小说史》等文学史著作给予了张爱玲以极高的文学史地位，中国大陆文学史编写也相应给予了很高地位，文学经典选本均有张爱玲作品入选。张爱玲研究成为中国现代文学乃至中国文学研究中的重要领域，甚至有海外华裔学者高全之将张爱玲研究称为“张爱玲学”（刘俐俐，2013）。

本文对张爱玲一生的重大事件进行了心理学的解读，多角度分析其行为背后的原因，此外，通过对张爱玲生涯的阐述，为读者的生涯规划提供一定的建议。

民国是一个动荡不安的时代，若把其比作一场戏，那么张爱玲必定是这场大戏里最令人瞩目的大青衣。一颦一笑，无不令人着迷。她的一生，真可谓把“传奇”二字演绎得酣畅淋漓。1920 年张爱玲在天津出生，次年弟弟张子静出生。可迎接他们的并不是慈爱的父母，而是一对观念不同、性格不合的“冤家”。父母不管不顾，只有佣人相伴左右，在这样的家庭环境下张爱玲和弟弟渐渐长大。虽然父母对张爱玲冷漠孤僻性格的形成有着极大的关系，但他们对张爱玲文学素养的形成也有着重要的贡献。极小的时候，张爱玲就表现出过人的文学天赋，选择了适合自己的生涯之路。也因为这个天赋，张爱玲先后结识了她的两任丈夫——胡兰成、赖雅，并与之恋爱结婚，发展了两段传奇爱情故事。

张爱玲的性格中聚集了一大堆矛盾：她是一个善于将艺术生活化，生活艺术化的享乐主义者，又是一个对生活充满悲剧感的人；她是名门之后，贵府小姐，却骄傲地宣称自己是一个自食其力的小市民；她悲天悯人，时时洞见芸芸众生“可笑”背后的“可怜”，但实际生活中却显得冷漠寡情；她通达人情世故，但她自己无论待人还是穿衣均是我行我素，独标孤高；她在文章里同读者拉家常，但却始终保持着距离，不让外人窥测她的内心；她在四十年代的上海大红大紫，一时无二，然而几十年后，她在美国又深居简出，过着与世隔绝的生活，以至有人说：“只有张爱玲才可以同时承受灿烂夺目的喧闹与极度的孤寂。”那么，她矛盾性格背后的原因究竟是什么呢？

二、 早期童年经历及其人格的形成

1920 年 9 月 30 日，张爱玲出生于天津的一座西式花园洋房里，这是她的第一个家，在这里，她也当真有过一段快乐的时光。要说到张爱玲的身世还得从她的曾外祖父李鸿章说起。李鸿章那时与张印塘交情甚好，张印塘死后，其子张佩纶深得李鸿章赏识。在张佩纶遇难之时，李鸿章将女儿李菊藕下嫁于他。两人“诗酒唱随，百般恩爱”。公元 1896 年，李菊藕为张佩纶诞下张家的三公子——张爱玲的父亲，张志沂；五年后，又为张佩纶诞下一女——张爱玲的姑姑张茂渊。几多风雨几多愁，几年后李鸿章、张佩纶相继去世，重大的变故使得李菊藕身心俱疲，为一双儿女殚精竭虑累坏了身子最后去世。那时候张志沂十六岁，而张茂渊只有十一岁。三年后，张志沂与黄素琼结婚，先后生下了张爱玲和张子静。这段父母之命、媒妁之言带来的婚姻，从一开始就为黄素琼所抵触，也引发了后来的离婚事件。

张爱玲的童年生活并不是充满童真与欢乐的。母亲黄素琼是一位思想进步又倔强勇敢的女性。自嫁入张家，张茂渊是唯一一个可以在精神层面与黄素琼产生共鸣的人。两位进步女性追求女性权利，向往自由人生。而父亲张志沂虽然是个文人学士，但是身上残留着清朝遗少惯有的嫖妓、吸食鸦片以及赌博等诸多陋习；他责任心十分有限，对张爱玲时冷时热，时近时疏，再加上张志沂整日无所事事、寻花问柳，于是在张爱玲四岁时，黄素琼便以张茂渊出国留学需要监护人为由离开了家。人生说短暂也漫长，遇到的每一个人终有一日都将成为往事，活于回忆。对当时的张爱玲来说，"母亲"二字尚未在心中活出血肉，就已淡却。但即使是在黄素琼离家以前，她也没有履行一个母亲应尽的义务。她坚持西式育儿，女儿不跟她睡，只是在早晨起床后，叫佣人抱到自己的大床上像逗洋娃娃一样玩一会，然后就跟小姑谈谈电影绘画或者逛街游园；而张志沂越发养成遗少作风，除了读闲书便是出去泡赌场、逛戏院，很少关心女儿的成长：这样的家庭环境下形成了忽视型的亲子关系（Parent-child relationship），这是一种低反应、低控制的亲子关系类型，即既对子女的要求有较少的回应也不大管制子女。"只记得被佣人抱来抱去"和母亲的故意"缺席"，这从根源上损伤了张爱玲对世界最初的信任感。

根据埃里克森划分的人格发展的八个阶段理论，0—1 岁为婴儿期，主要矛盾是基本信任对基本不信任。这个阶段的儿童最为软弱，非常需要成人的照料，对成人依赖性很大。如果父母等亲人能够爱抚儿童，并且有规律地照料儿童，以满足他们的基本需要，就能使他们对周围的人产生一种基本信任感，感到世界和人都是可靠的；相反，如果儿童的基本需要没有得到满足，那么儿童就会产生不信任感和不安全感。儿童的这种基本信任感是形成健康人格的基础，也是以后各个阶段人格发展的基础。如果这一阶段的危机得到积极解决，就会形成希望的品质；如果危机是消极解决，就会形成惧怕。在这一阶段中，张爱玲的父母没有给她足够的关注和陪伴，尤其是母爱的缺失，使得张爱玲产生了不安全感和不信任感，也没有形成安全型依恋[①]（Secure attachment）。

张爱玲八岁时黄素琼回国。在母亲出国回来的那日，张爱玲特地穿上一件自己认为最俏皮的小红袄迎接母亲。可惜，未能获得母亲赞赏，母亲只觉得衣服小。黄素琼对张爱玲实在是苛刻，几年没见，一见面就对张爱玲的衣服提出批评。从那一刻开始，张爱玲在母亲的面前失去了大半的自信。仿佛，母亲的审美、品位喜好，是遥不可及的另一个维度的事情。当时的她深深地相信，母亲喜欢的东西都是最好的，连母亲读过的小说，去过的英国，也成为张爱玲的挚爱。

随着母亲黄素琼的回国，张爱玲的生活境遇有了些许的好转。她在母亲所崇尚的西方先进的培养体制和科学的人格塑造理念下，开始学习绘画、钢琴和英文。黄素琼最倾心的爱好是文学，《二马》杂志每月寄到，黄素琼总被深深吸引，连坐在马桶上都放不下，边读边笑，张爱玲听到，也靠在门框上笑。经过母亲的悉心调教，张爱玲果然开始初步养成西式淑女的优雅风度，充满了忧郁的感伤。黄素琼还对着张子静夸奖张爱玲，这让从小就想超过弟弟的张爱玲满心欢喜。可以说，张爱玲的倔强勇敢以及在文学上的感伤与黄素琼有着极大的关系。

张爱玲十岁时，黄素琼因实在不满张志沂的恶劣行径提出离婚，从此以后张爱玲与弟弟便跟随父亲生活。“乱世的人，得过且过，没有真正的家”（张爱玲，宋淇，宋邝文美，2018）。父母离婚这一生活事件对张爱玲的影响很大，没有家的臂膀，她不得不学会考量自己、保护自己，也终于在性格上变得日渐孤僻，整日与书为伴，不喜与人有过多的交际。以艾森克的人格理论来讲，张

---

① 张安斯沃斯等通过陌生情境研究法，根据婴儿在陌生情境中的不同反应，认为婴儿依恋存在三种类型：安全型依恋、回避型依恋、反抗型依恋。其中，安全型依恋的婴儿与母亲在一起时，能安逸地操作玩具，并不总是依偎在母亲身旁，只是偶尔需要靠近或接近母亲，更多的是用眼睛看母亲、对母亲微笑或与母亲有距离的交谈。母亲在场使婴儿感到足够的安全，能在陌生的环境中进行积极的探索和操作，对陌生人的反应也比较积极。当母亲离开时，婴儿的操作、探索行为会受到影响，婴儿明显表现出苦恼、不安，想寻找母亲回来。当母亲回来时，婴儿会立即寻找与母亲的接触，并且很容易经抚慰而平静下来，继续去做游戏。这类婴儿约占65%—70%。这是最积极的依恋类型。

爱玲属于典型的内倾（introversion）者，是“安静的、不与人交往的、内诲的，他们喜欢书籍胜于喜欢他人，他们是保守的，除了少数知音外，几乎让人敬而远之”。

父母离婚后不久，黄素琼便动身前去法国，张爱玲则跟父亲住。张志沂虽有大量不良嗜好，读书却是从小养成的好习惯，因此有着丰厚的文学素养。他的书房里有很多古典小说，还有张恨水的小说以及西洋文学名著，张爱玲回家的时候多会在这里如饥似渴地阅读，偶尔也和父亲交流一下心得体会。其中《红楼梦》是张爱玲的最爱，高鹗的续作尤其受她关注，这部书成为父女俩时不时讨论的焦点，这大概也是张爱玲与张志沂相处得最和谐美满的时光。张爱玲与舅舅家的几个女儿感情也非常好，尤其是排行第三的黄家漪。她们经常一起吃饭、逛街、看电影，这个时期的张爱玲是快乐的。在父亲的家，张爱玲可以埋头书本，与父亲一起品书评书；而在姑姑家，张爱玲体会到的则是另一种西式唯美风情。两个家，她都喜欢。

1931 年，张爱玲十一岁，进入上海圣玛利亚女中（上海著名的贵族女中）就读。1932 年，她在《凤藻》第 12 期上发表了处女作《不幸的她》；1933 年张爱玲又发表了《迟暮》。这两篇文章把新文艺的感伤情调表达得淋漓尽致，张爱玲初试写作，却已能写出“美人迟暮”这样的结局来，无论如何也是惊人的。唯一的解释是，生活的悲惨已经在她幼小的心灵生了根，并不断成长为参天大树。张爱玲通过发表作品获得了极大的自信心，并一生为她的作品而努力。这个时期是埃里克森人格八阶段理论中的学龄期（6—12 岁）与青年期（12—20 岁）的交界处。前一个时期主要任务是获得勤奋感，克服自卑感，体验能力的实现；后一个时期主要任务是建立自我同一性（Self-identity），避免同一性混乱（Identity confusion），体验忠实的实现。张爱玲通过发表作品获得了自信，这份自信又使她发表更多新的作品，从而获得勤奋感，也意识到自己的写作能力。同时，她已经建立起了自我同一性。自我同一性是指个体在特定环境中的自我整合与适应之感，是个体寻求内在一致性和连续性的能力，是对“我是谁”“我将来的发展方向”以及“我如何适应社会”等问题的主观感受和意识。（林崇德，2008）在早日出人头地、努力实现自我价值这一点上，张爱玲可谓自觉继承了家族的优良传统。少年成名是封建时代家族对子弟的普遍期望，当年李鸿章、张佩纶都是年轻气盛，早早立志要扬名立万，声播海内。张爱玲值此全新时代，成名之心丝毫未减，而且比她的长辈更开阔了眼界，年纪尚轻已把眼光投向海外，决心站在中西交汇的坐标上融会贯通，称得上是志存高远。在生活方式上，她的设想也相当超前，她要过的生活特立独行，潇洒自由，又极其充实丰富，充分体现了享受个人智慧与情趣的现代生活理念。她正处于世界观、人生观的发展期，理想不免纯真幼稚，大而无当，不过此后，她确实终身在为之努力。（王羽，2009）

1934 年，张爱玲升入高中，父亲再婚。张志沂从未就再婚的问题征求过儿女的意见，他或许根本没有想到儿女对此会有多么强烈的感受。当年夏天张爱玲在姑姑家的阳台上听到这个消息马上就哭了起来，想象如果后母现在就在面前，她一定会把她从阳台上推下去。听了太多关于恶毒后母的故事，张爱玲对于“后母”一词是厌恶以及惧怕的。张爱玲在《童言无忌》中说道：“生活的戏剧化是不健康的。像我们这样生长在都市文化的人，总是先看见海的图画，后看见海；先读到爱情小说，后知道爱；我们对于生活的体验往往是第二轮的，借助于人为的戏剧，因此在生活与生活的戏剧化之间很难划界。”因为张爱玲从未想过，自己这一生会有一个后母。

后母孙用藩，依然是大家闺秀，名门之后。孙用藩虽然曾试图经营与张爱玲、张子静的关系，但是和大部分后母一样，孙用藩并不能真正尽到一个母亲的职责，对待张爱玲与弟弟也并不友好。而张爱玲对后母的态度非常明确，情绪上抵触，行动上回避，不过还是保持着礼节性的寒暄。孙用藩常在父亲面前告张爱玲的状说，一个姑娘，没有礼节，又什么家事都不做，回了家就知道看书。幸亏张志沂对这一点倒是不以为然，继续积极支持。在张志沂的鼓励指导下，张爱玲开始学作旧体诗，有几首得到他的认可，逢有亲友做客，还拿出来展示。而且张志沂还是张爱玲在《红楼梦》方面的启蒙老师，对张爱玲在《红楼梦》上的看法深有同感，更对张爱玲创作的《摩登红楼梦》极为满意，亲自为她这部小说代拟了全部六回的回目。可以说，张爱玲对《红楼梦》的兴趣与张志沂的贡献密不可分，幼时产生的恋父情结（Electra complex）也在此时得到更深的巩固。恋父情结，指女孩亲父反母的复合情绪。通俗地讲是指人的一种心理倾向，喜欢和父亲在一起的感觉。在寻找恋人的时候会有意无意地选择和自己父亲有相似特征性格的人。恋父情结并非爱情，而大多产生于对父亲的欣赏、敬佩或者依靠，是一种普遍的社会现象。

后母的到来彻底改变了张爱玲的精神和生活状态。她总是从老家带一些破旧衣服给张爱玲穿，使张爱玲感受到了莫大的耻辱。在极度自卑下，张爱玲不爱跟人交流，见了人也不爱打招呼，更不善于阿谀奉承别人。但是在黄家姐妹或者与张爱玲交好的朋友面前，张爱玲确实是热情活泼健谈的。她的两位室友——张如瑾和一位吴小姐，经常到她家一聊就是好几个小时。

尽管突如其来的后母给张爱玲姐弟的生活罩上了一层深重的阴影，甚至还对他们日后的性格发展、人生轨迹产生了不可低估的影响，但是张茂渊受黄素琼之托对张爱玲姐弟尽心照顾，实为姑代母职。她常常打电话询问两个孩子的健康状况，张家迁居后，她唯恐后母虐待两个孩子，特意亲自把她们房间好好布置一番，安顿好才放心离开。一次假期，张爱玲姐弟双双感冒发烧，张茂渊立刻去请了外国医生，为他们跑前跑后，俨然把他们当成自己的孩子。虽然母亲不在，但是还有姑姑，张爱玲姐弟的童年也没有那么难过了。因此在张爱玲的老年时期，对姑姑的感情也比母亲深得多。

有一次后母动手打了张爱玲，却不遮不掩地恶人先告状。这时的她看清了这个家里的一切：黑暗的冷寂与发霉的虚无（王臣，2016）。父亲向来对后母言听计从，也不听张爱玲解释，揪住张爱玲就拳打脚踢，并且把张爱玲彻底禁闭起来，甚至还说出了要用手枪打死女儿这样的话。绝望中的张爱玲整整被父亲关了半年之久。这期间张爱玲患了严重的痢疾，张志沂竟不替她请医生，也不给药吃，全然不管女儿的死活。父亲的形象在张爱玲的心中轰然崩塌。那时候，对于张爱玲而言，张家是比监狱还要绝望的一个所在。对死，她已经无惧了。但是她不会死，她还有绚烂余生。

1938 年初，张爱玲从父亲家逃离，去了母亲家。可是母亲的长时间缺席，造成了母女关系的疏离和陌生。本以为终于逃离了父亲魔爪的张爱玲却发现自己与母亲原来有那么多的矛盾，当然，钱是重要的一个因素。本来都不需要过多考虑钱的两个人一起生活后，生活就变得捉襟见肘。而且黄素琼惊奇地发现自己的女儿竟然是一个生活中的“废物”，然后开始训练她洗衣做饭做家务、教她对着镜子练习表情、教她学会看别人脸色。但是对于自小就过着封闭式生活、衣食起居全靠佣人伺候的张爱玲来说，这只会打击她的自信心，并不会使她在生活中取得很大进步，母女关系由此变得紧张。不过说到底，还是黄素琼与张爱玲水火不容的性格，使得母女关系破裂。

三、 文坛大放异彩

可能是家庭并没有给张爱玲足够的精神慰藉，于是其将精神全然寄托在文学上。早在中学时期，张爱玲就表现出了她的文学天赋。张爱玲的中学生活是枯燥的，但她心有寄望。发表的文学作品给了她信心，她想只要能够出国深造，一切付出与努力都是值得的。可即便张爱玲极力低调，她的国文老师汪宏声还是注意到了她。汪宏声不同于过去只会吟诗作赋讲八股的那些老学究，他有一套开明的教学方法。在布置下去的第一期作文中，张爱玲的《看云》就成功吸引了这位老师的眼球。那堂课，汪宏声朗读了张爱玲的作文，并极力夸赞。因为汪宏声的缘故，张爱玲的名声在女校日渐传开。在人一生中，人生际遇（Life experience）会改变一个人生命的发展途径，也会使一个人的梦想逐渐成形以及发展、变迁。也就是指在人的生命中，一些能够让个体的生命发生极大转折的人对个体所产生的影响。由于这种对个体产生极大影响的人的到来具有极大的偶然性，因此冠以“际遇”，带有一种“缘”的意味。人生际遇是人生中难以直接把握的一部分，可以说是影响一个人事业追求的一些偶然因素，但又不全是偶然的，因为人际交往毕竟是一个交互过程。（舒跃育，2019）汪宏声对于张爱玲来说，就是一个重要的人生际遇，他为张爱玲的写作生涯铺垫了基石也提供了机会。

此外，机缘巧合理论更多地强调能动性，让我们调动自身和身边的资源尽最大的能力去改善各种条件然后使得我们发生机缘巧合的概率大大增加。对于张爱玲来说，汪宏声的出现无疑给她提供了施展才华的机会。但这种机会的产生，本身就带有张爱玲已有文学天赋的因素以及自己对此付出的时间与精力。

1939 年 9 月，第一次世界大战爆发，张爱玲出国留学的愿望化为泡影。伦敦大学远东区第一名的考试成绩，瞬间变得一文不值、毫无意义。几经思量，张爱玲决定去香港大学就读。在那里，张爱玲遇见了精灵古怪、与自己性格完全两样但又意气相投的好朋友——炎樱。那时候，恰逢香港《西风》杂志三周年，杂志社举办了一次半命题征文活动。题目为“我的……”，可发挥的空间很大，人情物事皆可。张爱玲对于这次征文是充满野心的，当年，她心中偶像林语堂便是在《西风》杂志发表文章的常客，她誓要与他看齐，甚至超越。她的文章题目是《天才梦》。再无比“天才”二字更无所畏惧、更令人瞩目的标题了。她说：“我是一个古怪的女孩，从小被视为天才，除了发展我的天才外别无生存的目标。”这样的话，谁人敢讲？张爱玲敢，而那时，她才十九岁。后来，《天才梦》被发表在《西风》杂志第四十八期。这篇文章的发表，算是张爱玲步入文坛真正意义上的开端，也是张爱玲文学生涯之路的开端。

1941 年 12 月太平洋战争爆发，1942 年学业被迫中断的张爱玲回到上海，和弟弟一起去圣约翰大学读书。因圣约翰大学的教学模式陈旧远不如香港的形式自由以及缺钱的缘故，当然缺钱是最主要的原因——母亲出国，张爱玲只能与姑姑同住，而姑姑的生活已经很不宽裕，张爱玲不想麻烦姑姑，打算早点赚钱，经济独立，于是她读了两个月便辍学了。她曾对苏青说：“用别人的钱，即使是父母的遗产，也不如用自己赚来的钱自由自在，良心上非常痛快。”辍学这一事件的发生，改变了张爱玲的生涯之路。张子静建议张爱玲去教书，英文、国文都可以，可是张爱玲觉得自己虽然有一肚子的知识储备，却缺乏表达能力，在一群陌生的学生面前根本无从发挥，而且她想从事创造性的、自由的工作，教书那种在讲台上循环往复、一遍又一遍讲述的工作，她没兴趣也做不来。张子静又建议她去做编辑，但是在高中的时候张爱玲就只喜欢写作投稿无心做编辑，现在也一样。最终张爱玲还是根据自己的兴趣（Interest）爱好选择给英文《泰晤士报》（The Times）写剧评影评。以兴趣为职业，这样的生涯之路是我们每个人都在追求的吧。

也就是从这个时候开始，张爱玲开始了她的写作谋生之路。在《万象》《杂志》等杂志上陆续发表了小说《茉莉香片》《心经》《倾城之恋》《金锁记》《封锁》《玻璃瓦》和散文《到底是上海人》《洋人看京戏及其他》《更衣记》《公寓生活记趣》等名篇，一跃成为上海滩最夺目的女作家。约翰·霍兰德（John Holland）的职业兴趣理论认为人的人格类型、兴趣与职业密切相关，兴趣是人们活动的巨大动力，凡是具有职业兴趣的职业，都可以提高人们的积极性，促使人们积极地、愉快地从事该职业，且职业兴趣与人格之间存在很高的相关性。霍兰德把人格分为现实型、艺术型、社会型、企业型、研究型和常规型。其中艺术型的特点是：有创造力，乐于创造新颖、与众不同的成果，渴望表现自己的个性，实现自身的价值；做事理想化，追求完美，不重实际；具有一定的艺术才能和个性；善于表达、怀旧、心态较为复杂。张爱玲就是一个典型的艺术型的人格，她了解自己的兴趣，根据自己的兴趣爱好及性格特点去选择适合自己的职业，最终大放光芒。像罗素说的那样，他的人生目标是使“我之所爱为我天职”。

张爱玲的迅速走红，在上海文坛造成了广泛影响。著名作家、翻译家傅雷从紧张的译书工作中抽出时间，专门对她的小说进行研究，少数滞留上海的进步文学前辈也开始关注她。他们不仅惊叹她的才华，更为她初踏文坛的懵懂热烈而感到担心。郑振铎就是其中一位。他曾亲自去找柯灵——老牌刊物《万象》的主编，希望代为规劝她不要到处发表作品，文章可以由开明书店保存并付给稿费，等到时局稳定后再行刊印。她却回复说：“出名要趁早呀！来得太晚的话，快乐也不那么痛快。”

成就动机理论（Achievement motivation theory）认为成就动机是在人的成就需要的基础上产生的，它是激励个体乐于从事自己认为重要的或有价值的工作，并力求获得成功的一种内在驱动力。张爱玲想挣钱，想出名，于是呕心沥血赶稿创作。好的是，她享受这个过程，因为写作就是她的爱好，她的生命，她的驱动力。而这种动机是人类所独有的，是后天获得的，具有社会意义的。在人类的学习活动中，成就动机是一种主要的学习动机。出名要趁早，不仅是出于对功名利禄的考量，而且是对时代的审度，在乱世中万事都不长久安稳，只有及时把握机会。（金怡，2018）

在弗洛伊德提出的防御机制（Defense mechanism）中，升华（Sublimation）是最成功的一种。如果力比多（libido）（性本能）发泄的直接、原始的方式被社会所赞许的、高尚的间接方式所替代，就称为升华。弗洛伊德曾对一些著名文学家、艺术家和科学家进行分析，认为他们的伟大成就与原始欲望的升华有关。张爱玲的作品大多是苍凉凄惨的，这与她的早期童年经验有着极大的关系。《心经》是她写的一篇关于“恋父情结”的小说。主人公许小寒强烈地爱着她的父亲，以至于为了完成这份爱而拒绝走向正常的恋爱、婚姻，更疯狂地排斥着她的母亲以及任何她父亲爱的女人。后来，她的同学段绫卿跟父亲恋爱。段绫卿是一个父兄俱丧、急于逃离自己家的“人尽可夫”的女人，相貌与许小寒十分相像。她曾动员母亲去干涉，但她母亲却一语道出了爱的残酷本质：

> 小寒急道：“你难道就让他们去?”许太太道：“不让他们去，又怎样? 你爸爸又不爱我，又不能够爱你，——留得住他的人，留不住他的心。他爱绫卿。他眼见得就要四十了。人活在世上，不过短短的几年。爱，也不过短短的几年。由他们去罢!”

这总像是张爱玲本人对爱的见解，通透又宽厚。弗洛伊德提出，所有儿童生来就具有性的驱使力，男孩的性动机通常结在母亲身上，称为“恋母情结”(Mother complex)，女孩则结在父亲身上，称为“恋父情结”。二十世纪三十年代是心理小说快速发展的时期，新感觉派便是其的领军人物。张爱玲少年时代读过新感觉派的作品，自然有所汲取。她运用这种理论来建构自己的作品并不奇怪，关键是她为什么这样做。

张爱玲的童年时代家庭破裂，父爱的匮乏使她从未顺利地完成一个女性的成长，因此而长久地受困于一个因创伤、匮乏而产生的心理固置，即永远迷恋着心目中的父亲形象。早期的童年经验也给她带来了心理创伤，因此她通过写小说来发泄力比多，并受到社会的赞许，这就体现了升华的防御机制。

张爱玲对自己追求的风格很清楚，她曾在《自己的文章》一文里说过：“我不喜欢壮烈。我是喜欢悲壮，更喜欢苍凉。壮烈只有力，没有美，似乎缺少人性。悲壮则如大红大绿的配色，是一种强烈的对照。但它的刺激性还是大于启发性。苍凉之所以有更长的回味，就因为它像葱绿配桃红，是一种参差的对照。”悲凉、苍凉、残酷是张爱玲生命的底色，也自始至终都是她作品的底色。

通观张爱玲的创作历程，不难发现张爱玲本人有一种幽闭情结，所谓的幽闭情结是指因外界因素影响以及自我人格缺陷造成自我封闭的心理状态，反映到具体生活中是人物缺乏现实感，自我构筑出心理围城，呈现出一种人生困境。一般说来，作家作品从广义上说都是作家的自传，张爱玲小说中人物心理上自我封闭的病态因素也可以说是属于张爱玲本人的。造成这种幽闭情结的原因是多方面的，比如战争，比如张爱玲的气质，但它有普遍性，折射了一个时代的文人心理困境。张爱玲小说中人物身上的幽闭心理特征与情节设置中的封锁特点是与她本人的人格模式密切相关的，反映出来的是张爱玲在成长过程中就有内倾和自我封闭倾向。（杨亚林，2011）而这种幽闭情节反映到她的作品中是一些主人公心理上有封闭因素，如《金锁记》中的曹七巧。

七巧嫁到了富贵人家，可是处处因自己的出身受到歧视；她结婚五年了，有了一对弱小的儿女，可是从未享受过婚姻的幸福；她自以为是地爱上了丈夫的弟弟——三少爷姜季泽，可是平日走马章台的三少爷对她却严叔嫂之防。十年之后，七巧的丈夫和婆婆都死了。苦难熬出了头，她分到了家产，搬出姜府自立门户。过去冷淡七巧的姜季泽现在上门来向她倾诉爱情，精明的七巧在心旌摇荡之余发现所谓的爱情是假的，大怒之余把季泽赶出了家门。爱情的幻影消失了，淌着眼泪的七巧奔到窗前：“玻璃窗的上角隐隐约约反映出弄堂里一个巡警的缩小的影子，晃着膀子踱过去。一辆黄包车静静地在巡警身上碾过。小孩把袍子掖在裤腰里，一路踢着球，奔出玻璃的缘。绿色的邮差骑着自行车，复印在巡警身上，一溜烟掠过。都是些鬼，多年前的鬼，多年后的没投胎的鬼……什么是真的，什么是假的？”一出彻底的悲剧造就了一个彻底疯狂的人。七巧戳穿姜季泽的感情骗局时，她还有强烈的情感，她还能大怒。下半部中的七巧则完全成了一个疯子，她压抑自己正当的情感，最终丧失人的情感变成了非人。七巧把怨气发到自己的儿女身上，控制、奴役他们，死去的芝寿和绢儿只能永远地死去了，长安和长白也已被她折磨得不像人，并且失去了一生中最美好的一段时光。后来七巧死了，长安和长白获得了新生。

弗洛伊德曾打过一个比喻：本我是匹马，自我是骑手。曹七巧正是一匹失控的马，她的生活愿望被压抑后形成的极端病态心理所带来的变态行动是一种没有分寸的疯狂①。

四、 从尘埃里开出花来

1944年2月4日，一位名叫胡兰成的中年男子叩门求见张爱玲，张茂渊应门拒客，只接了他的字条。那么胡兰成究竟何许人也？他出身贫寒但天资聪颖，少有才名，有一颗不安陋室的心。娶过三任妻子，却依旧风流成性。后为伪政府首领汪精卫器重，暗地与日本人勾结，最终落得文人汉奸的名声。在这个时候，他从《天地》第2期上看到张爱玲的小说《封锁》。他对这个名字并不熟悉，却一下被小说的内容吸引住了。他又将张爱玲在《紫罗兰》《万象》《杂志》上发表的小说和一些散文、影评都找来看，更为惊奇。他向苏青要张爱玲的地址，苏青经不住他的软磨硬泡告诉了他，同时也对他说张爱玲并不轻易见人，让他做好吃闭门羹的准备。果真，张爱玲拒绝见客。不过第二天，张爱玲还是拨通了胡兰成留下的电话，说好前去回访。两个人就这样认识了。后来胡兰成每隔一天就要去看她。三四回以后，她突然烦恼，给他送了一张纸条，叫他不要去了。胡兰成知道她这是已经折心于他了，当日照样去，她见了他也是满心欢喜。于是胡兰成就改成每天都去了。胡兰成说起《天地》上刊出的那张照片，第二天她便送了一张给他，背后写了这样一行字：

“见了他，她变得很低很低，低到尘埃里，但她心里是欢喜的，从尘埃里开出花来。”

这一年，胡兰成38岁，张爱玲24岁，两人相恋，每天在一起，喁喁私语

① 弗洛伊德将心理结构（又称人格结构）分为本我、自我和超我。本我（Id）：位于无意识中的本能、冲动与欲望构成本我，是人格的生物面，遵循“快乐原则”；自我（Ego）：介于本我与外部世界之间，是人格的心理面。自我的作用是一方面能使个体意识到其认识能力；另一方面使个体为了适应现实而对本我加以约束和压抑，遵循的是“现实原则”；超我（Superego）：是人格的社会面，是“道德化的自我”由“良心”和“自我理想”组成，超我的力量是指导自我、限制本我，遵循“理想原则”。

无尽时。但当时世人并不了解他们之间的感情，只觉得胡兰成的政治身份是汉奸，又有妻室，年纪大到几乎可以做张爱玲的父亲。

“因为相知，所以懂得”，胡兰成这个情场老手是“懂”张爱玲的，懂她贵族家庭背景下的高贵优雅，也懂她因为童年的不幸而生成的及时行乐的思想。张爱玲把胡兰成当作一个“懂”她的男人，而不是汪伪政府的汉奸，对于胡兰成的妻室，她也不在乎，她在一封信中对胡兰成说：“我想过，你将来就是在我这里来来去去亦可以。”1944 年 8 月，胡兰成的妻子提出与他离婚。于是，张爱玲与胡兰成结婚。

1944 年，汪精卫去世，胡兰成大祸临头，于是离开上海，逃往武汉。令张爱玲没有想到的是，比乱世更不可靠的，是人心。胡兰成先后结识周训德与范秀美，并与之恋爱，应了张爱玲在《留情》中说的：“生在这世上，没有一样感情不是千疮百孔的。”

张爱玲与胡兰成的爱情一开始属于浪漫式爱情（Romantic love）。美国心理学家斯腾伯格提出的爱情三角理论（The triangle of love theory）认为爱情由三个基本成分组成：激情（Passion）、亲密（Intimacy）和承诺（Commitment）。激情是爱情中的性欲成分，是情绪上的着迷；亲密是指在爱情关系中能够引起的温暖体验；承诺指维持关系的决定期许或担保。这三种成分的多少构成了喜欢式爱情（Liking）、迷恋式爱情（Infatuated love）、空洞式爱情（Empty love）、浪漫式爱情（Romantic love）、伴侣式爱情（Companionate love）、愚蠢式爱情（Fatuous love）、完美式爱情（Consummate love）七种类型。张爱玲和胡兰成他们有亲密关系和激情体验，却没有承诺。虽然后来结了婚，但是一开始胡兰成是有妻子的，张爱玲不顾别人眼光，一心与胡兰成享受精神愉悦。这种“爱情”崇尚过程，不在乎结果。张爱玲一生爱钱、爱出名，正如小说《色戒》中王佳芝某些时候表现出来的虚荣心；张爱玲爱上胡兰成，也许有崇拜权势的心理，所以张爱玲在小说中写道，“权势是一种春药”，她想把这种观念通过王佳芝表现出来；与胡兰成的爱情还包括张爱玲少有的性欲狂欢，所以她在小说中露骨地写道：“到男人心里去的路通过胃”，“到女人心里的路通过阴道”。这在张爱玲的小说中是极为少见的直白。

张爱玲不懂政治，但未曾料到，胡兰成会成为自己此生重大的政治污点。由于胡兰成的连累，张爱玲蹚进了“文化汉奸”的浑水，很长一段时间没有发表作品，也没有了经济来源。就是在这个时候，张爱玲遇到了桑弧。遇到桑弧，是她离乱之中最大的慰藉。

1946 年 8 月，张爱玲在柯灵的介绍下与电影导演桑弧、电影宣传龚之方相识。桑弧与龚之方登门拜访有意与张爱玲合作，请她写剧本。盛情难却，张爱玲虽无剧本写作经验，但仍是应承了下来。后来，张爱玲与桑弧合作的第一部电影《不了情》（导演桑弧，编剧张爱玲）轰动上海滩，令桑弧名声大噪，张爱玲也以另一种方式重回读者视野。随后，二人再度联手，推出电影《太太万岁》。电影上映时期，传出张爱玲与桑弧相恋的绯闻，但被龚之方一口否决，两人之间只有友谊，绝对无私情。但在《小团圆》里，盛九莉与以桑弧为原型的燕山之间，却不像龚之方说的那样。不说别的，单单盛九莉得知燕山结婚时的那几段描写，就将女主人公的悲伤表达得通彻明了：

> 这天他又来了，有点心神不定地绕着圈子踱来踱去。
>
> 九莉笑道：“预备什么时候结婚？”
>
> 燕山笑了起来道：“已经结了婚了。”
>
> 立刻像是有条河隔在他们中间汤汤流着，
>
> 他脸色也有点变了。他也听见了那河水声。

分明是相爱的，不是吗？当初龚之方想撮合俩人，张爱玲也并未一口回绝，这并不是张爱玲一贯的作风，她只是一再摇头，叫龚之方不要再说了。既然张爱玲可能是爱桑弧的，那么为什么没有在一起呢？有记者曾经从陈子善教授那里听到了一个说法，陈教授介绍：他曾采访过魏绍昌老先生（文史学家，桑弧的朋友），听魏老先生讲桑弧 10 岁的时候父母双亡，一直由大哥照顾抚养，对大哥非常尊敬，而他与张爱玲的婚事遭到了大哥和家里人的反对，他的家里人认为张爱玲靠写作为生，没有正当工作，当时在社会上并不被看好，同时也许知道了张爱玲与胡兰成的那段婚姻。此外，张爱玲与桑弧在性格上大不相同，张爱玲有一种叛逆的个性，做什么事都要与众不同，而桑弧比较忠厚老实，谨小慎微，是很方正的一个人，从性格上说，两个人没有在一起未尝不是一件好事。张爱玲与桑弧的爱情，终究是无疾而终。

“文化汉奸”的流言给张爱玲造成了严重的精神负担，也使得她的作品、她的才华被人唾弃，因此她做了一个改变一生的决定——离开上海，前往香港。在香港，张爱玲驻留了三年，认识了人生最重要的知己——邝文美、宋淇夫妇。在这期间，张爱玲出版了英文长篇小说《秧歌》和《赤地之恋》（后被翻译成英文），之后，张爱玲于 1955 年秋离港赴美。在这里，她遇到了她的第二任丈夫——大她二十九岁的费迪南·赖雅。

两人相识于爱德华·麦克道威尔文艺营，两个月时间，二人感情渐深，形似伴侣。1956 年 8 月，张爱玲嫁给赖雅。婚后，二人日子虽清贫，却很充实。在这段婚姻里，张爱玲是快乐的。如果说与胡兰成的感情，张爱玲竭力演绎的成分居多，那么与赖雅，张爱玲理应算是用心经营了。1967 年 10 月 8 日，在张爱玲的陪伴下，中风的赖雅走完自己人生的最后一程。根据斯滕伯格的爱情三角理论，张爱玲与赖雅的爱情属于完美式爱情，既有亲密、激情，也有承诺，即使两人的婚姻是极短暂的。

但是在我看来，赖雅无论如何都不是张爱玲配偶的最佳选择。他穷困潦倒，颠沛流离、居无定所，年老多病，发表的作品也没有影响力，而且他的后半生一直在中风—好转—中风中无限循环。无论是在生活上还是事业上，赖雅对于张爱玲来说都算是累赘。那么，张爱玲选择赖雅的原因是什么呢？

一方面，张爱玲是真的爱赖雅，与赖雅在一起，她当真是快乐的，这从生活中的小细节就可以看出来。1958 年 10 月 1 日，张爱玲生日，“下午，天空晴朗了，张爱玲和赖雅一起到邮局去寄了几封赖雅写的信，接着回来小睡片刻，吃了点肉饼、青豆和饭。后来张爱玲穿着打扮起来。两人一起到电影院去看傍晚一场电影，片名是《刻不容缓》。他们看得十分开心，笑出了眼泪。然后在秋夜步行回家，把剩下的饭菜吃完，张爱玲告诉赖雅，这天是她有生以来最快乐的生日”（张惠苑，2014）。另一方面，张爱玲是有恋父情结的。她自己也说过这样的话：“我一向是对于年纪大一点的人感到亲切，对于和自己差不多岁数的人有点看不起。”（王臣，2016）自幼，张爱玲不曾体会父亲的顾爱，内心终有缺失。在对爱人的选择上，一个是比自己大十四岁的胡兰成，一个是比自己大二十九岁的赖雅，虽然两段恋情都是短暂的，但都是志同道合的意中人，同时也都是由于“恋父情结”的影响。

五、 荒凉晚年生活

赖雅病逝后，张爱玲孤自无依。从前是一个人来，现在是一个人过，将来也是一个人走。性情也比早年更为孤僻，她离群索居，如世外之人。她自己也说：“我有时觉得，我是一座孤岛。”避居的那些年，张爱玲做了三件事：一是写《小团圆》，二是翻译《海上花》，三是沉迷并研习《红楼梦》。此外，她与外界断绝一切联系。林式同因为帮张爱玲搬了几次家，与张爱玲友谊渐深，他也成了张爱玲人生最后十余年，联络最为密切的人之一。

林式同说，从 1984 年 8 月到 1988 年 3 月这三年半的时间里，张爱玲大约每周要搬家一次。是何缘故呢？张爱玲总说所到之处总有虱子，令她难受。虱子大约也是有的，只是每周搬家一次，也仍然未能寻到一个令张爱玲觉得没有虱子的合适之处，甚至每个月都要花掉两百美元专门购买杀虫剂。听上去实在令人费解，这个时候的她，大概已经患有强迫症（Obsessive-compulsive disorder）了。强迫症是严重影响个体日常生活的一种心理障碍，它以反复出现的强迫观念和强迫行为为主要临床特征。强迫观念表现在张爱玲总认为有虱子，强迫行为表现在她不停地搬家以及购买杀虫剂。这已经严重影响到了她的正常生活。

张爱玲的晚年孤寂又荒凉，就连死亡，都是在六七日以后才被人发现。1995 年 9 月 8 日中午，林式同接到张爱玲伊朗房东女儿的电话。她说：“你是我知道的唯一认识张爱玲的人，所以我打电话给你，我想张爱玲已经去世了！”当林式同看到张爱玲的那一刻，世界就此暗灭。他说：“张爱玲是躺在房里唯一的一张靠墙的行军床上去世的。身下垫着一床蓝灰色的毯子，没有盖任何东西，头朝着房门，脸向外，眼和嘴都闭着，头发很短，手和腿都很自然地平放着。她的遗容很安详，只是出奇的瘦，保暖的日光灯在房东发现时还亮

着。”（王臣，2016）

她走了，走得平和从容，走得寂静安然。

张爱玲晚年隐世，是防御机制过重的表现。所谓的防御机制，是指个人在精神受干扰时用以避开干扰，保持心理平衡的心理机制。最早由弗洛伊德提出，常在无意识（Consciousness）状态下使用，有如下几种：压抑（Repression）、升华、合理化（Rationalization）、否认（Denial）、反向（Reaction formation）、投射（Projection）等。良好、合适的防御机制能够使得我们更好地在身处的环境中生活，不良的防御机制则会加大我们的生活压力。张爱玲晚年与人几乎断绝一切来往，连自己最爱的姑姑也断绝了联系。同时又频繁搬家，疑心有虱子，都是因为防御机制过重以及焦虑，给自己带来了较大的精神以及生活压力。除此之外，上面提到的幽闭情节也是一个重要的原因，这种幽闭情节贯穿了张爱玲的一生。

人生如沧海一粟，热烈时已迈向淡灭，喧嚣时已度入无声，华丽一时转身是苍凉一世。死亡使一切人平等。时至今日，她终于能够合眼休憩，得自在，得安宁。不管世事洪荒，不管沧溟万里。今生今世，就是这样了。至此，世间再无张爱玲。（王臣，2016）

六、 结论与启示

关于教育：张爱玲的童年经历并不美好，缺失父母的关心照顾，造成她性格上的缺陷。因此我们建议家长们在孩子的幼年时期至青少年时期一定多多陪伴，用心教导。根据埃里克森的人格八阶段理论，清楚认识孩子所处阶段，根据不同阶段的特点对孩子加以引导。此外，家长在对孩子进行教育时，不能总关注孩子的缺点，要学会赞赏教育（Appreciation education），挖掘孩子的闪光点，对孩子们无条件积极关注（Unconditional positive regard）。

关于爱情：张爱玲的爱情并不美满，两任丈夫陪伴她的时间都很短。胡兰成给了她沉重一击，而赖雅却给了她温暖。作为家长，我们不需要盲目地反对孩子早恋，毕竟他们正处于青春期，是一个性萌动的年纪。我们应该教导他们正确认识爱情观，普及性知识，使他们在享受爱情甜蜜的同时能够正确保护自己。

关于生涯：张爱玲根据兴趣选择了自己喜欢的职业并大展风采，可见，兴趣对一个人的重要性。所以我建议学生家长们，多观察自己的孩子，跟他们多交流，了解他们的兴趣爱好，针对他们的性格爱好和性格特点选择合适的辅导班以及制定以后的职业规划。要相信，兴趣是最好的老师。如果孩子的兴趣还没有被发掘，可以鼓励孩子多参加活动，从活动中发现兴趣，并培养自己的兴趣。若孩子想以兴趣作为职业，即使发展前景渺茫，家长也不应过于反对。孩子需要机会，更需要磨炼，不让他们试一试我们怎么知道他们不行呢！

第五章　善变如何不君子：对梁启超的心理传记学浅析

一、引言

梁启超是影响中国近现代历史进程的重要人物之一，是一个百科全书式的人物。他“八岁学为文，九岁能缀千言”（《三十自述》），十七岁即中举并受乡试主考官李端棻赏识，以堂妹妻之（丁文江，赵丰田，2009）。后又奔走周旋于公车上书、戊戌变法、护国战役等一系列事件中，无疑他在中国近代史上留下了浓墨重彩的一笔，时谓有“陈胜吴广之功”。时至今日，学界对梁启超的思想、作品、贡献的研究并不在少数，传记作品亦是纷繁多样。本文旨在通过生涯心理传记的形式对梁启超这一非凡人物进行生涯心理层面的解读，探寻他的成长经历及背后的心理转变。

梁启超生活的时代，国将陆沉，救国志士四起，实践道路也不尽相同，于是彼此论战，偏偏梁启超与保皇派的恩师康有为貌合神离，又与革命派的孙中山不欢而散，甚而落得“流质善变”的评价，那么被时评为有陈胜吴广之功的梁启超果真善变吗？他又因何善变？

二、 中国极南之一岛民

珠江三角洲南端，广东新会县城往南的西江入海之处，江口七岛中央正是熊子乡，熊子乡南面距崖山仅七里左右，乡中五村，最大的便是茶坑村——梁启超的家乡。

据《新会县志》记载，新会的气候变化无定，一日之内，或雨或晴，或热或冷，更易只在顷刻之间。夏秋之交时，又常常有飓风来袭，有时几年一次，有时一年多次。而新会风俗则殊为难得，士人尊师重道勤于务学，并不追逐虚名。入仕者则以恬静谦虚为乐，以竞相比拼一心于仕途上攀为耻，崇尚门第，以节气为傲，慷慨好义。

1873 年，梁启超便诞生于此。

新会恬淡向学的民风无疑对幼时的梁启超产生极大影响，除此之外，家庭教育亦是关键的一环。

梁启超四五岁时由祖父和母亲教导，学习《四子书》《诗经》，他跟随母亲读书识字，夜晚则和祖父同睡一榻，听祖父讲述古代豪杰哲人的嘉言懿行。祖父尤其乐于讲述宋末明末国之将亡时涌现的忠义事迹。这对他的人格中浓烈爱国之情的产生形成了潜移默化的影响。

梁启超祖父梁维清对国家怀有深刻而浓烈的热爱，并将之传递给了自己最疼爱的孙子——梁启超。梁启超在《曼殊室戊辰笔记》中回忆受祖父户外教育的情形：

熊子乡中有一庙宇，其中收藏了四十八幅描绘历史上二十四忠臣、二十四孝子故事的古画，每年上元灯节，四十八幅古画就被小心地悬挂好以供乡人游览。而值此佳节时，梁维清便携孙子孙女们进庙参观，指点着给孙辈们说“这是朱寿昌弃官寻母的故事，这是岳武穆出师北征的时候”，每年如此，已成惯例。梁启超曾祖父的墓在崖门，每年祭扫时都乘着小船前去，沿途所经过之地都是南宋亡国时水军覆灭的古战场，途中更是经过刻有“元张宏范灭宋于此”字样的岩石。小船往返路上，梁维清常与儿孙讲述南宋旧事，讲当年忠义将臣悍不畏死、为国捐躯，讲那悲恸的崖山之战，陆秀夫背着小皇帝向海一跃，十几万臣民蹈海而亡……及至情切处，诵陈恭尹《崖门谒三忠祠》一诗：

山木萧萧风又吹，两厓波浪至今悲。
一声望帝啼荒殿，十载愁人来古祠。
海水有门分上下，江山无地限华夷，
停舟我亦艰难日，畏向苍苔读旧碑。

声调悲壮，令年幼的梁启超大为触动，那是他幼时最深刻最生动的户外教育。炽热滚烫的爱国壮怀从祖父这里，传递到梁启超心中，乃至多年之后，哪怕正失意低落，梁启超都回想此情景以勉励自己。童年经历对个体生命发展的影响至深至远（梅珍兰，2013）。童年是个体求知欲最旺盛、对外部环境的刺激最敏感、性格最具可塑性的一段黄金岁月，同时也是一个最脆弱、最容易受伤害的特殊时期。每个人的个性特征都是在童年时期形成的，并对人的一生产生重要影响。成年的各种行为特征、处事方式等都是源于童年的经历。

梁启超幼时由母亲赵氏教导识字。祖父母及父母都疼爱他，责骂都很少，遑论鞭挞。梁启超回忆道："我家之教，凡百罪过，皆可饶恕，惟说谎话，斯断不饶恕。"（丁文江，赵丰田，2009）梁启超六岁时，曾说谎一次，原因为何早已忘记，不久就被母亲发现了说谎这一过错。梁母在晚饭后唤年幼的梁启超到卧房，诘责盘问，极为严厉，命梁启超跪下受拷问，后又将他用力抽了十几鞭。梁母利用惩罚震慑梁启超后告诫他："汝若再说谎，汝将来便成窃盗，便成乞丐。"并把道理揉碎了掰开来细细讲给梁启超听：

"凡人何故说谎？或者有不应为之事，而我为之，畏人之责其不应为而为也，则谎言吾未尝为。或者有必应为之事而我不为，畏人之责其应为而不为也，则谎言吾已为之。夫不应为而为，应为而不为，已成罪过矣。若己不知其罪过，犹可言也。他日或自能知之，或他人告之，则改焉而不复如此矣。今说谎者，则明知其罪过而故犯之也。不惟故犯，且自欺欺人，而自以为得计也。人若明知其罪过而故犯，且欺人而以为得计，则与窃盗之性质何异？天下万恶，皆起于是矣。然欺人终必为人所知。将来人人皆指而目之曰，此好说谎话之人也，则无人信之。既无人信，则不至成为乞丐焉而不止也。”（丁文江，赵丰田，2009）

母亲的这段教诲，梁启超铭记了终生，并将其视作千古名言，极为重视。

皮亚杰认为儿童的道德认识是从他律道德（Heteronomous Morality）向自律道德（Autonomous Morality）转化的过程，他将儿童道德的认知发展分为三个阶段：前道德判断阶段（Pre-moral Judgment Stage）、他律道德或道德实在论阶段、自律道德或道德相对论阶段（Autonomous Morality Stage）。处于前道德阶段的儿童对事情起因只有模糊的了解，他们的行为受行为结果的制约（林崇德，2009）。年幼的梁启超正处于第二个阶段，他按是否遵从权威来判断是非。在说谎被发现前，年幼的梁启超并不认为说谎是不道德的事，因而有了说谎这一行为。而在他幼年时期的权威——教他读书识字的母亲，采取惩罚及语重心长的教导进行了强化后，他顺从母亲这一权威将说谎视作不道德，并在道德认知向自律阶段转化后成功树立正确道德观念。

梁启超不负祖父和母亲的教导，少有才名，未满六岁，已读完《五经》；八岁学作八股文，九岁即可作洋洋洒洒数千言八股文章。曾有客人出“饮茶龙上水”命他对，梁启超稍做思考答道“写字狗扒田”，受到客人赞扬。

1882 年梁启超刚满九岁，即被祖父和父亲做主送去广州考秀才。随舟而上，舟中满载读书人，梁启超最幼。一日中午，将飧餐之际，有人提议以餐中咸鱼为题吟诗作句，梁启超才思敏捷，率先答出“太公垂钓鱼，胶鬲举盐初”，既巧妙切题，又以典故寄托祝愿和志向，这一佳句使梁启超神童之名扬于新会。（罗文荣，1985）此次梁启超并未考中，但获得了开阔眼界的他回乡后读书更为勤奋。

他的勤奋努力显然取得了相应的回报。1884 年，十一岁的梁启超再次到广州应学院试，考中秀才。青出于蓝而胜于蓝，梁启超的祖父梁维清，穷其一生考取的功名也仅仅是个秀才；梁启超的父亲苦读数十年，甚至还未曾踏上这一阶梯。

而在收获成功的喜悦、父母宗族的赞扬之外，梁启超更是收获了前辈的垂青。

当时主考广东学政叶大焯接见取中士子，梁启超因祖父生日将近，向叶大焯请寿言，叶大焯挥笔如其请。一省学政乃三品大员，他的寿言悬于梁家客厅，不免让梁家人收获许多惊叹与艳羡。

根据埃里克森的发展理论，这一时期的梁启超正处于学龄期（7—12 岁），这一阶段主要的发展任务是获得勤奋感、克服自卑感，体验着能力的实现。儿童在这一阶段所学的最重要的课程是：体验以稳定的注意和孜孜不倦的勤奋来完成工作的乐趣。在这门课程中，儿童可以获得一种为他在社会中满怀信心地同别人一起寻求各种劳动职业做准备的勤奋感。在新会欣欣向学的风气影响下，在祖父、母亲的教导下，梁启超虽然经历了一次应考不中，但由此次不中，他克服内心的挫败，较好地获得了勤奋感，并通过自己的勤奋体会着能力的较好地实现，顺利过渡到建立自我同一感的青年期。

不得不说，梁启超拥有一个近乎完美的童年，家庭的教养和能力很好地实现带给他稳固而强大的独立性、自信心，他令人惊叹的才华此时已初露峥嵘，显出几分日后推动历史浪潮的不凡。

三、 从学海堂到万木草堂

说到梁启超，人们不可避免地想到另一个名字——康有为。

康有为（1858—1927），又称南海先生，自号“圣人为”，是近代中国向西方寻求先进知识的代表人物之一。

康有为从小就颇具救世之志。17 岁时阅读了《海国图志》《瀛环志略》等书，眼界大开，对变幻中的西方世界产生浓厚的兴趣，对传统的中国文化开始了反思，开始寻找改造中国的方法。1888 年，前往北京参加科举的康有为在国家政治中心更真实、更深刻地感受到民族危机，他认真分析社会矛盾，提出包含“变成法”“通下情”“慎左右”等改革方案的《上清帝第一书》，受权贵阻挠未果。1890 年，康有为全家迁往广东，于云衢书屋开堂授课，传播西方新思想，培养维新人才。1893 年，书屋迁至万木草堂。康梁这对师徒的羁绊正是始于此处。

1897 年，梁启超顺风顺水的人生中遭遇第一次重大变故，五月初六，母亲因难产去世，其时梁启超正在广州游学，当时没有轮船和电话，当梁启超得知消息并奔丧回乡时，因天气酷热，母亲已入殓。未能见母亲最后一面甚至未能送母亲出殡，梁启超后来表达这一憾恨："终天之恨，莫此为甚。"（丁文江，赵丰田，2009）母亲对幼年梁启超的教育对梁启超品德的塑造起到了重要作用，她在梁启超人生中的重要程度不言而喻。

考中秀才后，梁启超进入学海堂读书，四年苦读，到了"不知天地间于词章训诂之外，更有所谓学"的地步（丁文江，赵丰田，2009）。他从"舍帖括外无所谓学"的神童秀才，变成饱读经史子集、精通训诂词章之学的少年。梁启超虽然厌弃八股，但八股确为当时考取功名所必需的敲门砖。由是，1889年在祖辈督责下，梁启超参加乡试，并顺利取中举人。

1890年，在父亲的陪同下，梁启超前往北京会试，不第，于是返回学海堂求学。

1890年八月的一天，同学陈千秋向梁启超介绍了康有为的"非常异义可怪之论"，梁启超受到极大震动，并立即让陈千秋引他见康有为。梁启超后来这样描绘当时情景：

"时余以少年科第，且于时流所推重之训诂章学，颇有所知，辄沾沾自喜。先生乃以大海潮音，作狮子吼，取其所挟持之数百年无用旧学更端驳诘，悉举而摧陷廓清之，自辰如见，自戌始退，冷水浇背，当头一棒，一旦尽失其古垒，惘惘然不知所从事，且惊且喜，且怨且艾，且疑且惧，与通甫（即陈千秋）联床，竟不能寐。"（丁文江，赵丰田，2009）

这一次会面，使梁启超决然舍去过往所学，自请退出学海堂，正式请业南海之门，"生平知有学自兹始"（丁文江，赵丰田，2009）。

从深层次来分析梁启超拜师康有为这一举措，不难发现，其时梁启超正处于埃里克森八阶段中的青少年时期（12—18岁）。这一阶段正是寻找自我同一性（Identity）① 的时期。埃里克森将同一性视为一个需要从多角度探讨的复杂

① 自我同一性是指个体在特定环境中的自我整合与适应之感，是个体寻求内在一致性和连续性的能力，是对"我是谁""我将来的发展方向"以及"我如何适应社会"等问题的主观感受和意识。为了获得自我同一性，青少年必须在某种程度上整合自我知觉的许多不同方面，使其成为一致的自我感。引自林崇德主编：《发展心理学》，人民教育出版社2009年版，第346页。

概念，例如，它是“一种熟悉自身的感觉，一种‘知道个人未来目标’的感觉，一种从他信赖的人们中获得所期待的认可的内在自信”。埃里克森认为自我同一性的感觉是一种不断增长的信念，一种一个人在过去经历中形成的内在的恒常性和同一感（心理上的自我），一旦这种同一性的自我感觉与一个在他人心目中的感觉相配时，那么，就表明一个人的“生涯”是大有前途的（郭永玉，2007）。梁启超在这一阶段经历了母亲去世以及进士不第的打击，尤其是母亲这一在他童年有关键意义人物的去世，使得他在寻找自我同一性的道路上产生迷茫，这种情况直到梁启超在1890年遇到了“以大海潮音，作狮子吼”的康有为后才出现转机（丁文江、赵丰田，2009）。彼时康有为经过一系列尝试，坚定了教导出一批维新力量以图救亡的方向，会面时几句话打破梁启超旧学所囿藩篱，又指点给他此前几乎没有接触过、冲击力颇大的新学，这对空有爱国之情、偏于学海堂一隅未曾探索出任何道路的梁启超而言，康有为是那个最好的、最符合当时梁启超希望认同的自我形象的存在。跟随康有为学习、受康有为启发的时光里，梁启超获得了积极的自我同一性，形成了忠诚的美德（Virtue of loyalty）。而埃里克森把忠诚定义为：“使忠诚得到持久和保证的能力，尽管不可避免地存在价值体系的各种矛盾。”（郭永玉，2007）

四、 善变之君子

梁启超一生屡被诟病“善变”“屡变”“反复无常”，史称其“流质善变”，郭湛波评论说“梁氏……随时转移，前后矛盾”。如此纷繁评价，难免让人以为梁其实如“墙头草”，随波逐流，摇摆不定，没有一以贯之的恒心。固然梁一生“善变”，但作为后世看来第一个拥有现代人格的“人”，真的是随着时代的浪潮、随他人思想易而易的逐流之辈吗?

据梁氏学生回忆，梁启超有一句名言：“不惜以今日之我与昔日之我作战。”（吴其昌，2004）大略可以体现一二梁氏善变之缘由。

康有为曾在给梁启超的信中提到师徒二人个性差异：“总而言之，汝真一极流之质，吾一凝质，望汝后勿再流而已。”（王明德，2007）康有为自诩凝质，又兼是“最富于自信力之人，其所执主义，无论何人，不能动摇之”，梁

启超多次写文章登报谈自己"流质善变"，大肆宣扬，某种程度上，正是他身为弟子对其师的一种劝告。（梁启超，2009）

奔亡日本后，梁启超接受了大量西方先进思想，政见也发生极大变化，一度与孙中山接触，靠近革命派，此事被康有为遏止后，梁启超专心发动起义。起义失败后，兼受好友唐才常被杀的刺激，梁启超阅读了大量吉田松阴、穆勒、孟德斯鸠、卢梭等资产阶级思想家的著作，又受卢梭《民约论》的影响，抛弃维新变法理论，主张"破坏主义"等革命派激进思想。

康有为既惊且怒，写信痛斥梁启超是反复无常的"市井小人"，又竭力宣扬他的革命亡国论，二人互相难以说服，争论不休。此时梁启超去美洲游历了一次，激进的思想冷却下来，虽然又回到改良的阵营，但在他看来，只要能达到改良社会的目的即可。在辛亥革命的既定事实前，与其师不同，梁启超对共和政体表示了赞同。

艰难的上下求索显然不可被视作随波逐流。

孙宝瑄在《忘山庐日记》中说："盖天下有反覆之小人，亦有反覆之君子。人但知不反覆不足以为小人，庸知不反覆亦不足以为君子。盖小人之反覆也，因风气势利之所归，以为变动；君子之反覆也，因学识之层累叠进，以为变动。其反覆同，其所以反覆者不同。"

简单来讲，孙先生认为，梁启超的善变是因他学识、眼界、思想的变化而带来的。但孙先生只是指出了梁的"反覆"因由不同流俗，在孙看来"其反覆同"，梁启超的"反覆"行为仍与小人相同，且孙解释梁的"善变"为"反覆"，"反覆"一词意为变化无常，即，在孙先生看来，梁启超的变并未能一以贯之，此见解实则有失偏颇。梁启超所有的变其实是有一个贯穿始终的"一"的，他所有的变都出于贯穿了他一生的爱国热情，都围绕着同一个目的：报国救国。恰如梁启超本人所言："我的中心思想是什么呢？就是爱国。我的一贯主张是什么呢？就是救国。我一生的政治活动，其出发点与归宿点，都是要贯彻我爱国救国的思想与主张，没有什么个人打算。"（吴其昌，2004）

郑振铎在《中国文学论集》中也曾如此辩白：

"他（指梁）如顽执不变，便早已落伍了，退化了，与一切的遗老遗少同科了；他如不变，则他对于中国的贡献与劳迹也许要等于零了。他的最伟大处，最足以表明他的光明磊落的人格处便是他的‘善变’，他的‘屡变’。”

“路漫漫其修远兮，吾将上下而求索。”纵使放到现代来看，他的求索并不是完全的正确，但，他的贡献是无可置疑的。正如汗青上镌刻下的历史，虽有绕弯路的时候，但历史一直在向前。

五、 结语与启示

纵观梁启超一生，不难发现梁启超的祖父、父母在他幼年及童年中起到了关键作用，祖父用古代豪杰哲人的嘉言懿行、前往崖山时以身作则的户外教育熏陶出梁启超一腔沸腾的爱国热血，以至梁启超毅然投身救国，并在这条道路上走了一生；父母对他品德、才华的严格教育造就了日后著作等身、笔耕不辍的一代巨匠，使他即便退出政治舞台，仍能在学术研究上取得巨大成就。

梁启超固然在家中备受宠爱，但家人宠爱却不溺爱，这由其说谎受责罚一事可见一斑。而家长朋友们需注意的是，因童年期这一阶段儿童发展的主要任务是获得勤奋感，克服自卑感，需要细心引导儿童正视这一阶段遇到的挫折，适当给予儿童肯定和鼓励，让他们体会到自己能力的很好实现。

此外，应对儿童多加关注，按道德发展特点帮助儿童树立正确道德观念亦不容忽视。

第六章 李清照女性意识的心理传记学研究

一、 综述

李清照可以说是中国文学史上唯一一位堪与众多男性大家相媲美的女性文学家，她毫无封建女性的卑顺之气，卓然而立，把典雅的东方女性之美提升到一个新的境界。

李清照是一个词人，但她更是一个女人，她的存世作品不多，但都恰如其分地展现了她的女性意识。这些作品和她丰富的人生经历似乎足以提供一种机会和可能，让我们来对她的心理发展和作品进行深入的探究。

带着这样的理念，笔者开展了对于李清照心理传记的写作分析。

心理传记为我们提供了一个科学、系统的分析传主的心理发展的新方式。传统的传记大都停留在对传主经历的描写上，对于传主的人生阅历、决策原因等深层次的东西却停止涉足。心理传记学能够真正地从实验室中走出来，进入一个自然的世界，进入传主的生活脉络，了解真实的人性。

李清照给我们的印象大多是凄婉、愁苦的，这也是研究者最关注的方面。

无疑，在她的经历中有着很多苦楚，但是这些并没有阻碍她的创作，那么这些挫伤对她达到如此卓越的成就可能起到了一种什么样的作用？这是我们要探讨的问题之一。

若是只用心思细腻、忧愁思夫来总结李清照创作成就的原因便显得过于狭隘了，任何人的一生都不是三言两语能够说清的。李清照情思如缕，却又不乏天真活泼、清新明丽、忧国忧民。其卓越的才能及其成长背景，面对国破家亡时流露出的情态，不顾世人眼光再婚又离婚，这些对其人生造成重大影响的经历也是我们的关注点。

人是复杂的动物，人的活动可以从许多的角度来理解。目前来看，在为李清照所作的心理传记中，既包括一些有史料佐证的内容，还有一部分令人深深感动的境遇，也包括一些仍待考究但是极具趣味的解析。

本篇心理传记拟以李清照所处的环境为基，追随其多变的词风，及其笔下的花意象的情感内涵的变化，了解李清照坎坷一生中的心路历程。

笔者希望读者最后对于传主的评判不是出于个人对于传主经历的片面理解，而是来自一个全方位的宏观视野。借这篇心理传记，为欣赏抑或是对易安感兴趣的读者启示一条走进易安内心世界的新路，并以易安为鉴，指导自己的生涯规划。

二、 导读

她是误落人间的仙子，细嗅梅香，轻轻执笔，娓娓道来，柔情四溢；她本是天之骄女，怎奈造化弄人，美好转瞬即逝，国破家亡，乱世烽火，如梦初醒，飘零孤寂；她的一生，是一场绚烂的花事，孤独而灿烂（桃花潭水，2015）；才下眉头，却上心头，她将一生的爱与沉浮化作不朽的诗篇，永生于世间。

“大河百代，众浪齐奔，淘尽万古英雄汉；词苑千载，群芳竞秀，盛开一支女儿花。”她是千古风流人物李清照，一位将婉约词风推向极致的传奇女性。她的一生百转千回，她出生于女性地位低下的封建社会南宋，她的存世作品只有几十篇，她词风多变，她性情难辨。她究竟凭何成为中国文学史上占有举足轻重地位的女词人、凭何拥得“一代词宗”的美誉？

且让我们品着李清照的词，顺着那多变的词风走近她跌宕起伏的一生。

三、 李家有女初长成，雏凤清于老凤声

有“千古第一才女”之称的李清照是宋代婉约词派代表。现代学者郑振铎曾说：“李易安固不仅为妇女中之能文杰出者，即在各时代的诗人中，她所占的地位也不能在陶潜、李、杜，及欧阳修、苏轼之下。”在中国古代文学史的长卷中，在文坛中熠熠生辉的几乎都是男性，女性则屈指可数，似乎并不太受文坛接纳。南宋时代，封建礼教日盛，女性在这种社会条件下大都平平庸庸、循规蹈矩，甚至像陆游这样的热血爱国诗人也认为“才藻非女子事”，而李清照却在这样的条件下单枪匹马地闯入文学领域，成功占有一席之地，并且创造了中国古代文学史上的一个奇迹。“汉之蔡琰，唐之薛涛、鱼玄机已属凤毛麟角，但不能占第一流的地位，只有女词人李清照在有宋一代词人中占了个首要地位，独自博得个大作家的荣名。”

我们不禁想，李清照作为一名女子，到底是如何练就如此生花妙笔的呢？

首先我们来看早期经验对李清照的影响。所谓的早期经验是指主体在童年生活中所获得的生命体验。在个体心理发展中，早期经验起到极为重要的作用，它在很大程度上决定人一生的心理发展。它虽产生于主体对世界认知的初始时期，但却可以左右他们一生的情感与认知。

李清照成长于诗书之家，父亲李格非乃进士出身，精通经史，长于散文，是苏轼的得意门生，北宋“后四学士”之一，著有《洛阳名园记》。其母王氏乃宋仁宗时期科举状元王拱辰之孙女，知书达理，亦有文藻。自小便每日被书香熏陶的李清照，也展示出不同寻常的气质。李清照的父母除了在文化教育和个性发展上对李清照言传身教之外，也为她创造了远比当时其他女孩子更加欢心自在的教育环境。李格非的藏书很多，而且他并没有因为李清照的性别而限制她读书，还经常有意识地带回一些传抄的名家新作，大大拓展了李清照的眼界和见识，同时也激活了她的创作灵感。这对李清照人格的发展和良好心性的培养，以及文学创作都起着至关重要的作用。

“个体心理学”创始人阿德勒认为，每个个体都在不断地战胜、克服自卑，追求社会认同以及优越感，“我们每个人都有不同程度的自卑感，因为我们都发现我们自己所处的地位是希望加以改变的。没有人能长期忍受自卑之感，它一定会使他采取某种行动，来解除自己的紧张状态”。并且个体在儿童时期四五岁时就已经形成了他的生活风格，生活风格决定了一个人的生活态度、信念抑或是准则，它是以“原型”的方式潜意识地表现出来的，而原型的内容又包括人生的目标和实现目标的策略等。阿德勒坚信每个人都是独特的个体，有其独特的生活风格，至于儿童形成的是什么样的生活风格，则要取决于他的生活条件和家庭及社会环境：如果儿童体验到某种自卑感，那么他对这种自卑感的补偿就是他的生活风格；如果他把某人作为自己的榜样，或把某种现象作为自己的追求目标，那么他的生活风格就会在这种追求中得到发展。因此，人的思想、价值、动机、行为都带有生活目标的印记，尽管人们生存的外部世界是相同的，但由于每个人生存的具体环境不同，便形成了每个人各自不同的生活风格，形成了各具特色的人。

少年时期的李清照由于社会安定、家庭生活富足、事事顺遂，个人心情舒畅，加之高贵的出身，优裕的贵族生活，卓越的才华，使得正处于豆蔻年华的李清照乐观自信，故而其早期的词作大多格调清新、明快。其词作中塑造的少女形象极富人情味，真实可爱，富有生活气息，使人耳目一新，如少女时的易安一样，清新明丽，与众不同，如出水芙蓉。也许这正是少女时代李清照的人格，也是她最初向往的美好。

在李清照不多的现存作品中，描写少女情态的更是少之又少，然而这仅存的作品却从多角度给我们提供了一个鲜活的少女画像。《如梦令》：“常记溪亭日暮，沉醉不知归路。兴尽晚回舟，误入藕花深处。争渡，争渡，惊起一滩鸥鹭。”一个沉迷自然声色、洋溢着青春活力的荡舟少女形象栩栩如生。《点绛唇》：“蹴罢秋千，起来慵整纤纤手。露浓花瘦，薄汗轻衣透。见有人来，袜刬金钗溜。和羞走，倚门回首，却把青梅嗅。”少女内心情愫跃然纸上。她的词淋漓尽致、不遗余力地展示着女性的美，绝非男性居高临下审视女性，抑或是以怜悯之心看待女性的心态可比，展示着女性对女性的尊重与肯定、赞美与欣赏，毫无卑顺之气，孑然而立。

在某种意义上讲，就是李清照将自身少女时代的生活体验形式和生命形式转化为诗词，以诗词的形式来言说自身所处的现实生活世界，这也正是李清照初步以女性的眼光审视自己的开始。

此外，父亲李格非刚正不阿的个性也对李清照产生了极大的影响。李格非为人正直，疾恶如仇，是个眼里不揉沙子的人。他对社会上的不正之风气愤不已，自己也坚决拒绝与之同流合污。早在李格非担任郓州教授的时候，就有当地的郡守见其为官不久，少有积蓄，便提出让他兼职来增加收入。他没有动心，婉言谢绝了对方。

依据精神分析理论，女孩会因为对父亲的过度依恋而产生“恋父情结”，从而对“男性气质”产生崇拜心理，进而对“男性气质”进行模仿、融合。再者，李格非本就博学多才，以及李清照从小便受到李格非的支持、鼓励，更加剧了清照对父亲的喜爱和崇拜。

美国心理学家马斯洛在其1943年所写的《人的动机理论》中提出了著名的“需要层次理论”。马斯洛从整体上把人的需要分为两大类，一类是基本需要，这类需要主要有生理需要、安全需要、归属和爱的需要和尊重的需要；另一类是成长性需要，包括认知需要、审美需要和自我实现需要。马斯洛认为需要是分层次的，较高级的需要在较低级的需要满足之后才能出现。李清照自小生活条件优厚，衣食无忧，又是父母唯一的女儿，被视为掌上明珠，在其基本需要得到满足后，自然便开始追求更高级的需要，即追求对环境的深层理解，追求美，追求个人的潜在能力、天资在发展过程中的不断实现。

由于李清照的个性使然，又受父亲的影响，李清照自小就不是一个只会躲在深闺中整日绣花习礼的女子。早在她十六七岁的时候，李清照便曾经对张耒写“安史之乱”的一首《读中兴颂碑》作了两首和诗。在李清照的和诗中，她从大处落笔，深刻剖析了唐代之所以会发生“安史之乱”以及唐王朝军队之所以会一败涂地的原因。与张诗相比，李清照的和诗中女性立场的政治批判锋芒更加尖锐，将批判的矛头直指最高统治者——指出玄宗的骄奢淫逸才是天宝之乱的祸因，批驳张诗基于男性立场的女性祸国说，诗中不乏李清照对社会现实的关注和对国家命运的忧思。朱熹曾说“如此等语，岂女子所能”，李清照的同时代人王灼也称她“自少年便有诗名”，可见李清照卓尔不群的政治见识与胆魄，同时这也是李清照女性意识向外部世界转化的初步尝试。

精神分析心理学家弗洛姆将人格分为两部分。一是社会特征，指的是处于同一文化环境下的大多数成员所共同具有的特征，这种特征使得处于该社会文化中的成员常常以其社会要求的方式行动；二是个性特征，包括人格形成的先天因素和家庭环境的影响。李清照生活在等级森严的中国古代社会，封建思想在人们心中根深蒂固，女子在其道德约束下，循规蹈矩，理想也禁锢在平静的例常家居生活之中；而李清照因为受家庭熏陶，热爱读书，从书中了解了很多思想，没有像其他女子一样受到封建礼教的束缚，使得李清照拥有了非同常人的才华和观念，这便是李清照不同于同时代中其他人的个性特征。

与我们对一般古代女性弱不禁风、足不出户的印象不同，成长于书香门第的李清照，聪明灵动而又博文多学，没有被束缚在“三从四德”的狭窄空间，反而孕育出了与众不同的超前的女性意识。

四、 世上最好的爱与世上最难解的愁

李清照十八岁嫁与赵明诚。二人才情相当，志趣相投。李清照堪为赵明诚的知音，对于拥有超前思想的李清照，在那个男尊女卑教化的传统下，找到一位知音是一件多么不易又幸运的事。李清照在《金石录后序》中叙述了她初归赵氏时的情景：“（赵明诚）每朔望谒告，出，质衣，取钱半千，步入相国寺，市碑文果实。归，相对展玩咀嚼，自谓葛天氏之民也。”后赵明诚连守青州、莱州二郡，“竭其俸入，以事铅椠”，“每获一书，即共同勘校，得书、画、彝、鼎，亦摩玩舒卷，指摘疵病，夜尽一烛为率”。李清照所处的封建社会认为女子需要遵从三从四德，也就没有追求爱情的权利。黑格尔曾言“爱情在女子身上显得特别美”，这是因为女性将自己的全部的精神、经验都投入爱情或者说是婚姻上，封建时期的女性更甚，因为她们不具有清醒的自我意识、社会思维，即使有能力也无法施展，只能全身心投入爱情、婚姻。但是李清照却对爱情表现出强烈的追求，她与赵明诚二人一个长于文学，一个喜欢金

石，志趣相同，情投意合，收书考古，品诗论画，极尽唱随之乐。古人评价其：“自古夫妇擅朋友之胜，从未有如李易安与赵德甫者。”

面对一位翩翩少年的夫婿，正处于“自我同一性危机”时期的李清照，由于自我意识的觉醒，她需要能帮助自己整合理想自我的榜样，而与自己志趣相投的赵明诚就恰好担任了这个角色。在这一阶段，如果不能获得同一性，就会产生角色混乱和消极同一性，也就是个体不能正确地选择适应社会环境的角色，或者个体形成与社会要求相背离的同一性。同一性的确立，关系到一个人的发展，关系到他能否更好地适应社会，能否体验到自身价值以及人生意义。此时的李清照正需要寻求职业道路，发展与伴侣的亲密关系，形成与家庭联系的新方式，发展一切有意义的价值观以带到成年的生活之中，通过这些方式，她逐渐克服了“自我同一性危机”。美满幸福的婚姻生活，为李清照个性的持续发展提供了又一种良好的氛围和环境。李清照对生活更加充满信心，其自主、自强、自信的性格最终走向定型。

爱情的滋润给李清照增添了很多新的乐趣，这时的她文思如泉涌，一首首妙语纷沓而来。初体验婚姻甜蜜的李清照此时的诗词热情洋溢，大胆地表露了新婚宴尔的女子特有的柔情和缠绵，这也是她词风的第一次比较大的转变。

然而李清照与赵明诚却是聚少离多，深深的离愁别苦转化成了难以抑制的创作冲动：“花自飘零水自流。一种相思，两处闲愁。此情无计可消除，才下眉头，却上西楼”“生怕离怀别苦，多少事，欲说还休”“莫道不消魂，帘卷西风，人比黄花瘦”。李清照把这入骨相思都融进了一首一首的词中，冲破了封建的藩篱，大胆细腻地书写女性心理最真实的一面，百转千回，荡气回肠。

人们的学习和记忆与自己当前的心境状态有关，具有积极心境的人总是对令人高兴的感知觉、注意、解释和情绪信息的判断产生偏好，并且也能从记忆中回忆起更多令人高兴的材料；而消极情绪则相反。李清照日日思念，抑郁难安，所作作品势必也是忧愁的。

李清照一生爱花惜花，写下了不少咏花词，所咏之花甚多，梅花、桂花、菊花、梨花、莲花等。如《鹧鸪天》：“暗淡轻黄体性柔，情疏迹远只香留。何须浅碧深红色，自是花中第一流。梅定妒，菊应羞，画栏开处冠中秋。骚人可煞无情思，何事当年不见收。”李清照以桂花自喻，虽然桂花的颜色未必鲜艳，却馥郁芬芳，情韵绵长。《孤雁儿》：“藤床纸帐朝眠起，说不尽、无佳思。沉香断续玉炉寒，伴我情怀如水。笛声三弄，梅心惊破，多少春情意。小风疏雨萧萧地，又催下、千行泪。吹箫人去玉楼空，肠断与谁同倚？一枝折得，人间天上，没个人堪寄。”借梅花寄托沉重的哀思，抒写了无边的寂寞。李清照对于花的惜与爱，表现了她对精神世界的建构。

李清照存世作品不多，却为我们构建出了一个相对完整的从女性个人角度出发的世界，包括其少女时期的情态和生活意趣，婚后为人妻的酸甜苦辣，追求精神世界的丰盈，追求爱情，探索两性关系的平等，崇尚真情实感的袒露等。这不仅让我们看到其主体女性意识的流露，也用女性特有的细腻反映了一个女性的真实世界，映射出男性对女性描写的虚弱无力。郑振铎在《中国文学史》中评价说：“她是太高绝一时了，庸才作家是绝不能追得上的。无数的词人诗人，写着无数的离情闺怨的诗词；他们一大半是代女主人翁立言的，这一切的诗词，在清照之前，直如粪土似的无可评价。”

五、 国破家亡，颠沛流离

公元1127年，位于宋朝北部的金国长驱直入，攻占了北宋都城汴京（即今天的河南开封），将宋徽宗、宋钦宗父子捕获并押往金国为奴，北宋灭亡，史称“靖康之变”。时局的变化使得李清照与赵明诚二人也辗转流离多地，在这期间，经历了盗贼、兵变……李清照在青州故居归来堂中十几间屋子的珍贵收藏也都化为乌有。国家灭亡、文物被毁、远离故乡，这一系列的残酷事实对于李清照这样一个非常敏感的女词人来讲是极痛苦的。这年冬天，李清照暂时居于江宁，大雪一场接着一场。以往每当大雪飘零的时候，李清照都要戴上斗笠披上蓑衣约了赵明诚登到城楼上去寻觅诗句。这年她依旧如此，并作《临江仙》：“春归秣陵树，人老建康城。感月吟风多少事，如今老去无成。谁怜憔悴更凋零。试灯无意思，踏雪没心情。”以前的李清照是很喜欢写梅花的，每逢雪霁，她便会踏雪寻梅，为傲立霜雪的梅花吟咏，但现在只剩凋零的心灵了，即便逢雪也难以提起雅兴。

李清照与赵明诚这对二十八年相知相伴的夫妻情，于李清照四十六岁的时候画上了一个悲痛的句号。建炎三年五月底，朝廷起用赵明诚任湖州知府，赵明诚去建康时，正值酷暑，他只顾急忙赶路，不久便病倒了。性急的赵明诚吃了很多降温散热的寒性之药，病情不但没有得到控制，反而全部变成痢疾，腹泻不止，不久便驾鹤西去，留下李清照一人飘零于世间。赵明诚的离世给李清照带来了不小的打击，“叹庞翁之机捷，怜杞妇之悲深”，在赵明诚去世后的很长一段时间内，李清照都沉浸于对丈夫无尽的思念中，郁郁寡欢。

这两年，国家遭遇了大难，李清照的小家也遭遇了大难，国破之恨与家亡之痛一起压到了李清照身上。动荡岁月里李清照又该走向何方？

年近半百的李清照无依无靠，生活状况急转直下，一直依靠弟弟生活，这时张汝舟出现了，张汝舟是崇宁年间进士，当时在诸军审计司担任右承奉郎，他在李清照生病期间隔三岔五地来到李家看望李清照。此时身心都受到很大挫败的李清照面对这样一个给予自己慰藉的男人，又不想一直依靠弟弟生活，加上张汝舟的巧舌如簧，李清照最终接受了他，并且希望自己以后的生活能够安稳顺利。张汝舟迎娶李清照后，最初对李清照还不错。二人共同生活了两个多月以后，张汝舟的嘴脸就开始暴露了。原来，张汝舟死乞白赖地要娶李清照，是冲着李清照身边的文物而来的。对张汝舟的要求，李清照当然不能答应，因为那些东西是她与赵明诚共同的心血。张汝舟见来软的不行，便开始来硬的了。他疯狂地虐待李清照，甚至恶毒地痛打她，逼她就范。大宋《刑统》规定：凡是告发自己的父母、祖父母、外祖父母、丈夫，以及丈夫的祖父母的人，即便告发的内容属实，本人也要被判刑两年。李清照刚烈的个性使她最后告发张汝舟科举考试作弊的欺君之罪。她在给友人的信中说：“猥以桑榆之晚景，配兹驵侩之下材。”在封建礼教日盛的南宋时代，受社会环境影响，当时女性的思想依然处于麻木的状态，爱情和婚姻主要是“父母之命，媒妁之言”，结婚之后便依附于夫家过完自己的一生，这种传统思想使女性的身心被严重奴役。李清照胆敢做出再婚、离婚的举动可谓是惊世骇俗，但这也恰恰反映了她追求男女平权的努力，当断则断、敢作敢当。伴随着她的是十分具有说服力的美，举止之间始终透露着一种自信。

美国心理学之父、西方心理学鼻祖詹姆斯在《心理学简篇》中曾明白地写道："在不管我在那里思想什么，我多少对于我自己总有些知晓。所谓我自己，就是我的人格和人性的存在。"其根据自我在心理生活中的地位与表现，将自我划分为经验自我和纯粹自我，又提出了经验自我的三种成分：物质自我、社会自我和精神自我。

所谓物质自我，即我们的身体居于中心，由内向外，我们的服饰、直系亲属、家庭、家居以及财产等，都是物质自我的一部分。古代中国极其重视礼法，服饰考究，尊卑有别，等级森严，无论是在穿着打扮，还是在社交礼仪方面，都是相当合宜的。人的社会自我就是从他人那里所得到的注意和重视，对一个人加以注意和重视的人越多，他的社会自我也就越强大。精神自我指的则是对自己的心理倾向、能力、意志品质等的认识，这些东西是"自我的最持久、最密切的部分"。李清照不同于这个时代循规蹈矩的女性，她勇敢地和不合理的社会现象做斗争，挑战男权，不愿像其他人一样作为男性的附属物，承担传宗接代的使命，在禁锢下了却此生，而是要做自尊自强的独立女性。其在这个过程中表现出来的反抗精神和自我意识的觉醒对当时乃至千百年来的女性都有极大的意义。

在此以后，即使经历丧夫，再婚、离婚、破坏"社会规则"，面对别人对于"异类"的鄙夷的目光，李清照也没有使自己陷入悲惨的境地中无法自拔，而是努力走出困境。这应该得益于她超强的自我调节能力。班杜拉认为自我调节是个人的内在强化过程，"事实上，除了在某种强迫压力下，当面临各种冲突影响时，人们表现出强有力的自我导向……由于人们有自我指导的能力，使得人们可以通过自我的结果为自己的思想、情感和行为施加某种影响"。

自我调节功能并非轻而易举就能建立的。班杜拉认为在一个人的成长过程中，自我奖惩的标准可以通过以下几条途径获得：第一是模仿，通过模仿父母、同伴或权威人物的示范行为而获得评判标准，李格非在经历人生巨变之后，没有自暴自弃，而是以积极乐观的心态继续生活，这对李清照来说，也是一种积极的暗示；第二是标准内化，成长过程中，由于父母、教师或其他年长者对符合他们信念和标准的行为予以奖励，不符合者予以惩罚，个人就会将这些信念和标准内化为自己的标准，掌握道德的、伦理的评价尺度；第三是榜样作用，凭借榜样作用，学习怎样借助道德的要求或论点为自己的标准提供合理的依据，李清照从小把父亲作为榜样，父亲疾恶如仇、不与世俗同流合污的个性给李清照树立了标杆。

相比于那些被“君臣父子夫妇之义，皆取诸阴阳之道。君为阳，臣为阴；父为阳，子为阴；夫为阳，妻为阴”等礼教纲常和贞操道德观念的枷锁禁锢的传统女性，李清照能够在当时男性霸权的时代背景下冲出三纲五常的压制和束缚，实现自我人生价值，追求平等的地位、婚姻与爱情，这种强烈的女性意识对于当下部分依赖男性、不敢反抗的女性有着积极的警示作用。

六、 独立之思想，自由之生长

很多女性对现实的表达大多局限在自己的一方空间内，只在意自己的情感、经历。李清照的作品中不乏对自我的描述，但是她却没有沉浸在自己狭小的空间内，而是将目光投射到了更广阔的世界中，不仅有女性细腻的情愫，还有着强烈的社会责任感和抱负。

宋徽宗崇宁元年，也就是李清照初为人妇的第二年，徽宗亲书元祐党人名单，铭石于端礼门，永不录用。李格非既为苏轼余党，不久连同苏轼兄弟及“苏门四学士”一起，远谪边郊。而公爹赵挺之这时则因追随章淳而得意官场，并借机报复，大肆打击元祐党人，不遗余力，李清照上诗求他营救自己的父亲，他也无动于衷。人情易冷，世事苍凉，这对于初为人妇的李清照来说是个很大的打击。

李清照婚后第五年，赵挺之突发急病去世。她给赵挺之所书：“炙手可热心可寒。”赵挺之在官场的老对手蔡京，在赵挺之死后第三天以有人举报赵挺之“结交富人”为名，下令把赵家兄弟及其他在青州和开封的亲戚统统抓了起来。经过长达四个月的隔离审讯，蔡京没有得到任何有力的证据，七月才把人放了出来。在赵家兄弟被捕入狱的那些日子里，李清照又急又愁。她和婆母郭氏四处奔走，为营救亲人出狱想尽了办法、跑断了腿。这期间，她备尝世态炎凉，官场诸人的各色嘴脸，使她看到了以前书本中未曾看到的东西。

公元1127年，位于宋朝北部的金国长驱直入，攻占了北宋都城汴京，也就是今天的河南开封，将宋徽宗、宋钦宗父子捕获，押往金国为奴，北宋灭亡，史称“靖康之变”。康王赵构即位，称为宋高宗，从此，南宋时代开始。这场灾难是国家的灾难、民族的灾难，也是李清照的灾难。

在大宋王朝风雨飘摇之际，赵明诚的心灵也发生了扭曲。在李清照与赵明诚颠沛流离之时，赵明诚曾被任命为江宁知事。在一天夜里，城中发生叛变，可是身为知事的赵明诚不但没有以身作则镇压反贼平息叛乱，反倒自己用绳子从城墙上面沿下去，弃城逃跑了，叛乱被平定后，逃跑的赵明诚被朝廷罢了官。

李清照对赵明诚做出的丑事很是失望，丈夫被革职后，他们又开始了流亡的生活。他们沿江而上，恰好行至乌江河畔，李清照不禁想起曾经的西楚霸王项羽兵败逃到这里，有人搞来一只小船，让项羽渡江而逃。可是项羽因为自己的失败无颜再见江东父老，便拔剑自刎而亡，一身凛然正气，遂吟诗道：“生当作人杰，死亦为鬼雄。至今思项羽，不肯过江东。”

杜牧在《题乌江亭》中是这样说的：“胜败兵家事不期，包羞忍耻是男儿。江东子弟多才俊，卷土重来未可知。”在杜牧看来，胜败乃兵家常事，难以事前预料，能够忍辱负重才是真正的男儿。与杜牧所书不同，李清照不以成败论英雄，在她看来，士可杀不可辱，宁可悲壮地直面死亡，也不愿缩头缩脑地苟且偷生。在这首诗中，李清照的立场是十分明显的，一字一句，慷慨雄健、掷地有声，充满了“国家兴亡，匹夫有责”的大丈夫气。

社会心理学的先驱霍妮曾指出，由于女性被歧视，以及被暗示其劣于男性，便会不断地激发她的男性气质情结，表现为对男性的羡慕、嫉妒、渴望丢弃女性角色等心理。尤其是李清照生于封建时代，身为一名女性，即使胸怀天下、才华横溢，仍旧不被认可，无法施展宏图，这种无意识的情结更是深深地潜藏在她的心底，对她一生的行为都产生影响。

李清照一生中写过不少这种充满男性气息的作品，因此沈增值称她“倜傥有丈夫气”，确实是对她的真实写照。李清照面对国破家亡的悲惨现实，还能够关注社会、关注人民生活的疾苦，这种宽广的胸怀已经超越了女性主体的局限。即使她的作品中此类题材的存世作品不多，但其中表达的情感与态度，对于以往以及当今社会的女性对于自我价值的追求和实现，都有着不容忽视的借鉴意义。

从这几点纵观李清照的一生，我们也就不难理解她做出再婚、离婚这样的举动了。

李清照与张汝舟离异之后更加思念赵明诚了，江南局势渐趋稳定，李清照做好了要定居临安的打算，开始整理剩下的那些文物。特别令她欣慰的是，赵明诚编写的《金石录》手稿仍完整无缺地保留着。这部《金石录》，可以说是李清照与丈夫共同劳动的结晶。李清照抚摸着《金石录》手稿，默默下了一个决心：自己再将《金石录》仔细校订一遍，在有生之年，一定将其刊行于世，以此来告慰赵明诚的在天之灵。绍兴四年李清照总算是完成了这份使命。

绍兴四年十月，李清照避乱金华。经历波折与苦难之后，李清照的创作不但没有中断，恰恰相反，在这一时期她创作出了很多脍炙人口的作品。如《武陵春》："风住尘香花已尽，日晚倦梳头。物是人非事事休，欲语泪先流。闻说双溪春尚好，也拟泛轻舟。只恐双溪舴艋舟，载不动许多愁。"可见苦难并不一定会摧毁一个人，内心强大才是战胜一切的利剑。

绍兴十三年前后，李清照将赵明诚遗作《金石录》校勘整理，表进于朝。越十余年，约在绍兴二十五年，李清照怀着对死去亲人的绵绵思念和对故土难归的无限失望，在极度孤苦、凄凉中，悄然辞世，享年至少 73 岁。（荣斌，2010）

一代才女李清照就这样在人们不知不觉中走了，平常得就像一片秋叶飘落，一瓣黄花坠地。

七、 启示

从对李清照的心理传记分析，我们可以得到很多关于教育的启示：早期经验深刻影响着一个人的一生，而父母在其中则起到至关重要的作用，作为父母，应该给孩子树立榜样，引导孩子多读书，读好书，学会用批判性思维看待问题，发展自己的个性特征。根据马斯洛的需要层次理论，我们认为，家长首先要满足学生的基本需求，比如足够的安全感，被爱、被尊重的需要等，然后再引领其追求更高层次的需求，这样才能事半功倍。从长远角度来看，建立较强的自我调节能力在孩子一生的发展中也尤为重要，而孩子会通过模仿父母、同伴或权威人物的示范行为而获得评判标准，这也就需要父母保持自己积极、正面的价值观、人生观以及世界观，以及引导孩子掌握道德的、伦理的评价尺度，使其在日后面临各种冲突影响时，能够表现出强有力的自我导向。

第七章　李敖人格的初步分析及生涯启示

李敖是台湾著名学者和时事批评家、作家。他的一篇《给谈中西文化的人看看病》和胡适的《科学发展所需要的社会变革》共同引发了台湾中西文化大论战，影响波及当地整个社会；他的长篇历史小说《北京法源寺》一书获诺贝尔文学奖提名，成为台湾地区首位获得诺贝尔奖提名的人。他勇于挑战体制、对抗权威，在政治领域留下了浓墨重彩的一笔。他个性狷狂，在台湾政治会议上大喷催泪瓦斯，在演讲、采访及作品中语出惊人。他风流不羁，花甲之年公然和十七岁的绯闻情人接受电视采访。在思想禁锢的时代环境下，李敖的批判精神从何而来？他一生入狱六年、多部作品被禁，遭遇威权打压为何仍笔伐不辍、口诛不停？他身为公众人物，有妻有子，为何晚年仍风流不改？李敖究竟是怎么样的一个人？心理学认为每个个体的人格都具有复杂性，像李敖这样久经世故、勤学善思的批评家更是如此。本文通过整理搜集传主李敖的自传、书信、视频等第一手材料以及他人对李敖的回忆、评价等资料，尝试分析影响李敖人格形成与发展的因素，探讨李敖的生涯发展过程给我们带来的启示。

一、 批判形于童年

20世纪80年代，李敖对台湾社会现象具有强烈的批判精神，“以玩世来醒世，用骂世而救世”，一生出版百余本书，甚至被视为“中国近代最杰出的批评家”。李敖是文学界的狂生，他曾经说过，“每当别人问我最佩服的人是谁的时候，我就去照镜子”，他认为五百年来白话文写得最好的前三人——李敖，李敖，李敖，并自诩为“中国白话文第一人”。这个语出惊人的文化顽童，骂遍天下名人。有报道称，被李敖指名道姓、有证有据地骂过的就有三千余人，政治人物、娱乐明星、文化学者等都难逃李敖的口诛笔伐。他曾参与台湾、香港的一系列电视政论节目，针砭时弊。狂傲不羁、语言犀利的李敖，究竟是富有批判精神的斗士，还是哗众取宠的娱乐人物？

（一）观察学习

李敖父亲李鼎彝毕业于北京大学国文系，毕业后拒绝了吉林省政府公费留学的机会，回到东北家乡工作，与吉林女子师范毕业的张桂贞结为夫妻。在李敖出生前，母亲张桂贞一连生了四个女儿。1937年，李敖两岁时，李鼎彝带领着一家十九口人从日本军控制下的哈尔滨迁到了北平。李敖年纪小，加上又是家里添的第一个男丁，因此在大家庭里备受呵护。一家人住在东城，李鼎彝每天走路去西城上班，省下车钱，下班时买两块面包，一块给年纪最大的爷爷吃，一块给年纪最小的李敖吃。

李敖和爷爷的感情极好，他常看爷爷在后院动手搭棚子、亲自烧鸦片烟。爷爷名叫李凤亭，一生充满了传奇。李凤亭幼时闯关东到了东北一带，活了八十三岁，其中有六十年在东北度过，攒下了丰厚家业。曾经有一次，李凤亭凭借一根丈八蛇矛吓跑了墙外的一帮土匪。那天深夜，一帮土匪把家包围，在墙外大喊开门，把李敖大伯父大伯母吓坏了，不知如何是好。李凤亭处变不惊，他让李敖大伯父大伯母在屋里大声吹警笛，自己拿起一根丈八蛇矛，从前门跑到后门、从后门跑到前门，向土匪叫板，丝毫无让步之意。土匪们大概被这种不怕死的气势镇住了，商量了半天决定撤退。其间有一个土匪从墙头朝李凤亭开了一枪，子弹打穿了玻璃，打碎了窗台上的花盆，最后打到衣柜上，留下了一个圆坑。这个衣柜跟着他们家人搬迁，子弹留下的弹痕，是李凤亭的骄傲。

李敖佩服爷爷的勇敢强悍，多年后以犀利的文风著称、面对当局的打压毫不退缩、尝过牢狱之苦仍然充满斗志的李敖，认为自己的勇敢、强悍、精明、厉害、豪迈，是由佩服爷爷而来。

李鼎彝在西城法部做科员时，官运畅通，三四年间就升为太原禁烟局局长，负责查禁鸦片烟。五六岁的李敖跟着父亲到了太原后，在这里碰到的奇闻逸事不少，但对李敖影响最大的，是一个名叫温茂林的佣人。温茂林负责照顾他的一切，两人形影不离。温茂林对李敖的忠心是出了名的，李敖也很喜欢倔憨忠诚的温茂林。

在朝夕相处中，山西人温茂林的倔强个性，深深影响了李敖的处世为人。佣工温茂林对李敖性格发展起到很大作用。“山西对我的最大影响不是地，而是人，是一个山西人，名叫温茂林。”温茂林脾气耿直，是典型的倔憨又忠诚人物的代表。李敖得慢性盲肠炎时，需要手术治疗。当时人们大都相信中医，对西医的“开膛破肚”不能接受，六岁的李敖也怕开刀。温茂林便一边护着李敖，一边哀求李敖父亲。当他看到李敖被推进手术室时，伤心得死去活来。当李敖做错了事，憨直脾气的温茂林会怒目指摘他，但李敖依然很喜欢他。有一天，李敖看到桌子上放了几只带着画的旧式茶杯，便拿过来看。温茂林发现了，一把夺过，严厉地说：“这种东西，不准看！”原来那是春宫画。“我日后的一些耿直的脾气，深受他的影响。”六岁的李敖，其行为模式正在发展中，寸步不离的温茂林则是李敖观察学习（Observational learning）的榜样。通过间接经验的学习，温的言行给李敖很大的影响。

得益于父亲的耳提面命和北京的古都文化氛围，李敖小小年纪就有了宽阔的视野。李鼎彝不再担任太原禁烟分局局长后，又回到北京。他开始钻研学问。此时李敖七岁，进入北京的新鲜胡同小学读书。李鼎彝去图书馆有时会带着李敖。在父亲的影响下，李敖小学时就有买书、读书、藏书的习惯。他课余时间花在图书馆最多。李鼎彝还带着几个儿女跑遍了北京城。故宫、天坛、雍和宫、颐和园、庙会，都留下了他们的足迹。出身北大中文系的李鼎彝，对历史掌故了如指掌，李敖边听边看，增长了不少知识。

观察学习是班杜拉社会学习理论的一个基本概念。他认为观察学习是人的学习的最重要的形式。所谓观察学习，实际上就是通过观察他人（榜样）所表现的行为及其结果而进行的学习。李凤亭、温茂林和李鼎彝在不同程度上对李敖的心理发展产生了影响。李敖通过观察榜样所表现出来的不同示范进行学习。勇敢的爷爷，倔强的温茂林，勤奋好学的父亲，是幼年李敖直接接触的对象，也是李敖观察学习的榜样。他们在生活中的言行举止，对年幼的李敖无论是在价值、态度还是思想和行为模式方面，都起到了示范作用。李凤亭的大勇、温茂林的耿直、李鼎彝的勤学，经过李敖的观察学习，逐渐由间接经验成为李敖人格的一部分。这促使李敖具有了远远超出同龄人的知识背景，也形成了其强悍、豪迈、耿直的个性。

（二）父亲的教养方式

李鼎彝毕业于北大，在哈尔滨做过教师，在太原当过禁烟局局长，当他从政治纠纷中脱身、离开太原回到北京后，开始做研究，整日埋头于学问中。有时去图书馆看书也带着李敖。社会认知学习论认为，孩子在出生后就与父母朝夕相处，家庭是儿童观察学习的主要场所，李鼎彝对问题的看法、兴趣爱好以及无意行为都会对年幼的李敖产生影响，起到不自觉的示范作用。父子在图书馆读书的场景深深印刻在李敖的脑海里。

研究发现（McBride 等，2009），父亲与儿童一起游戏或参与儿童的学习生活可以有利于儿童的学业成就，父亲的教养行为对学业困难、需要补救的儿童作用最大。在新鲜胡同小学读书时，李敖因为痛恨日本对中国的侵略，不喜欢学日文，日文成绩很差。父亲对他说：“你恨日本侵略和学习日文，是两回事。学一样东西，总要学好才对。”李敖开始发愤学习，最后取得了一百分的日文成绩。

李敖六年级时给北京《好民国》杂志投稿，登出多篇文章。升中学时，他考取了北京四中的第一名，师大附中的第四名。后来转学，进入上海绮规中学学习时，李敖听不懂老师和同学讲的上海话，学业受到了影响。李鼎彝便每天晚上帮他补习。很快李敖就在班上名列前茅了。父亲李鼎彝的帮助对李敖的学习热情以及认真的学习态度具有积极的影响。

1949 年，李敖带着自己的五百多本藏书，随全家迁居台湾。一家人开销很大，从东北带来的资产已所剩无几。在入不敷出的情况下，李敖依然是家里的重点保障对象。拥挤的家中有特意为李敖读书学习留出来的一个小隔间。他也进入了台中第一中学读初二。学校图书馆藏书丰富，他以义务服务生的资格在图书馆“泡了四年”。也是在这个时期，李敖独立思考的能力开始显现。初中二年级时，李敖在思考旧历年的价值后，要移风易俗，不过旧历年。李鼎彝同意了：“好小子，你不过就不过吧。你不过，我们过!”于是，家人在除夕守岁的时候，李敖在呼呼大睡；家人吃着过年的大鱼大肉时，李敖在吃炒饭。李鼎彝没有责怪他。读高一时，李敖发表了一篇《杜威的教育思想及其他》的文章。他十分向往杜威的“进步教育”理论，反感台中刻板拘谨的教学制度。高三念了十几天，李敖提出了休学自习。李鼎彝说：“好吧，你小子要休学，就休吧!”还亲自跑到学校给教导主任说：“我那宝贝儿子不要念书啦!你们给他办休学手续吧!”不难看出，李敖在自由民主的教养氛围下长大。

李鼎彝的家庭教养方式（Parenting pattern）倾向于民主型。家庭教养方式是指父母在抚养、教育儿童的活动中通常使用的方法和形式，是父母各种教养行为的特征概括，是一种具有相对稳定性的行为风格。国内教养方式最常见的分类可参照鲍姆林特的分类，将家庭教养分为放纵型、溺爱型、专制型和民主型。民主型教养方式能给孩子适当的指导，给予中等程度的关爱和限制，能接受孩子的意见。李鼎彝对李敖严格要求与理解尊重相结合：一方面严于律己并对孩子严格要求，另一方面理解和尊重孩子，关切孩子的权利，给孩子自由。这种教养方式是最有益于孩子成长的。

在思想禁锢的时代环境下，李敖的批判精神从何而来？李敖的批判精神离不开父亲的教养。出身北大的李鼎彝，似乎把自由开放的校风融入了为父之道里。面对儿子提出的种种“无理要求”，他没有抹杀儿子的标新立异、与众不同，没有否定儿子独立思考的结果，而是采用民主的教养方式保护李敖的标新立异。李鼎彝的民主型家庭教养方式锻炼了李敖独立思考的能力，培养了李敖不迷信权威的可贵品质。李敖的批判精神在父亲的呵护下逐渐显现。

综上看来，我们便能推断出李敖的批判性从何而来。父亲的教育使年幼的李敖有着比同龄人更多的知识储备，同时养成了良好的学习习惯，形成了正确的学习态度，保持着“标新立异”的精神。李敖还有着超出同龄人的学习热情，这使李敖在同龄人中出类拔萃，对寻常的事物有着独特的看法。这种勇猛耿直的个性，使他在发现别人的错误后，毫不留情地指出来。

上学时期，李敖在课堂上最大的乐趣就是挑老师的错，而且毫无忌惮，经常和老师争得面红耳赤。据传，当年他台大毕业答辩时，进了会场，面前的三个教授一言不发，终于一个教授开了口：“李敖，你答辩通过了。”李敖很诧异，因为他还什么都没讲。那个教授又说：“我们知道一开口肯定会被你反驳的，所以还是不说了。”这时的李敖就已经有了批判精神，而这种批判精神使他若干年后在某种程度上推动了台湾社会言论的开放。

二、 世俗与理想，婚姻与爱情

风流才子李敖曾不讳言大谈喜欢女人的标准：“瘦、高、白、秀、幼。”诚然，那些与李敖有过浪漫传闻的女性，在才能或美貌上，都是百里挑一的女子。但你知道风流洒脱的李敖，也曾为情所困吗？你又是否知道，李敖一生为何多情于红尘之中？

（一）难忘初恋

高三刚读了十几天，李敖便因不能忍受中学的教育制度而自愿休学在家，常去泡图书馆，也是那一年，李敖遇到了相貌清秀的“罗”。李敖给“罗”写了很多情书，后来因故中断。在二十岁生日后两天，李敖父亲病故，那时的李敖受胡适影响，拒绝传统丧礼的习俗，不烧纸诵经，也不给来吊丧的人磕头。可想而知，人们对这种“不孝之事”是不能接受的，李敖承受着世俗的压力。这时，李敖收到了罗的来信，罗的理解和安慰，使悲痛之中的李敖深受感动，两人重续前情。等到李敖重考进入台大文学院历史系时，罗考进了台大理学院化学系，很快两人陷入热恋，罗在大二时直接转进了历史系与李敖同班。

当两人正在热恋之时，罗的家人出来干预了。罗一家人流亡台湾，经济来源于一家小杂货店。一家人对罗寄予厚望，这也是罗勤奋读书以改变命运的动力。罗父母的思想并不封建，他们不反对女儿找对象，但坚决反对女儿找个穷对象，李敖刚好被卡住了。李敖不信教，罗一家人都是虔诚的基督徒，这就构成了罗的父母兄妹强烈反对二人的借口。李敖和罗有一对刻了名字的石印，两人把它作为爱情信物分别珍藏着。罗的父亲发现后，把刻有罗的名字的那颗磨去名字，退还给李敖，而她的母亲更为无情："你将来阔到了做总统，我们也不上你门；你将来穷到了讨饭，讨到我们家门口，请你多走一步！"李敖在老师同学眼中是潇洒才子，但在罗父母眼中一文不值。罗父母的态度深深刺激了李敖。罗是孝顺的女儿，抵挡不住父母的坚决反对，在李敖和父母中，她选择了后者。两个相爱的年轻人，最终走向了不同方向。

当所爱之人离去，李敖感到前所未有的沮丧。

一天傍晚，同学们外出了，李敖一个人躺在床上。年轻气盛的他万念俱灰，感到了从来没有过的绝望。一个人可以鄙视钱，把钱看得狗屁不是，但感情再神圣，碰到钱的阻碍，竟也一筹莫展，这也许就是做人的最大失败。他孜孜不倦，苦苦钻研，探寻人生的意义，当一个人不能爱他所爱之人，人生还有什么意义？（傅宁军，2010）

他悄悄吞了一瓶安眠药，等待死神的来临。所幸被同学发现送去医院，把他从死亡的边缘拉了回来。

（二）同一性危机来临

多年以后，李敖对大学阶段的自我评价为"相当吃力"。

原因是"世俗的我"和"理想的我"的冲突："在内心深处，我高蹈自负，以超人自勉自许；但现实上，我没有足够的力量完全摆脱或操之在我，因此，年复一年陷在冲突局面里。总结是，在历史系四年，其实是我一生中最不满意的阶段，我缺乏令我折服的友情、缺乏稳定的爱情、缺乏经济能力，那是我一生中精神上最不从心所欲的阶段，比中学时期，尤有过之。"（李敖，1999）

李敖曾在《大学札记》《大学后期日记》等书中励志自勉："我已完全选定了一种新的信仰与生活方式，我每日的精神极好，从不疲惫地大踏步走向前去，我的里程碑永远是同样的三句话：做一个像样子的人！做一个有光彩的人！做一个活泼泼的人！"这种自我勉励减轻了李敖失恋的痛苦，但他的同一性危机（Identity crisis）没有得到解决。

埃里克森认为，具有建设性机能的健康自我必须保持一种同一性，即自我同一性（Self-identity）。它常常出现在青年的后期。埃里克森八阶段理论认为，在12—20岁这一阶段，青少年最重要的发展任务是获得自我同一性。他把自我同一性的另一个极端称为“同一性混乱”（Identity disorder）。李敖正是陷入了同一性混乱中。我应该成为什么样的人？我的理想和追求是什么？诸如此类难以解决的问题折磨着李敖。选择采用自杀的方法来回避问题，说明李敖没有从同一性混乱中走出来，他陷入了同一性危机。所谓“同一性危机”，是指否定了原有的未分化的、未成熟的、朦胧不清的自我，但又尚未找到新的自我，自我处于矛盾和冲突中。李敖文采斐然，自命不凡，在现实中却受到罗父母的无情打击。自己所向往的爱情，最终因自己不是出身富裕之家而夭折。李敖对精神层面的追求和现实中的困境，产生了巨大的矛盾。他在寻找自我的痛苦中挣扎和呼喊着。

埃里克森把20—24岁这一阶段划分为成年早期。他认为该阶段的发展任务是获得亲密感（Intimacy）以避免孤独感（Loneliness），体验着爱情的实现。在这个时期，只有具有牢固的自我同一性的人，才敢于同他人建立亲密的关系。亲密是指与他人发生爱的关系，把自己的同一性与他人的同一性融合起来。李敖从与“罗”失恋的阴霾中走出来后，接下来的几段恋爱经历并没有给他带来希望和信心。李敖没有形成牢固的同一性，在恋爱中自然也不能和对方的同一性融合。恋爱中的亲密关系，经历了一次次的破裂和重建。这说明李敖的同一性是混乱的，他遭遇的同一性危机一直没能得到积极的解决。

（三）危机后的混乱

李敖曾有过一段短暂的婚姻。在他四十五岁的时候，李敖和影星胡因梦相识，两人很快便结了婚。那时的李敖以《独白下的传统》复出，是一鸣惊人的才子；胡因梦被称为“台湾第一美女”，是与林青霞齐名的电影演员。他们的结合万众瞩目，但两个人的婚姻仅仅持续了三个多月。1980年8月28日，婚后3个月22天，两人签下了离婚协议书。

1992年，57岁的李敖与小他30岁的王小屯结婚。这是他的第二次也是最后一次婚姻。即使结了婚，李敖仍拈花惹草。李敖对自己的玩世式爱情引以为傲。

他的情感经历真的值得骄傲吗？前面提到，李敖在大学阶段，也就是在他20岁到24岁的这段时期，经历了同一性危机。这种危机未从根本上得到积极的解决。李敖失恋后经历的几段感情都不长久，未能和对方建立稳固的亲密关系。这使李敖丧失了自信。这也导致了他在后来的恋爱关系中，看似充满魅力，实际上却无法打开内心，无法和建立亲密关系的异性交换信任。没有牢固的同一性，李敖无法与异性维持长期的、稳定的亲密关系，最终导致了他两性关系的混乱。

李敖为什么喜欢年纪轻的女人呢？李敖接受采访时表示，美女有五个特点：瘦、高、白、秀、幼。他最注重的便是“幼”。初恋的失败使他陷入了同一性的矛盾与混乱中。心理冲突如何解决？李敖采用了转移的心理防御机制。所谓转移是指，用另一个目标作为替代品，从而安全地释放或满足冲动。李敖初次恋爱发生在大学初期，恋爱对象年纪轻、秀美。恋爱失败后，他便选择“瘦、高、白、秀、幼”的女人，来替代初次恋爱的未被满足的需要。转移的心理防御机制（psychology defense mechanism）很好地满足了李敖的冲动，以至于他在花甲之年依然喜欢年纪轻的女人。

李敖为何有如此多的女友？李敖在回忆录中提到了多位女友，给读者留下一种风流多情的形象。但在前妻胡因梦看来，李敖“在示爱上既保留又腼腆”。“你别看他在回忆录中把自己写成了情圣，甚至开放到展示性器官的程度，其实所有夸大的背后都潜存着一种相反的东西。”李敖不能接受自己多次恋爱失败的经历，不能接受自己曾因失恋而自杀的现实。他不能接受自己的软弱。于是，他便通过和不同的人谈恋爱来证明自己恋爱的能力，把自己营造成一种玩世不恭的风流形象，以保护自我形象和自信心。这是反向作用的防御机制。反向作用是自我为了控制或防御某些不被允许的冲动而有意识地做出与自己想法相反的举动。李敖通过反向作用的防御机制使自己内心的冲突达到平衡。

三、 锻炼男子汉的地方

军队和监狱，李敖都有刻骨体验。

(一) 困顿时期踏入军队

1959 年 9 月 7 日，24 岁的李敖此时还没有度过那场同一性危机，他告别台大的老师和同学，开始军人生涯。从踏进军营的第一天起，李敖就开始了他的军中日记，日复一日，挥笔不辍，一直到离开军营的最后一天。这段时期的日记是李敖一生中最完整的一段记录，同时也使李敖养成了每日写作的习惯，思想得到了一次沉淀。

李敖当预备军官，先在凤山陆军步兵学校受训半年。后来下部队，李敖被调派到十七师四十九团，当了近一年的排长。他与最底层的老兵泡在一起，远离了学院书卷，接触到了中国民间的质朴纯真。

李敖把这段军人生涯，看作是人生中的重大转折。他带着失望的心情走出大学进入军队，带着解放的心情退伍归来，重返校园。他认为这段军人生涯是最好的磨炼与生活，他认真地从中汲取经验。在军队中的磨炼与困境也使得李敖养成了不消极、不退缩、不屈服、不鬼混的品质。

1961 年 2 月，李敖退伍，暂时的山居赋闲时光后，为维持生计，他曾在学校做过助理，曾在文献会编纂开国史料，而他真正施展拳脚的地方是《文星》。李敖在《文星》大声呼喊自由主义，以其辛辣的文笔揭露国人性格中的保守与平庸，讽刺国民党当局的腐败与丑陋，引起了强烈震撼。《文星》被查封后（后面有说到），李敖当不成主编，他便一本接一本地出书。李敖的畅销书很多被官方查禁，不光在书店查封他的书，还跑到印刷厂封他开印的书。但李敖是打不垮的，不让卖文为生，他便暂别文坛，贩卖电器。

(二) 心理韧性助渡难关

“如要锻炼一个能做大事的人，必定要叫他吃苦受累，百不称心，才能养成坚忍的性格。一个人经过不同程度的锻炼，就获得不同程度的修养，不同程度的效益。好比香料，捣得愈碎，磨得愈细，香得愈浓烈。”（杨绛，2014）杨绛的“和谁都不争”与李敖“一个也不宽容”的处世态度天差地别，但杨绛先生的这句话却在李敖身上得到了极好的验证。

1971 年 3 月 19 日晚上，李敖被捕，第一次坐牢 5 年 8 个月。李敖在狱中是孤独的。好友的落井下石，失去自由的痛苦，离开爱人的不舍，李敖承受了太多，但他绝不让自己被自己打倒。他要求把自己关在没有光、没有谈话对象的“黑牢”里。在那里他每天走两个小时来维持身体健康，其余时间用来沉思，思考许许多多、大大小小的问题。牢里的后半期他可以看书。他便在狱中读完了两套百科全书，重读了一次二十五史。他的《大英百科全书》上，每一页上都写满了密密麻麻的眉批和感想。他出狱后在金兰大厦闭关六个月，不见任何访客。他不出门一步，报纸、杂志和食物都从门旁的小洞放进去。他以此来弥补和社会长久的隔离。46 岁时李敖再次入狱六个月。第二次坐牢，李敖是笑着去的。1982 年 2 月，李敖出狱后半小时即召开记者招待会，发布狱中笔记：《监狱学士城？——第二次政治犯坐牢记：〈天下没有白坐的黑牢〉》，揭露了台湾监狱的黑暗及不为人知的秘密，在社会上掀起了轩然大波。出狱后的李敖展示给人们的不是弱者的形象，而是战士的姿态。

李敖为何打不垮？他在谈坐牢的哲学时，曾引用甘地的一句话：“朋友们不需要惦挂我。我觉得自己像一只快乐的小鸟，在这所能做的并不比外界少。我留居在此，对我有如入校。”李敖在狱中的良好适应及狱后的发展反映了其极好的心理韧性。目前学术界对心理韧性的概念还没有统一的认识，主要存在三种定义：结果性定义、过程性定义和品质性定义。其中结果性定义着重从发展结果上定义心理韧性，认为心理韧性是一类现象，这些现象的特点是面对严重威胁个体的适应与发展仍然良好。李敖凭借本身的心理韧性度过了漫长的牢狱生活。监狱生活带给李敖的还有友人的背叛、爱情的离去等消极生活事件。但李敖没有自暴自弃，而是用笔伐不辍、口诛不停的实际行动向人们证明他是打不垮的。心理韧性在李敖身上得到了很好的体现。

四、 斗士还是小丑？偏执型人格障碍

漫长痛苦的牢狱生活使得李敖高度自律，出狱后的李敖没有吸烟、看电影等消遣，也极少参加聚会，大部分时间都待在他的书房里。监狱使李敖对未来

变得更坚定，不自由的日子也使他变得惜时如金，监狱生活使后来的他坚持每日写作，成为一个“高产作家”。但出狱后的李敖，疑似患有偏执型人格障碍。

从李敖的作品中，读者看到的李敖是风流、狂妄、不畏强权、极具批判精神的形象。但一家之言不能代表事实。与李敖交往过的女友中，胡因梦因其公众人物的身份，有机会给大家展现了一个不一样的李敖：牢狱之灾后，李敖不再信任他人，就连与胡因梦的婚姻也带着猜疑和防卫。

从常见的线索或事件中，李敖会解悟出隐含的贬低或威胁性意义。胡因梦在家中喜欢光脚走动，脚底经常是灰黑的，李敖对此反应十分强烈，“对他来说简直是一项不道德的罪名”。“又有一次，胡因梦把洗净的切菜板搭在厨房纱窗上晾干，李敖又是一阵歇斯底里的嚣叫，说切菜板从十二楼掉到地面有重力加速度，如果正好砸在过往的行人头上，一定会砸出脑浆来，那就要赔大钱了!”

无论对妻子还是朋友，李敖都难以信任。有一天胡因梦户外慢跑回到家中，李敖问她出去做什么，她便如实相告。李敖说她出去慢跑时一定会跟路上的男人“眉来眼去”，让她以后不要再跑了。对妻子缺少信任，对待朋友更甚。李敖连写信给朋友，都会把自己写的信留下一份影本，他解释说这样才知道自己写过了什么。

李敖的行为有时很危险。他和胡因梦婚后两人常争吵，李敖为了压抑情绪，经常吃镇静剂。有时他在开车，在马路上会猛加油门，要和胡因梦“同归于尽”。1980 年 7 月 23 日，胡因梦的母亲写存证信函警告李敖。信中写道，李敖“影射因子是妓女”，以“你这个人我今天就应该要揍你一顿!”“今天，我要用香烟头烧你!”“二十分钟内你回去了我就揍你”等话语恐吓胡因梦。

李敖对他人的伤害是不予宽容的。他和胡因梦两人离婚后，李敖表示，“对每一个破坏我婚姻的人我要跟他干到底”。从李敖打过的官司中也可以看出他的“不予宽容”。李敖在 1997 年《李敖回忆录》里写道：“在萧孟能被我反击，使他入狱两次后，我第三次告他，最后最高法院果然判决萧孟能要第三次坐牢了，他告李敖一次，最后反弹之下，自己竟奉陪得过了头。——世之好跟李敖为敌者，有如此萧！”

李敖的行为满足 DSM-IV 对偏执型人格障碍（Paranoid personality disorder）的诊断标准。监狱中的犯人因其经历的独特，容易形成这种人格障碍。李敖曾经承认，遭受的压力越大，就越激进。他的偏激与年龄无关，而是与坐牢有关。因坐牢而形成的偏执型人格障碍使李敖在具有批判精神的基础上言行更加激进。

五、 文学之路

李敖以思想的敏锐、谈吐的坦荡、见解的犀利自成一家之言，杂志、电视节目皆有成就，书籍代表作有《北京法源寺》《传统下的独白》等。其文旁征博引、谈古论今，批判色彩浓厚，喜爱调侃、幽默风趣，嬉笑怒骂皆成文章，让人称赞。怪杰李敖是如何走上文学之路的呢？

（一）兴趣与职业选择的关键人物

关键人物会影响孩子的职业选择，李敖父亲李鼎彝便是李敖在择业选择方面的关键人物之一。李鼎彝有着京师大学堂的学习经历，在东北家乡极受重视，被聘为东北大学的讲师，而且兼任哈尔滨吉林六中校长，并在吉林女子师范和吉林大学兼课。在北平期间，带着几个儿女跑遍了北京城，故宫、天坛、雍和宫、颐和园都留下了他们的足迹。李鼎彝是北大中文系毕业的，对各种历史掌故烂熟于心，李敖边听边看，增长了不少知识。李鼎彝是国立北平图书馆的常客，有时也带着李敖去。李敖对历史与文学的热爱，大概始于此时。当一家人辗转到了台湾，仍是步履维艰。李鼎彝在北大国文系同学的帮助下，又重拾旧业，找到了一份台中一中国文教员的工作，一家人的生计才有了着落。李敖受父亲的影响，对历史、文学产生了浓厚的兴趣，在李敖退伍时，有去母校台中一中谋教职的打算，因名声太“臭”，没有做成。

Super 的运用在生涯发展上的生命全期理论，关心的是个人在一生当中，处理生涯问题时的各种成长和变化。Super 非常重视孩童在自我概念发展过程中的关键人物。对儿童而言，关键人物包括父母、老师、公众人物以及他们在社区里经常会接触到的一些人。而父母对自己工作的满意程度会影响到孩子对父母职业的渴望。父亲李鼎彝从事着李敖能观察到的职业——教师，他便成为李敖心目中的关键人物。当孩童模仿关键人物的行为时，他们也可能会就自己的适合程度，进行修改或取舍，这样的过程正是孩子发展自我概念的重要过程。自我概念对生涯探索至关重要。

兴趣是李敖选择职业的一个关键因素。李敖自小就喜欢读书、写文章。他初二时参加全台中市第四届全市语文演说竞赛，得初中组第二名。高一时参加台中市论文赛、本校论文赛，皆获第一名。高二时参加庆祝第三十届国际合作节征文，得了全台湾第一名。他在中学时期发表过《杜威的教育思想及其他》《生也有涯知无涯》，还写了《学习英语的目的》《诸葛亮的军政》《毋忘在莒的出处》等。高三休学后，李敖还在家里写了不少文章。此时的李敖，在思想上受了严侨、胡适、殷海光等的影响，成了一个成熟的自由主义者。就这个时期而言，李敖开始倾向于兴趣上的选择，知道自己喜欢什么，兴趣得到了发展。对儿童来说，影响选择和排斥生涯决定的主要因素正是兴趣。

（二）职业生涯初探索

当李敖上完大学、结束军队生活后，李敖便开始了职业生涯的探索阶段。

李敖一开始想站在三尺讲台做一名教师，无奈被拒。为了维持生计，他做过学校的助理，曾在文献会编纂史料。但他不想他的人生在无意义的忙碌中度过。他曾在日记中写道：“做点有性灵的事，说点精炼过的话，写几篇真正属于李敖自己的文章，无牵无挂，重此顽生，不亦快哉？”此时的李敖找到了工作的方向。

人们有一定的时间会经历过探索阶段、立业阶段、守成阶段和卸任阶段，但是一个人也可能在一生当中的任何时候，经历某一种阶段，或者也可能在一个时期里经历所有的阶段。探索阶段的努力范畴包括了解职业信息、选择生涯方案、决定职业以及开始工作。李敖找到了他的“战场”——《文星》。《文星》杂志是1957年由萧孟能、朱婉坚夫妇开办的。1961年冬天，李敖投稿《老年人和棒子》一文到《文星》杂志，后又发表《播种者胡适》《给谈中西文化的人看病》，三篇文章定乾坤，李敖在思想文化界刮起一场旋风。李敖很快就步入了立业阶段，一般来说，立业阶段指由一份工作的开始，建立起自己的工作，也就是工作生涯的开始。

（三）守成阶段仍创新

守成阶段所处的状况并不是提升自己的工作地位，而是维持自己的工作地位。这一阶段的次阶段有掌握期、跟随掌握期和创新期。其中创新期指的是在个人的专业领域上有所进步。个人可能不只要学习到新的事物而已（跟随趋势），更重要的是，还要在这个领域中，做出一些新的贡献。1963 年 7 月，李敖接任《文星》主编。李敖曾得意的回忆道："《文星》为中国思想趋向求答案，在挖根上苦心焦思，在寻根上慎终追远，在归根上四海为家，定向方面的成绩，至今空前绝后，没有任何杂志和书店超过他。"在李敖的带领下，《文星》很快从众多报刊中脱颖而出，一跃成为台湾畅销杂志。李敖写文章获得了丰厚的回报，他不再是个穷学生，在"寸土寸金"的台湾，有了房子容身，有了车子出行。但李敖仍然不改写作初衷，他的文章直指台湾的社会现实，表达了一个年轻知识分子对于中国文化的深层思索。

（四）卸任阶段和循环

《文星》深受读者的喜爱，直至国民党当局下达查禁《文星》第 90 期的通知，矛头直指李敖。《文星》被正式查封后，李敖在杂志主编这一职业生涯中被动进入了卸任阶段。

Super 理论中有一个基础概念——循环，即在任何时候，个人都有可能重新循环再经历一遍这些阶段。Super 认为，有很多人在他们一生中的不同时间里，会重新评估自己的生涯计划，当他们这样做的时候，他们就又回到了探索阶段，重新评估自己的价值观、兴趣和能力。Super 认为并不是每个人都遵循以上阶段来过这一生，上文也只是分析了李敖的一段生涯经历。

《文星》被查后，李敖当不成主编，他便一本接一本地出书。李敖的畅销书很多被查禁，不光在书店查封他的书，还跑到印刷厂封他开印的书。但李敖是打不垮的，不让卖文为生，他便暂别文坛，贩卖电器以维生。之后李敖被捕，在长达 6 年艰苦孤独的牢狱生活后，李敖凭借出版的《传统下的独白》复出文坛，掀起了"台北纸贵"的热潮。后来，在凤凰卫视开播了《李敖有话说》，开始了李敖的“口诛笔伐”时期。此后，一颗文坛巨星在台湾这片土地上熠熠生辉。

（五）“老顽童”的谢幕

从1995年开始，更多的人通过电视节目制作认识了李敖。他主持包括《李敖有话说》等超过十档脱口秀，出镜过的节目更是不计其数。在他最火爆的时候，曝光量甚至能超过娱乐圈的当红明星。话题度高的李敖，不仅经常光顾杂志娱乐版，更是政治版面、社会版面的常客。

2018年3月18日，李敖与世长辞，享年83岁。李敖从中国现代思想史上的一个掠影，幻化为大众娱乐时代争议丛生的记号，终以一个因“率真”而被时代铭记的“老顽童”的形象谢幕。

六、 启示

李敖的性格除了先天性的遗传因素外，榜样人物李凤亭的勇猛和温茂林的耿直对他产生了重要影响。民主型的教养方式、特殊的时代环境及长期牢狱生活的压抑，是李敖极具批判性的重要原因。父亲民主型的教养方式培养了李敖的批判精神，而坐牢的经历让他患上偏执型人格障碍，表现出对他人的普遍的猜疑和不信任，以及更为激进的批判性。初次失恋的经历使李敖遭遇同一性危机，他通过与不同的年轻女人谈恋爱来满足自己的冲动和信心，这也导致了李敖两性关系的混乱。良好的心理韧性帮助李敖度过多年的牢狱生活，也让李敖成了“打不垮”的人。李敖的父亲是他生涯发展中的关键人物，受父亲的影响，李敖对历史和文学产生了浓烈的兴趣。兴趣是李敖生涯选择的主要影响因素。

孩子的自我认知能力对生涯发展至关重要。当孩子对自己的知识、能力、个性、特长等有一定的认知基础时，可以树立合适的生涯发展目标。李敖自小学时期便跟随父亲游遍北京的名胜古迹，同去图书馆看书。年幼的李敖对历史和文学产生了浓厚的兴趣，也有了一定的知识积累。他喜欢读书、写文章，从小学六年级时开始投稿。在不断发表文章的过程中，他明白了自己喜欢的是什么，自己的长处在哪，对自我有了一定的认知。经过不断积累，26 岁的李敖在《文星》杂志上发表《老年人和棒子》等文章，在思想界刮起一阵旋风，继而在文星书店开始了一段意义非凡的生涯发展。

家长应鼓励孩子发展自己的兴趣。了解自己喜欢什么及发现自己与别人的不同之处，有助于自我认知能力的培养与发展。通过不断地了解目标的各种信息，针对性地进行学习，从而实现自己的理想目标。建议家长帮助孩子从小树立职业规划意识，培养孩子的自我认知能力。孩子升入大学后，家长应与孩子共同探索未来生涯发展的方向。

第八章 心与理一，知与行和：王阳明的心理传记学分析

一、 导读

本篇以王阳明为例，用生涯理论结合心理学多个流派的理论，来解读一代思想家王阳明创立心学的心路历程。在对王阳明心学理论的形成过程和理论本身解读的过程中，我们针对个体生命历程中的细节去寻求个体的差异性和独特性，旨在追求对个人生命独特性的理解。这会给教育学和应用心理学带来一些启示，但启示并不等同于普遍规律，因此，我们将谨慎探讨心理传记在个人自我发展、生涯规划的应用问题。

王阳明在个人思想受到严重压迫的明朝参悟出在当时看来别具一格的心学：概括来说，心学思想的三个方面为致良知、心即理以及知行合一。为什么悟道的是王阳明？他是如何做到致良知的？心学为什么受到人们的欢迎？本章以心理传记学的角度来剖析王阳明传奇的一生。

明朝自明太祖朱元璋起便应试仿宋“经义”，对科举制度、文体有明确要

求，成化年间（1464—1487）逐步对应试文体的格律、步骤、内容做出规定。成化二十三年（1487）起实行八股取士，考试内容只考《四书》，规定文章观点必须与“朱圣人”朱熹相同，极大地限制了新内容新思想的出现。在这样的科举制度之下，文人往往“两耳不闻窗外事，一心只读圣贤书”。明末清初著名思想家顾炎武曾评价说：“八股之害等于焚书坑儒，而败坏人才有甚于咸阳之郊。”

然而在这样的时代背景下，明朝中期出现了一位伟大的思想家——王守仁，也就是后人所熟知的王阳明。他没有一味地遵守所谓的正统思想，也没有将自己的信条暗暗掩埋，而是将他的思想贯彻其中，并作为一种新的学说传承下去。这个新的学说就是“心学”。心学对后世产生了重大影响，直到今天也在中国思想界占有重要地位。王阳明的成功有着一定的偶然因素，但更多的是必然。本章从心理学角度来看王阳明为何能突破桎梏，实现他的人生理想。

二、 少年：生而不凡，志广心宽，年少有为

王阳明出生于明成化八年（1472）。这一年，中华大地算不上平静。正月，兵部尚书白圭进言欲以十万大军征讨鞑靼，宪宗允行，明军接连战败；同样是正月，四川荣县爆发农民起义，政府积弱，接连战败；安南（今越南）数次越界，犯广东、广西、云南边界；七月，东南沿海发生大规模水灾，江海暴溢，毁沿岸良田庐舍畜产不计其数。明宪宗朱见深和他的政府焦头烂额。

但这些天灾人祸没有波及浙江余姚王华家。这年九月十三，王华的妻子怀胎十四月后终于生下一名男婴，这就是后来的王阳明。传闻王阳明出生前的夜晚，祖母梦见有神人自云端将婴儿送下，因而取名“云”。王阳明家世显赫，父亲王华，成化十七年状元，官至学士、少詹士。祖父王天叙是当世大儒。可以说，幼年的王阳明有着一个优越的学习环境。

（一）初蒙学时的顽皮

王阳明5岁前不会说话，但已经将祖父经常朗诵的书籍熟记于胸。有个高僧路过他的家，见到王阳明，摸了摸他的头说了些什么，之后王天叙根据《论语》所云“知及之，仁不能守之，虽得之，必失之”为他改名“守仁”，

随后便开口说话。当他开口说话后，常常追着祖父问东问西，将祖父问得难以招架。王天叙意识到，自己的孙儿似乎对任何事物都有一种令人难以置信的求知欲。好在王天叙并不是一个刻板的人，他乐意于引导孙儿学习感兴趣的事。

王阳明七岁时迷上了象棋，几乎将自己埋在棋盘上，就连吃饭睡觉洗澡走路，身边都要摆着棋谱或者拿着棋谱才行。

如此废寝忘食，王阳明几乎忘记了自己还有儒家经典要读。可是父亲王华看不下去了。此时王华冒出来训斥他：整天琢磨这些小伎俩，是违背圣人的教诲。

王阳明一本正经地说："我正是在遵循圣人的教诲啊。"

王华冷笑："你老子我是秀才，圣人说过的每句话我都背得滚瓜烂熟，我怎么从没听过圣人让鼓捣象棋的话？"

王阳明摇头晃脑地说："您说象棋是'小技'，但孔夫子说过，即使是小的技艺，也一定有可取之处（'虽小技，必有可观者焉'）。这不是在告诉人们，可以钻研象棋这种小技吗？"

王华被气得胡子抖了两下，说："你断章取义的功夫还真不错。孔夫子这句话下面还有句话，你可记得？"

王阳明当然记得，但他摇头。

王华冷笑："真是学艺不精。孔夫子下面的话是：但对远大的事业恐怕有影响，所以君子不从事这些小技艺（'至远恐泥，是以君子不为也'）。"

王阳明假装恍然大悟："孔夫子是个性情活泼的人，他肯定支持人钻研小技。后面那句话大概是后人加上去的，应该不是孔夫子的话。"

王华的胡子又抖了起来。

此时便可看出，除了能够集中注意力，王阳明还有一个特点，就是不拘泥于现世条条框框，虽带了孩童的顽劣，但不畏权威，也敢于表达自己的想法。这两个特点，在王阳明的一生中都未改变。

这样的特点是怎样养成的呢？我们可以从心理学的角度来看。

心理学强调注意（attention）的两个特性：指向性和集中性。指向性指人在每一瞬间，他的心理活动或意识选择了某个对象而忽略了另一些对象（彭聃龄，2011）。当人的注意力指向某一特定目标时，会占用注意资源，而显得无暇顾及其他事情。王阳明的事就是注意力高度集中的典型表现。而注意力集中是众多成功者都具有的品质，因为只有注意力足够集中，才能对正在做的事情进行深度加工。

儿童正处于大脑发育不成熟的阶段，对于儿童来说，要集中注意力是件比大人要困难的事情，儿童时期也是培养注意力的关键时期。可偏偏，当儿童沉浸于不符合家长期望的事情时又往往被打断。其实，家长对儿童的干扰极有可能是造成孩子注意力难以集中的原因，而这体现在生活中的许多方面。

在读这部分的读者们，想象一下这样的场景：一个七八岁的孩子在看电视，他很专心。这时候妈妈坐到他身边，问："宝贝在看什么呀?"孩子没有理睬，于是妈妈继续追问……这样的场景是否很常见？其实，孩子一开始没有回答并不是因为他反应木讷，很可能他是注意力高度集中以至于没有意识到妈妈的问题，而妈妈经常在孩子全神贯注时打断他，就会造成孩子的注意力容易被打断或者跑偏。这对注意力的培养是十分不利的。

而王阳明小时候有专门的读书时间，教授他念书的王天叙则不会去打断他的思考，即使童年时期的王阳明偶尔"思想跑偏"。加上他自身对文学十分感兴趣，这样就养成了良好的注意习惯。

那为什么王阳明能在幼年时就不惧权威，敢于和父亲讲道理呢？首先，就是此时的王阳明已经记下了许多祖父背诵的书，并且有了自己的思考。也就是说，他的阅读背诵，并不是去死记硬背圣贤书中的语句，而是去探求句子本身的思想，只不过小孩顽劣，加之理解能力有限，他将圣人的话带入自己生活中，就有些"跑偏"。其次，这也是王天叙引导式教育的功劳，他并不限制王阳明的思想，不去阻止他进行自己的"创造"。

（二）金山赋诗

直到王阳明的母亲趁他睡觉时将象棋扔进河里，王阳明对象棋的热爱才被扼杀。为此，年仅 8 岁的小王阳明还作了首诗来哀叹象棋的"凄惨"下场：

象棋在于乐悠悠，苦被严亲一旦丢。
兵卒坠河皆不救，将帅溺水同时休。
车马千里随波去，相士和川逐浪流。
炮响声音天震地，象若心头为人揪。

此时王阳明作的诗还很是一般，但对于七八岁的孩童来说已是不易。但到了王阳明十一岁的时候便是另一重境界了。成化十七年（1481）王华高中状元，王阳明与祖父一同入京，路遇王天叙在镇江的诗友，众人游览金山寺，难免要吟诗作对，谓以风雅之趣。有人提议以“金山寺”为题作诗，当众人搜肠刮肚时，王阳明已然诗成：

金山一点大如拳，打破维扬水底天。
醉倚妙高台上月，玉箫吹彻洞龙眠。

这可不像十一岁孩子作的诗，当场就有人提出了质疑，便又以“明月”为题，让王阳明现场作诗。

山近月远觉月小，便道此山大于月。
若人有眼大如天，当见山高月更阔。

虽是白话，却已暗含“心学”的思想：打破陈规，突破过往的思维定式。人所见即所思，所悟即所望。这也是王学思想的萌芽。

（三）确定人生理想与塞外出游

话说回来，自象棋被母亲扔进河里，王阳明断了对象棋的念想，但也绝对没有按规矩往下走。这个天资聪颖的孩子可不会只摇头晃脑读圣贤书，他读圣贤，也能读出“幺蛾子”来。

王阳明喜欢思考，他在读书的时候就遇到问题了。有天，他在一本正经地问私塾先生：“何谓第一等事？”

先生想了想，回答说："第一等事就是读书做大官。"这在当时看来是个标准答案了，明朝知识分子都是以通过科举入仕做官为终生理想。

王阳明不这么想，于是他就说出来了："我不这么认为，我觉得第一等事应是读书做圣贤。"

从这里可以看出王阳明的成就动机（achievement motivation）与众不同。成就动机是一种"克服障碍，施展才能，力求尽好尽快地解决某一难题"而学习的内在推动力量，即对成就的追求。麦克里兰（D. C. Mc-Clelland）和阿特金森（J. W. Atkinson）提出了成就动机论。

麦克莱兰认为，成就动机是一个人的稳定人格特质。人的记忆中存在着与成就相联系的愉快经验，当外界情境能引起这些愉快的体验时，就能激发这个人的成就动机。他指出，成就动机强的人对学习和工作都非常积极，能够控制自己不受环境影响，并且能更好地利用时间。

王阳明的成就动机来自他对圣贤之道的追求、对真理的追求，而不是外界强加给他的"做大官"。因为只有在为追求真理而学习的过程中，他才会感到愉悦。

现代认知教育心理学家奥苏贝尔（Ausubel. D. P）提出了课堂成就动机理论。他认为成就动机有三种类型：①认知内驱动力（内部学习动机），是一种渴望认知、理解、掌握知识以及陈述和解决问题的需要。②自我提高内驱动力，是凭借自己的能力或成就而赢得相应地位的需要，这种动力在青壮年时期会随年龄的增长日益增加。③附属内驱动力，学生为得到家长或老师的赞扬而学习的动机就是附属内驱动力，随年龄增长这种动力会逐渐降低。（彭琼，2013）

王阳明的动机属于第一种和第二种，正因如此，他才有用不完的精力去研究什么是道，才能在万难中坚定自己的道路。

然而当时像王阳明这样的少年才子不在少数，为何只有王阳明成了一代伟大思想家？只有才智和动机是不够的，王阳明的高明之处在于他做到了知行合一，这正是他达成理想的一个重要因素。

王阳明要做圣贤，于是他开始思考。什么是圣贤呢？王阳明的答案就是书中的标准答案：为天地立心，为生民立命，为往圣继绝学，为万世开太平的人。但是怎么才能成为圣人呢？为天地立心，太空了；为生民立命，太远了；为往圣继绝学，太大了……那就为万世开太平！要为万世开天平，就要有经略四方的军事才能。对！军事才能！

就这么愉快地确立了理想，王阳明开始为他的理想而努力了。为了“经略四方”，他上学堂也不专心了，后来干脆逃课去跟人玩军事游戏。制作了数面小旗，摆上沙盘，王阳明则作为指挥官居中调度。指点江山，挥斥方遒，这个时候的王阳明胸中志向已在天下大势。

王华对此依旧冷脸，认为王阳明是不务正业，于是拿出家长威严，要体罚王阳明。每到这种时候，王天叙都适时出来阻止，王华是孝子，不敢违抗父亲。

王天叙对王华讲道理：“人才不是管出来的。”

王华谨慎地反驳：“但人才是教育出来的。”

王天叙就反击道：“最好的教育是引导，不是你这种强制管束，你应该顺着孩子的习性去教育。我这个孙子将来必有大成，不是你所能体悟到的。”

王华摇头苦笑，他实在看不出这个有点多动症、喜欢吹牛皮，整天都在搞“小技”的孩子将来能有什么大成就。（度阴山，2014）

王华还真的想错了。

王天叙的这种引导式教学在现在看来是值得提倡的。这种观念的转变与著名教育心理学家布鲁纳（Bruner）的学说有关。布鲁纳认为学习有接受学习（Reception learning）和发现学习（self-discovery learning）两种学习方式，发现学习是主动的、以兴趣为引导、探索式的学习，也是现代所提倡的学习方式。发现学习的一般程序是：创设发现问题的假说——对假说进行验证——做出符合科学的结论——转化为能力。王阳明在学习“小技”时的学习方式就是发现学习，他找到自己喜欢做的事情，开始对这件事情提出各种各样的假设，然后想办法解决。（莱西著，2017）在这个过程中，王阳明获得的能力是由自己的大脑对外界深度加工得到的，已经由表面文字知识转化为内在技能，这种技能会对人的方方面面产生影响。

王阳明的少年时期，并没有像其他读书人一样被磨灭创造力，王天叙的引导式教育起着重要作用。

除了钻研排兵布阵，王阳明还苦练骑射，到了一定程度后他又开始计划实地考察了。大明边境常受蒙古骚扰、劫掠。1486 年，年仅十五岁的王阳明私出居庸关（明军事要塞），目的是实际接触蒙古人，找到打退蒙古的方法。

然而年少多才的王阳明并没有完成他来边境的初衷。他对那些豪爽勇敢的外族人并无恶意，在与他们接触的过程中，王阳明迅速和蒙古人打成一片，借机深入了解蒙古的生活习惯和骑射技巧。后来王阳明甚至在蒙古人组织的射箭比赛上拔得头筹。或许当时大明典籍对蒙古的信息有所记载，但纸上得来终觉浅，王阳明的实地考察一定会为他带来额外的收获，这是读书得不到的宝贵经验。

从蒙古回来，王阳明又开始思考一个重要的问题：自己纵使有才华，可是没有实战的平台呀。

三、 青年：坎坷仕途　心学顿悟　再度起复

王华对少年时期的王阳明，有一句评价是“三心二意”，这倒是事实了。最初是儒学典籍，到后来象棋、骑射、军事策略甚至道教教义都能让这个不省心的儿子着迷。虽然每次一腔热血在学习的过程中就被王华扼杀了，王阳明受到的影响确实是贯穿一生的。

道教之于王阳明就是这样的存在。王阳明在七八岁接触道教养生术之后，道教就在王阳明的心中占有一席之地，并且七拐八绕地对心学的诞生产生了巨大的作用。正应了那句话：

风起于青蘋之末。

在他的青年时期，有两件事看上去微不足道，却对王阳明心学的产生奠定了基础。心学不是完完全全地“横空出世”，它在此时已经开始发育。

第一件事总是遭到人们的议论。那就是他曾在新婚之夜失踪。

彼时王阳明虚岁十七，正是要成家的年纪。他按照长辈的意愿到江西南昌与江西布政使参议（相当于副省长）的女儿诸氏成亲。就在成亲当晚，王阳

明居然出走了。当然不是离家出走，他对自己的人生感到迷茫，漫无目的地在街上游荡，然后，他走到了一处道观。

抬头看，高大的观门上题着三个大字：铁柱宫。

就是在这个晚上，在这里，王阳明遇到了一位“活神仙”。这位活神仙已有九十六岁，鹤发童颜，眼神清明。有好事者赠号“无为道者”。老者脸色红润，这与王阳明因受到肺病折磨而发青的脸色形成鲜明对比。

王阳明与之对话，顿觉惊艳，忙请教活神仙有什么养生之法。

老者笑答道，静坐。

“养生之诀，无过一静。老子清净，庄子逍遥。唯清净而后能逍遥也。”

王阳明大喜，他认为自己得到了养生的秘诀，就是通过静坐放空心灵，心理清净，就能进入逍遥境界，长生不老……他一激动，就开始和道长谈起自己对道教的研究，二人相见恨晚。王阳明畅谈到东方露出鱼肚白，仍然毫无倦意。

直到道长问他，是哪里人士、为何而来时，王阳明才猛地想起，昨夜是他的新婚之夜……

这件事再次让我们充分感受到王阳明投入一件事后的专心程度。

静坐，就是这看似没谱的两个字，让王阳明仿佛得到了什么秘笈仙方。许多年后，王阳明依旧记得，要成功，先静坐。

（一）关于格物致知的实践

次年秋，王阳明带着妻子诸氏离开江西南昌，要回浙江余姚。途经广信（江西上饶）时，他拜访了当时的大理学家娄谅。娄谅也把静坐当作深入理学的敲门砖。

王阳明拜访娄谅，是为了请教那个困扰了他数年的问题：如何做圣贤。

他问娄谅：“为万世开太平是不是通往圣贤之路的捷径？”

娄谅大摇其头，险些把脑袋摇了下来，说：“不是，绝对不是。你说的为万世开太平是‘外王’，只有先‘内圣’了才能‘外王’。所以要成为圣人，必须锻造自己，然后才能去做圣人做的事。”

王阳明再问：“怎样才能成为圣人呢？”

娄谅一字一字地回答："格物致知。"（度阴山，2014）

格物致知，也就是程朱理学的治学方法的高度概括，意思是仔细研究某样事物然后得到真知。

那个产生重大影响的第二件事同样令人咂舌。王阳明在得到娄谅的答案后，开始一本正经地思索如何格物致知。他想起娄谅说的一草一木都有道理，于是打算从草木开始格起。他首先选定了竹子作为"格物"的第一件事物，而他格物的方法是——盯着竹子看。

王阳明拉上他的一个同学，一起盯着竹子看了三天。三天以来，两人几乎成了竹林里的两棵竹子，也没盯出个所以然来。同学放弃了格竹子，王阳明咬牙坚持，到第六天，他都出现幻觉了。

他体力严重透支，却什么都没有参悟。几天后，他反省过来，不是自己有问题，是朱熹的"格物致知"有问题！

这想法简直惊世骇俗。照王阳明当时的分析，朱熹说天下万物都有其道理，道理要格出来，但是天下万物这么多，他就是格到死也格不完，又如何成为圣人？就算灵光一闪能参悟竹子的道理，但万一它是错的，或者干脆不被自己认可，该怎么办？思来想去，王阳明总算得出结论——自己走朱熹格物致知的道路，是行不通的。也就是从此，他不再对程朱理学狂热了。

格物致知真的是错的吗？当然不，只不过王阳明用错了方法。如果一个现代人想要格竹子，他会查阅竹子的生长习性，用解剖工具将竹子的不同组织分离，放在放大镜下观察。可惜了，王阳明并不知道这些方法。

幸好，王阳明不是会在一棵树上吊死的人。

（二）步入仕途

1492 年王阳明乡试高中，却在次年的会试中落榜。究其原因，是王阳明未在八股文上下功夫。落榜后的王阳明又开始在佛教与道家中寻求成为圣贤的方法。1495 年回到北京之前，他认识了一位叫作许璋的居士，并跟随其学习兵法，得到了许璋的真传。王阳明"经略四方"的志向又燃起了希望。以至于他在回到北京参加会试前，并没有认真钻研八股，而是依旧沉醉兵法。1496 年会试，王阳明再度名落孙山。

这一年，距离他拜访娄谅已经过去了九年，他又重新开始攀登程朱理学这座高山。他看到朱熹的一句话：“居敬持之，为读书之本；循序致精，为读书之法”，意思是虔诚地坚持唯一志向，循序渐进，是读书的根本方法。至此，王阳明才终于明白自己的毛病，就是始终不能坚持唯一志向，总是在各家学说中跳来跳去。

1499 年王阳明通过会试，步入仕途。冬季，钦天监夜观天象，只见一流星向北逝去，这些人认为是天象昭示边疆战事恐有变数，于是上呈弘治帝。当时王阳明奉旨外出安葬前威宁伯王越，回朝上疏论西北边疆防备等八事（奏折名为《陈言边务疏》），向皇帝献策。

那份奏疏谈了许多问题，又拿出了一份解决方案。弘治帝觉得这个人心性才华都不错，就任命他做个刑部主事吧！

真是造化弄人。随后王阳明授刑部主事，在江北等地决断囚狱。在刑部，王阳明作为部门二把手，去巡视了刑部牢房。王阳明踏进牢房，只见狱卒的鞭子和木棍上沾着陈年累月的血迹，犯人们一个个蓬头垢面、虚弱不堪，墙角地面是蛇虫鼠蚁争夺的地盘。这番景象，不似人间，倒像是地狱了。下属牢头倒是见怪不怪，说：“锦衣卫的牢房可比这里可怖。”王阳明当时只是感慨锦衣卫定是吃人不吐骨头的地方，却没料到自己有天也会进去“做客”。这都是后话了。

王阳明随后因病请求归乡。弘治十七年（1504），起用授兵部武选司主事。

（三）忤旨被贬

明武宗正德元年（1506）冬，宦官刘瑾擅政，并逮捕南京给事中御史戴铣等二十余人。为了震慑官员，刘瑾杖杀了这些官员们的领头蒋钦，午门外的地面上粘上了血肉，时刻提醒着满朝文武这个大太监有多受皇帝信任。一时间人心惶惶，无人敢在此时出头。

明朝的文人和宦官素来不和，盖因文人多自恃清高，他们觉得与宦官来往有失身份，而宦官大都清楚自己要上位只能靠媚上、变通，也不愿与酸腐文人为伍。两方时常互相攀咬，斗成了习惯。然而这一次与大多数情况不同，这一次仍是文人与宦官斗，同时也是正派和邪气的斗争。

此时正派正是势头被压制，无人敢出面的时候。王阳明见正义之士被压迫，他们需要一个声音来唤醒良知，于是，他当了这只出头鸟。王阳明上疏论救，而触怒刘瑾，被杖四十，从小到大没受过大罪的王阳明几乎灵魂出窍。打完了，他被抬到锦衣卫大牢，直至1507年春才被释放。

他被谪贬至贵州龙场（贵阳西北七十里，修文县治）当龙场驿栈驿丞。同时，他的父亲王华也被赶出北京，调任南京吏部尚书。

明朝的行政班子自朱棣迁都后就有两套——在南京和北京各有一个完整的六部，但皇帝北京才有。被派去南京的官员，有些是因为年纪大了又德高望重，被皇帝派去南京荣养，他们往往在南京受到优待，因为不用做什么工作；另一类人，就是被派到南京坐冷板凳的，有些不受重用、遭排挤的官员会被发配南京，相当于被夺了实权。王华就属于第二类人，而他是受到儿子王阳明的牵连，可见王阳明接下来的日子不会太好过。

路途中，王阳明被刘瑾派人追杀，他伪造跳水自尽的痕迹从而躲过一劫。后来躲进商船，船出了钱塘江口时，忽飓风大作，不得不靠岸。几经辗转，他来到了武夷山。一路上王阳明曾想过不再入仕，官场凶险，自己若能逃过一劫，能赦归田里就是最好的结局。只是没想到，他在武夷山一座寺院中遇到了一位贵人。

这位贵人正是二十年前，王阳明新婚之夜，在铁柱观遇到的无为道人。王阳明将自己归隐的想法告诉道士，道士向他陈述其中利害。王阳明如果真的遁逃，刘瑾会告诉皇帝，是王华纵子远遁，那么他的家人会受到牵连；王阳明名重朝野，有心之人会借他的名号鼓动人心。

听罢，王阳明幡然醒悟。

王阳明本是养尊处优的富家公子，一朝沦落为囚徒，他在锦衣卫大牢的情形虽不可考，但那传说中吃人不吐骨头的地方绝不是好待的。巨大的反差可以在一段时间内摧毁一个人，也可以锻造一个人。王阳明险些放弃自己的为官之路，在后人看来，如果他没有去贵州龙场上任，心学可能就无法问世了。所幸，王阳明最终没有放弃。

心理学上关于一个人是被摧毁还是被锻造的问题，也有着不少的研究。个体在经历灾难或创伤（trauma）后常出现一些心理问题，包括焦虑、抑郁甚至人格改变，相关研究表明，个体经历负性生活事件后有较高患抑郁症的概率。出现这些问题的原因复杂多样，心理弹性（psychological resilience）和继发性生活事件（life events）是其中的重要影响因素。这三者之间关系复杂，经历创伤后的个体的心理过程也会呈现出不同类型。逆境及创伤可能会增加或减少个体对今后应激事件的脆弱性，若增加个体的脆弱性，即发生“敏化效应”，反之则称为“钢化效应”。而个体出现“钢化效应”或“敏化效应”的可能性又与心理弹性有关，因为心理弹性能够缓冲这种负面影响。反过来，生活事件既能直接损伤个体的心理弹性，也能通过抑郁症状间接损伤心理弹性。

并不是谁都能通过自身心理弹性的调节就直接恢复的。事实上，有太多的人在经历打击后变得脆弱。王阳明能在生存的重压下成功出逃，支持他的并不仅仅是豁达的性格，更重要的是人生理想。在听过道士的劝解后，他又忆起自己入仕的初衷，他是为了有一个施展抱负的平台。

（四）谪居龙场

经历九九八十一难，王阳明终于来到龙场。龙场驿的站长倒是出离兴奋地接待了他们，不是因为官员在这里受到尊敬，而是因为，终于有倒霉蛋来接替自己了！且看龙场何等境地：少数民族聚居且排外，碰见汉人时，他们时时刻刻都在发火；森林的空气中充满瘴气，要命的是王阳明是戴罪之人，不能住驿站只能住山洞；各类野兽遍布，喜欢攻击人类……老站长提醒王阳明，你要学会自己种植谷物，不然可能等不到朝廷派来的救济粮，另外记住，千万要放宽心啊。

王阳明没有时间气馁，在住进山洞的第一天就遭遇了狗熊之后，他开始警惕自己的四周。他还为自己和仆人找了很多乐子。他给自己的住处取名叫作“玩易窝”，给他的窝棚取名“何陋轩”。他在残酷的环境中放声歌唱，还和仆人一起跳舞。生活的磨难似乎不能将他打垮，他自己也发现，每受一次磨难自己就会更强大。

弗洛伊德曾提出焦虑的自我防御机制（Ego defense mechanism）。在弗洛伊德看来，人的本能冲动难以找到正当的发泄途径时，就会产生冲突，焦虑就是冲突引起的。焦虑是相当痛苦的情绪体验。我们为了减轻焦虑，会采用正常和理性的方法，当然也可能采用歪曲现实的非理性方法。有些人在遇到打击时，会通过抽烟、饮酒、过量饮食这类途径来发泄自己的情绪，这种遇到挫折时以较幼稚的行为应付现实困境的方法叫作退行。而王阳明这种将焦虑转移到为社会赞许、具有社会积极意义的活动上的行为叫升华。二者的区别在于退行并不能对实际问题起到积极作用，且此类行为对周围人不产生影响，一旦产生影响就是消极影响。升华会带来积极情绪或对问题的解决有所帮助。（叶浩生，2013）

当地土著对王阳明产生了好奇。这个人，说他懒，可也见他耕地做饭修山洞，凡事亲力亲为，说他勤快，又见他坐在空地上自言自语大半天，倒像个神经病，这是个什么样的人呢？他似乎很和蔼，碰到原住民还会亲切地打招呼。土著居民没少因为王阳明开讨论会，交流大家对这个怪人的看法（度阴山，2014）。

王阳明还没有解决问题。他还没有找到成为圣贤的方法，也没有参透格物致知的真相。他每天都静坐，每天都在探索身心之学。他不止一次问自己：如果圣人处于这样的境地，会怎么做？

“圣人不是神仙，他们必然会受到外界的困囿。但谁像我一样曾遭遇追杀，又流落到这样的蛮荒境地？似乎没有。就算孔夫子曾在周游列国时挨过饿，那也是几天的事。我怎么在这样的环境中挨过来了呢，我没有改变外部环境，只是努力适应了。”

王阳明开始重新审视圣贤书，审视“格物致知”。

在贵州龙场的原始森林中，王阳明像以往在这里的每天一样静坐，脑海中不断思考“圣人”“格物致知”。众多答案交错缠绕，他翻来覆去地肯定、否定圣贤或自己的答案。电光火石之间，这些问题明了起来——至此，心学诞生了。

王阳明参悟心学的方式是顿悟。顿悟，听上去有很大的偶然因素：灵光一闪就想到了答案。其实我们每个人在学习的过程中都可能经历顿悟，你是不是也有突然间就明白的数学应用题或者物理公式呢？回想你的一次顿悟经历，你在顿悟前反复思考，你想了这个问题的各个方面，线索似乎很杂乱，似乎每条路都走不通，真是山重水复疑无路……但是灵感的火花忽然出现，转瞬即逝，可遇而不可求。

顿悟真的如它看上去那样玄而又玄吗？心理学家对顿悟（insight）进行了多方面的研究。德国心理学家沃尔夫冈·科勒（Wolfgang Köhler，1917）最先于顿悟的研究取得成果，他认为，高级的问题解决行为是一种基于问题情境的全新思考和把握，是一个“突变”而非“渐变”的过程。像牛顿在苹果树下顿悟万有引力，阿基米德在洗澡时想起浮力定律一样。东克尔（Duncker）用“蜡烛难题”来研究顿悟式思维：给实验者一根蜡烛、一盒钉子和一盒火柴，要求人们把蜡烛点燃，并固定在木质墙壁上。有人尝试在墙上钉一排钉子，把蜡烛放上去，然而这样放置的蜡烛不稳。实际上，把放钉子的盒子倒空，用钉子把盒子底朝上钉在墙上做烛台，再把蜡烛点燃放上去即可。有人想到了这种方法，也是顿悟。东克尔因此认为，人们在解决问题时会产生“思维定势”，比如认为盒子就是用来盛放钉子的。类似的实验和例子还有很多。

从心理学的角度来看，顿悟并不是无中生有和凭空臆想，而是面临新问题时创造性地重新构造问题情景并实现认识上的突破和飞跃。顿悟需要大量的知识基础，除此之外，其关键在于产生新的思想、形成有效的新异联系。在大脑中，新旧知识形成联系主要由海马脑区负责。（王甦，汪安圣，2010）

总结起来，要顿悟，一定要满足三个条件：丰富的知识积累，超过常人的创造力以及牛顿曾提过的1%的灵感。王阳明拥有丰富的知识自不必说，从他祖父的教育方式以及他本人的经历来看，王阳明同样具有不错的创造力，至于那至关重要的灵感，则来源于静坐。

我们回到原来的话题。王阳明在这段时期写了《教条示龙场诸生》，史称龙场悟道。

他认识到“圣人之道，吾性自足，向之求理于事物者误也”。也就是说，我们每个人心中都有着圣贤之道，因为我们心中与生俱来就有辨别是非的能力，也就是良知，而圣贤就是要通过努力实现最真实的自我。（度阴山，

2014）既然我们每个人心中都有圣贤，那我们每个人都是平等的，谁也没有支配别人的权利，只有自己才能支配自己！

良知是不是与生俱来？对于这个问题，心理学家们进行了多方面的研究。研究者已经从社会学习或社会化的角度考察了良心的早期发展。研究表明，如果父母在孩子的学步时期给予高度关注和更多的温暖，能在互动游戏中帮孩子实现愿望，并且与其分享积极的情绪体验，使孩子对父母形成安全型依恋，那么孩子在学步时期就可能开始萌发良心（事实上有可能更早）。

关于道德的发展，现代较为普遍的观点是皮亚杰（Piaget，1932，1965）关于儿童道德判断的研究和科尔伯格（Kohlberg，1963，1984；Colby，Kohlberg；1987）的道德发展理论。关于道德理论，读者可以自行查阅相关资料，这里仅作概述。皮亚杰认为道德发展分为三个阶段：①前道德时期（0—5岁），学前儿童很少表现出对规则意识的关注或知觉；②他律道德阶段（5—10岁），儿童在这个阶段有很强的责任意识，他们认同权威人物制定的规则（如不能偷盗、不能撒谎）；③自律道德阶段（10岁以后），10岁左右儿童开始意识到社会规则是主观的协议，任何规则都可以受到质疑。科尔伯格的道德发展理论认为儿童的道德发展经历三个水平：①前习俗水平，道德意识在这个水平的时候，对个体来说，规则是外部的而非内化的。儿童的道德判断是根据行为产生的实际结果，而非社会传统规范；②习俗水平，个体为了赢得他人的支持或社会的认可而遵守道德规范；③后习俗水平，处于最高道德推理水平，以更广泛的原则判定是非对错。（谢弗，2009）王阳明心学中每个人都有自己心中的圣贤之道，但我们可以根据发展规律猜测，人在不同年龄时的圣贤之道是不同的。

在“君君臣臣父父子子”的中国古代，这样开放的思想无疑是令人拍案称奇的。

心学顿悟后王阳明的世界似乎光亮起来，他有了清晰的行为准则，不再为了格物致知而迷茫；他也有了另外的奋斗目标，他要把心学发扬光大。在龙场，他开始结交新朋友，并宣讲他的学说。最初来捧场的是他的妹夫兼弟子徐爱，后来曾在北京听过王阳明讲身心之学的老朋友们（王阳明曾在北京讲授身心之学，不同于心学，身心之学的主要观点是佛、道两家的养生修身的观点），听说王老师创出了不同于程朱理学的学说后，也都纷纷来到龙场。这是心学发扬光大的前奏。龙场，是王阳明的涅槃重生地。

心学又被称为王学，只因王阳明宣扬“在心上用功”，有人认为王学就是禅学。将心学视为枯禅也是当时反对者的主流观点。王阳明的心学能激起千层浪，当然也会有反对者，这些都是后话了。

正德四年（1509）闰九月，王阳明谪戍期满，复官庐陵县（今江西吉安）知县。次年八月，刘瑾被杨一清联合宦官张永设计除去，王阳明于同年十二月升任南京刑部主事。正德六年（1511），王阳明随即被召入京，历任吏部验封司主事、署员外郎、吏部文选司主事。正德七年（1512），历任吏部考功司郎中、南京太仆寺卿。后经一路升迁，正德九年（1514）时，王阳明任南京鸿胪卿。此后，他的经历为他的人生添上了浓墨重彩的一笔。

四、 中晚年：平定江西　镇压叛乱　立院讲学

至正德四年，也就是公元1509年，王阳明已经37岁了，但是他还没有找到施展抱负的平台。转折点在7年后，他的人生经历和思想无意中让一位贵人眼前一亮。这位贵人就是兵部尚书王琼。

王琼此人是个有才之人。他有极其敏锐的洞察力，他总能在情况尚未明朗的时候觉察事情的走向。除此之外，他还识人善任。王阳明就是被他所“识”。

王琼举荐王阳明时是正德十一年（1516），当时明政腐败，江西、四川军队妄杀平民千万，纵贼贻祸，冒领军功。江西赣州就因着地理形势生出了许多流匪。王琼认为匪患不除则烝民难安。他对王阳明的才能十分赏识。八月，王琼推荐王阳明去南赣巡抚。然而这遭到众多官员的反对。原因无他，王阳明在众多官员的印象中也就是个没事读读书、打打坐的表面书生，这人能懂什么？

王琼倒是不计较王阳明打坐，他听过王阳明的心学，想着王阳明既然要在心上存天理去人欲，锻造强大的内心，就一定是个想做大事的人。你们说他没带过兵，可那些派到地方的巡抚有几个带过兵的？

明朝所谓巡抚，就是中央派到地方的特遣官，到地方综合治理民政、军政事务。治理军政为何不用武官？简而言之，明朝有些制度就是让人摸不着头脑。明政府派出的许多将领都是文官，武官只能做文官的副官，同等级的武官见到文官还得行礼。总之，明武官的地位可是比文官低了一大截。大家都知道的抗倭英雄戚继光，军功赫赫，也架不住文官的架子大。

（一）巡抚南赣

王琼力排众议，最终皇帝朱厚照擢王阳明为都察院左佥都御史，前往江西巡抚南赣。王阳明巡抚南（安）、赣（州）、汀（州）、漳（州）等地。正德十二年（1517）正月，王阳明亲自率领精锐在上杭屯兵，假装撤退，出敌不意进攻，连破四十余寨，斩杀、俘获七千多人。他向朝廷上疏称，权力太小，无法命令将士。王琼上奏，给了王阳明旗牌，可以便宜从事。七月，进兵大庾。十月，克左溪、横水，破巢八十四，斩杀、俘获六千多人。战毕，在横水设置崇义县。随后师还赣州，讨伐利头的盗贼，斩杀两千多人。王阳明率领书生和偏裨，荡平为患数十年的盗贼。

王阳明要剿匪，可是南赣地区山麓千里，崇山峻岭连绵不断，山路难寻，易守难攻，可以说是土匪的安乐窝了。正史记载的“连破四十余寨”的经历太过曲折。被破的土匪头子有谢志山、蓝天风、池仲荣、陈曰能、高快马、龚福全、詹师富等，土匪总计据说有十数万，还有水盗、强盗不计其数。按王阳明的说法，他的主要方法不是军事打击，而是“攻心”。

詹师富是福建漳州大帽山的大当家，据点在漳州和县象湖山。在攻打詹师富时，王阳明就采用了迂回战术来智取。

正德十年（1515）下半年到正德十一年，詹师富粉碎了前南赣巡抚的多次围剿，创下了土匪反围剿记录。王阳明第一次攻打他时，詹师富采用战术诱敌深入，将带兵上战场的王阳明困在了自己的包围圈中。王阳明被刺中两枪，侥幸逃出生天，他发现自己太轻敌，于是改变了战术。

王阳明放出退兵的消息，詹师富喜闻乐见。王阳明打算趁他们庆功放松警惕的时候反攻。下属的参谋担心詹师富不会轻易上当，王阳明却信心满满，说：“他会信的。”

詹师富真的相信了，他信的不是王阳明的消息，而是自己的经验，因为朝廷每次围剿失败都会撤退。倒也不是詹师富自负，他只是不够警觉，但他的对手足够狡猾。

王阳明的探子发现象湖山的守卫松懈，又有在土匪的细作传信说詹师富在开庆功宴。王阳明再三确认后知道机会来了，他让政府军兵分三路，于正德十二年（1517）农历二月十九围攻象湖山。这次的围剿一直持续了三个月，王阳明扫荡了詹师富的四十三个据点。

王阳明在剿匪的过程中不断改变战术，他少年时研究过的布阵之法和心学理念起到了不可磨灭的作用。他在打败詹师富后给朝廷的奏疏上阐明了自己的观点。他认为，朝廷失败的根本原因在于赏罚不明，而他自己成功的原因就是赏罚公平。

传言总是来得比事实精彩，当时还有传言说王阳明能打败詹师富，是因为他能求雨，他有特殊能力！虽说王阳明当时的确在求雨，但他绝不是半仙。

（二）平定宁王

剿匪结束，王阳明给王琼写了一封长信，详细阐述了剿匪过程，并对王琼不遗余力的支持表达了感谢。他还说，自己因剿匪落了一身病，请求王琼能向皇帝求情让他辞职。事实上，王阳明的身体状况确实不乐观，他曾在剿灭另一个土匪头子池仲荣的庆功宴上口吐鲜血。然而，王阳明先后四次向朝廷请求辞官都被拒绝了。

王阳明不知道的是，朝廷不让他退休的真正原因，就是王琼的反对。王琼不能让王阳明离开江西，因为他提前预料到了宁王朱宸濠的造反，他认为王阳明是平反的不二人选。虽然当时没有人觉得宁王会造反。

说来话长。朱宸濠的造反可以追溯到明朝第一任宁王朱权。朱权是朱元璋第十七子，在“靖难之役”中帮朱棣造反，推翻了当时做皇帝的侄子朱允炆。事实上，珍惜兄弟情的朱权在历代皇族中大概都算异类，因为他心太软。由是被他精明又无赖的四哥骗着造反，事后不愿也不敢卷入京城的政治中心，被朱棣丢到江西南昌做了个世袭王爷。因为这一茬，朱棣的后人对朱权的后人十分忌惮，对他们千方百计地打压。

到了朱宸濠这一代，宁王终于受不了打压，起了反心。朱宸濠是个有志气的人，他的志气就是自己当皇帝。于是宁王暗中扩建王府，养私兵，正德十四年（1519），他造反了。

据说，消息传到北京后，朝中大臣震惊不已，只有王琼却十分自信地说："王伯安（王阳明）在江西，肯定会擒获叛贼。"王阳明用计迷惑朱宸濠，最终双方在鄱阳湖决战，经过三天的激战，宁王战败被俘，宁王叛乱历时 35 天后宣告结束。然而，平叛大功却没有得到武宗正德帝的认同。武宗身边的佞幸之臣，平时与宁王交往密切，心态极端复杂。一些佞幸之臣希望王阳明将朱宸濠释放，然后再让已经南巡的武宗亲自"擒获"朱宸濠，以满足武宗的虚荣心。面对这样复杂的情势，王阳明急流勇退。他将朱宸濠交付当时尚属正直的太监张永，然后称病，以避免卷入更多的政治事端中。所以，终武宗一朝，王阳明平叛之功没有得到朝廷的封赏。直到世宗即位以后，王阳明才加官晋爵。

（三）尾声

正德十六年（1521），明世宗（嘉靖帝）即位，由藩王入继大统的世宗，在对王阳明有过短暂的赏识之后，便对这位非常能干的臣子采取了冷漠的态度。在世宗即位之际，王阳明"因父老请归"，世宗说王阳明有擒贼平乱之大功，正要论功行赏，不许他辞官。同年七、八月，先升其为南京兵部尚书，不许他推辞，稍后又特许他顺路回去探视父亲。不久，加封王阳明为世袭新建伯。(张廷玉，1974)

嘉靖元年（1522），父亲王华去世，王阳明回乡守制。王华去世时享年七十七岁，在"人到七十古来稀"的古代，也算喜丧。在父亲闭眼的那一刻，王阳明号啕大哭，竟像个孩子。哭过后，王阳明将葬礼相关事宜安排得井井有条，倒与他平日排兵布阵的认真一样。

嘉靖三年（1524），他受邀在稽山书院讲学；嘉靖四年（1525），又在绍兴创建阳明书院，其弟子亦开始讲学，传播"王学"，主要思想也就是我们前面提到的"致良知""心即理"和"知行合一"。

何谓"致良知"？王阳明所说的"良知"来源于《孟子·尽心上》中的一句话："人之所不能而能者，其良能也；所不虑而知者，良知也。"他在《传习录》中告诉弟子："良知在人，随你如何，不能泯灭。"（许葆云，2014）我们从王阳明的"万物一体"论出发，就能明白，王阳明说的良知就是人的感应力、判断力，这种力量"能生天地，能造鬼神，能度一切苦，能化一切衰"。有良知的人即为有思想力的人，这种人就是自身的支配者。那么怎么致良知呢？我们评判善恶，是根据我们内心的良知。所以，听从内心的声音，是致良知的道路。安定情绪、物我两忘，不是什么都不想，而是剔除外物，回归本心。王阳明的人生路实际上也是寻求良知的路，在他寻求对抗那个蒙古的方法的时候，站出来反对刘瑾的时候，在领兵剿匪的时候，都是他在寻求良知、践行内心理念。

王阳明的立言宗旨为"心即理"，是希望大家能做到心理合一、言行合一。要按照本心的想法来做事，凡事要在心上下功夫。这与心理学理论中的认知学派观点相似。认知学派认为，人的行为很大一部分是由自身认知主导的，比如情绪，当你见到老虎会害怕，不是因为害怕老虎，而是你的认知当中有一条"老虎会伤害我"，这也正解释了类似于"初生牛犊不怕虎"的现象。西方熟人见面会亲吻问好，东方人会觉得这是"非礼"，这也是认知差异。因此，解决问题的根本途径，就是"在心上下功夫"，就是改变认知。

王阳明认为要"知行合一"，他举出了一个很有趣的例子。人在街上看到一位美女（当然就是这个人认知当中的美女），他难道会先思考一下我要不要喜欢她吗？不，正常人都是见到美女会喜欢，见到狗屎会厌恶，这就是知行合一的最简单的例子。当然，在王阳明身上我们会看到更进一步的体现，那就是他不会囿于定论或经验，想到可行的方法就去做。"知行合一"还是致良知的方法。假如你是个重度脂肪肝患者，你看到红烧肉，本能驱使你想吃，这是恶，认知告诉你这是不对的，不吃为善。你该怎么做？当然是"知行合一"，既然知道何为善，就这么去做。（度阴山，2014）"这个知行合一的学说，在哲学上要占极其重要的地位"（梁启超，2017）。

嘉靖三年（1524），王阳明的原配夫人诸氏去世，王阳明续娶张氏，并于次年得一子。嘉靖六年（1527）九月，嘉靖帝派王阳明去广西平定叛乱。在赴广西平叛前夜，他在天泉桥留心学四句教法："无善无恶心之体，有善有恶意之动。知善知恶是良知，为善去恶是格物。”

后来，王阳明的身体状况已经很差了，他多次请辞无果，最终于 1528 年在离开广西的路上撒手人寰，享年仅五十七岁。

五、 结语

王阳明的一生充满传奇色彩，无论是出生的传说还是新婚夜莫名出走遇到的机缘，都让人们在茶余饭后提起他时带上些神秘的语气和猜测。他对后世最大的影响就是他所留下的心学。最大的遗憾就是他的心学不被皇帝重视，因而受到打压。时过境迁，当人们终于能够理性审视心学，理解心学时，这位伟大的思想家已经不能跳出来笑呵呵地解释什么是“心即理”，怎么才算“存天理灭人欲”。

为什么悟道的是王阳明？原因有很多，有祖父的引导，有生活的磨难，也有贵人的指点，有他质疑权威的胆识，最重要的是他本人的知识积累和那可遇不可求的灵光一现。

王阳明的一生有两位贵人，一位是他在新婚夜遇到的铁柱宫老道，这个人在他迷惘的时候引导他恢复内心的天理；另一位当然就是他的伯乐王琼。

心学在当时除了是一种思想学说，还具有巨大的政治力。它诞生于王阳明的政治生涯，服务于王阳明的内心，当然也服务于王阳明的政治生活。不得不说，心学学说除了是王阳明剿匪、平乱的助力，也让王阳明多了一堆政治上的支持者和反对者。

王阳明的心学在当时虽有反对者，但总体来说很受欢迎。这当然有它的理由。我们不难发现王阳明的理论处处透露着“以人为本”的思想，而且这种思想不是空话，是可以由人控制、由人实现的，也就是“心即理”。王阳明主张人本身才是自身的支配者，然而在“一切为主”的封建时代，人们接受的思想全都是舍我为他人。儿子要孝敬老子，长辈就是天；臣子、家仆要效忠主子，不仅可以自己不要性命，连后人也是主人的私有物。还有“致良知”，在那样的时代，并非人人都受到蛊惑，困惑的人不少，却极少有人知道这是为什么，以及自己到底要追求什么。王阳明的学说回答了不少人的疑问，也就是要回归本心，知行合一。当时有人批评这是唯心主义，也就是“枯禅”，其实仁者见仁，王阳明的学说固然有不足，但不可否认心学的现实意义。

除此之外，王阳明善于与人交流、善于融入新群体也是使得心学快速发展的重要原因。作为一个有名望的学者、官员，王阳明不摆谱、不自大，善于引导人们思考，他的学生和崇拜者遍布全国各地，为心学的壮大打下了群众基础。

时过境迁，我们仍能从心学思想中窥见对我们各自有用的人生真理，也能从王阳明的求道之路中吸取经验。学无止境，权威并不代表真理，希望读者们在生涯之路上能够找到自己的人生哲理，实现生涯理想。

六、 教育意义

王阳明的生涯发展经历对于许多人来说都有启发意义。对于正在教育孩子的家长，也可以学到一些教育的经验。

首先，就是我们应该注重引导式教育而非填鸭式教育。从王阳明的父亲和祖父的不同教育方式上看，父亲的教育方式是填鸭式，祖父的教育方式是引导式。引导式教育对王阳明产生重要影响，使他能够养成独立思考的习惯，并敢于质疑权威。

其次，养成良好的学习习惯比教授知识更重要。王阳明能够在学习中高度集中注意力，并且积极探索，这些习惯在当今的教育环境中仍有重要意义。在前文中我们提出注意力是可以通过培养来提高的，而好奇心和探索能力也同样可以后期培养。具体的方法需要根据孩子的个性进行调整，但需要注意的是不要在孩子专心的时候进行打扰，也不要在孩子启蒙时让他不要怀疑权威，应当给他留下思考空间。

第九章　音乐圣途上的孤独巨人——贝多芬

一、 导读

行走在音乐圣途上的孤独巨人——被赞誉为乐圣的贝多芬，一个被天赋眷顾的孩子，他在音乐上的造诣无人能与之匹敌，他为后世留下的乐章至今仍代代称颂，这位立志要“扼住命运咽喉”的音乐巨匠，既开创了维也纳古典主义音乐的巅峰时代，同时也创造了别具一格的浪漫主义时代。

贝多芬的成长道路荆棘密布，天赋背后隐藏的实则是一条极其艰难的音乐道路，那最终是什么力量支撑着他义无反顾地走下去？一个驰骋在爱情疆场的多情浪子，孤独却总是如影随形，寻觅半生，终遇见永生恋人，但最终为何难逃孤独魔咒？一个失聪的音乐巨人，如何在音乐圣途上继续前行，贝多芬凭借什么力量成就了一个命运击不垮的奇迹？

伟人已去，很多答案我们无法求实，但运用心理学知识可以对我们提出的这三个问题进行分析，最终为读者的生涯规划提供一定的建议。

二、 一代乐圣如何造就，难道只因天赋异禀？

1770 年 12 月 16 日，在德国波恩的一座灯光昏暗的小楼里，迎来了一个新生命——路德维希·凡·贝多芬，在那一刻，他同千万个新生儿一样，啼哭不停、长相丑陋、瘦瘦小小。

时光穿梭过几百年，直到今天，贝多芬这个名字却仍被传颂。能够开辟这样的音乐盛世，自然和他与生俱来的音乐天赋密不可分，但当初为何选择踏上音乐圣途，背后的原因绝不止于此，因为这条路对他来说很难走下去。

（一）音乐天赋带来阴暗无梦的孤独童年

天赋的降临，就像是得到缪斯女神的眷顾一般，这是一种可遇不可求的幸运，但从贝多芬显现出他音乐天赋的那一刻起，就注定了他将度过一个阴暗无梦的孤独童年。

四岁时，贝多芬就展现出了非同一般的音乐天赋，这其中也无法摆脱遗传的可能性，因为贝多芬的祖父和父亲都是优秀的音乐家。父亲约翰在发现儿子的音乐天赋后，欣喜万分，他像所有父母一样，开始竭力挖掘和培养贝多芬的音乐才能，丝毫没有耽搁。约翰幻想着贝多芬可以成为像莫扎特那样的神童，他为此很骄傲，一有机会便向他人炫耀儿子的音乐天赋。

父亲之所以满心欢喜、引以为荣，全然是因为对这个孩子的深切爱意，此时的约翰依然是一位称职的父亲。但日益增长的虚荣心和利益诱惑，却驱使着约翰一步步走向失控的边缘，他只想让贝多芬尽快掌握所有的音乐知识，尽快以神童的身份做一场演出，好让他声名远扬，赚得盆满钵盈。

而最终要为此付出代价的却是贝多芬，那么小的一个孩子！

小小年纪的贝多芬，需要踩着一只脚凳才能够得着琴键，而父亲常常严厉地要求他一口气练上几个小时，此外还有小提琴和父亲口中那高深的音乐理论，没有丝毫喘息的间隙。练习错误或者是稍有犹豫，父亲的巴掌就会应声而上。嗜酒如命的父亲还常常在凌晨酣畅痛饮之后，把睡梦中的小贝多芬用力摇醒，命令他继续进行那过分严苛的音乐训练，直到清晨要去上学。没有朋友，没有嬉戏，与琴键和音符相伴，惩罚和呵斥伴随左右，这样的贝多芬是孤独的。

面对强迫的过分严苛的训练，无论是多么热烈的兴趣，都会被冷水浇灭。因此，父母在启发培养孩子的兴趣时，一定要注意适度，并非任务越重训练越多才是好的，保持高度的兴趣才是孩子最好的老师。

父亲的心硬如磐石，母亲的心则是柔情似水，母亲玛利亚很心疼小贝多芬遭受如此残忍的对待，尽管她深知这对贝多芬日后在音乐领域的发展十分有帮助。她总是劝约翰对孩子温柔、宽恕一些，可约翰却从未做出过任何改变。

父亲的严苛，无休止的训练，没有伙伴的童年，使得贝多芬在小时候就已成为一个不合群的人、孤独的人。当然，这也为日后的独立个性埋下了深厚的基础。父亲这种做法带来的后果，有好也有坏，孤僻、脾气暴躁，使得贝多芬日后成为一个难以接近的人，同时也成为一个难以收获亲密关系的孤独者；而独立自主的个性，又使得他早早承担起家庭的重担，即便是独自一人，也依然在维也纳争得一番名誉。

同样不可否认的是，父亲这种残忍粗暴的教学方式，的确使贝多芬掌握了十分娴熟的演奏技巧，小小年纪的他却能演绎难度十分高的曲目，赢得别人的称赞是常事。但掌声背后的痛苦也是致命的，贝多芬虽然在口头上从未责怪过父亲，但内心深处其实早已对他失望透顶，他抵抗父亲、否认父亲，压抑关于他的所有记忆。因为父亲带给他的伤痕是无法治愈的。

为了减轻或消除人格内部的冲突，降低或避免焦虑，以保持人格的完整和统一，自我创造了许多保护性的机制，弗洛伊德将其称之为自我防御机制。（郑雪，2017）为了阻止这段不堪回首的童年经历再次对内心造成伤害，贝多芬的潜意识里便不自觉地建立起了防御机制，其一便是压抑。成年后的贝多芬总是和儿时的朋友谈论自己的祖父和母亲，却从未提及过父亲，他对父亲的态度始终都是沉默的，甚至沉默到不愿意写“约翰”这个名字，就连对弟弟继承来的名字（弟弟的名字约翰是从父亲那得来的），他也是十分抗拒的，他从不直呼弟弟的名字，总是以“药剂师、我的弟弟”等称谓来代替。由此可见，父亲带给他的经历是多么地不堪回首，一个简单的名字都极有可能触碰到他最不堪一击的地方。

压抑是自我最基本的防御机制，通过压抑早年创伤性的生活经验，自我将这些痛苦经验压抑在本我之中，不能上升到意识水平，从而减少个人的焦虑。压抑是一种主动性遗忘，是指个体有选择地把某些能导致个体痛苦或紧张的思想观念从意识中删除。（叶浩生，2014）父亲这个形象，早已被贝多芬压抑到潜意识当中，关于父亲的记忆、名字，甚至是一切，他都刻意地将其封存起来。

除了压抑之外，贝多芬还在无形之中形成了否认机制，否认是为了减轻痛苦的一种保护性机制。通过这种机制，人不相信、不承认对自己不利的、带来痛苦的现实情况。（郑雪，2017）

在贝多芬的内心深处，其实他早已不承认父亲的位置了。1810 年有过一篇报道称，说贝多芬是一位普鲁士国王——弗里德里希·威廉二世的私生子，此后，这篇报道总是经常出现在各种百科全书、音乐杂志当中。这些谣言何时传入了贝多芬的耳中，我们不得而知，但从 1819 年开始，他的朋友和侄子卡尔就开始催促他抵制这些谣言，他的朋友韦格勒甚至写信批评他不为自己母亲的贞操雪耻。这时，贝多芬已经确切地知道这件事了，但他从未做出过任何抵制谣言的举动，虽然他曾写过一封解答此问题的回信给他的朋友，但却因为疏忽而忘记交付给邮局，因此朋友迟迟未得到贝多芬的解释答复。这次疏忽，并非意外，而是贝多芬的否认机制在作祟，在心理结构的最底层——无意识中，他否认父亲的身份，更何况这是一个被大家认可的解释，所以他拒绝对此作出回应。但碍于朋友的屡屡劝告和道德胁迫，他又不得不做出解释，为了同时满足本我的快乐原则和超我的完美原则，忘记将信交付给邮局，这是最无懈可击的借口。

这种否认机制或许早就出现了，十二岁时的贝多芬曾写过这样一首歌曲《给婴儿》（Solomon，& 田园，2013）：

给婴儿

你不知道你是谁的孩子，

谁为你准备襁褓，

谁看顾、守护你

谁给了你温饱。

这种近乎摧残式的音乐教学，为什么没有使贝多芬产生抵抗情绪呢？难道他甘愿做一个匍匐前行的傀儡？答案当然是否定的，除了本身对音乐的浓厚兴趣以外，祖父带给他的榜样力量也是使他一路向前不再回头的重要原因。

（二）祖父的榜样力量已深深扎根

家庭是每个人生活的重要场所，家庭环境也是造就个人素质以及影响职业生涯选择的重要因素。贝多芬的祖父——路德维希·凡·贝多芬（贝多芬的名字是祖父给他的）也是一位优秀出众的音乐家，他很受欢迎，在宫廷中一直担任乐师的职位直到去世。性情温和的祖父很疼爱贝多芬，一有时间就带他出去玩，带他去弹奏古钢琴，给他演奏欢快的儿童歌曲，小贝多芬常常听了两三遍之后就能记住曲调，可以说贝多芬的音乐天赋是祖父发掘出来的。

虽然祖父在贝多芬三岁时就过世了，但祖父在他心中的形象接近英雄般的崇高，他喜欢祖父，也敬佩祖父，小小的人心中，早已冒出理想的萌芽。贝多芬梦想成为一名像祖父一样优秀的宫廷乐长，虽然贝多芬未来的成就要远超于祖父，但正是祖父对他的深远影响，才促使着他在音乐圣途上顽强前行。

班杜拉曾提出观察学习理论，即由于人有通过语言和非语言形式获得信息以及自我调节的能力，使得个体通过观察他人（榜样）所表现的行为及其结果，不必事事经过亲身体验，就能学到复杂的行为反应（叶浩生，2014）。而在观察学习中，榜样教育的作用十分重要，榜样教育可以唤起个体潜在的行为，使个体自觉地以榜样的行为和言行来要求自己。

在家庭教育中，孩子心中的榜样无疑是父母。父母的任何行为，孩子都会进行注意、保持、复制，只不过动机的不同使得孩子会有选择地做出行为。受到夸赞、奖赏的行为，孩子的模仿动机强；受到惩罚的行为，孩子同样会习得，但这种行为得到的是惩罚的结果，所以孩子的模仿动机不强烈，因此不会选择复制。

很幸运的是，祖父是一个优秀的榜样引导，这对他日后在音乐道路上的发展是十分有益的。虽然祖父去世早，但母亲总是向小贝多芬讲述祖父的光辉事迹，而且母亲也总是希望贝多芬可以成为像他祖父那样优秀的宫廷乐师，这样日复一日地复述、强化，使得祖父的形象在贝多芬的心中日益高大伟岸起来。

青年时期奔赴维也纳求学的贝多芬，写信给在波恩的好友韦格勒，请求他把祖父的画像尽快用邮车寄给他，此后，这幅画像便一直摆放在他居所中最显眼的位置。他很喜欢同儿时的朋友一起谈论自己的祖父，他总是兴致勃勃地提到祖父是一个怎样的正直之人，他非常认同自己的祖父，以至于贝多芬在1824 年给他的律师 J. B. 巴赫的信中写道："我完全相信，总有一天我会得中风，像我正直的祖父，我跟他有相似之处。"（Solomon, & 田园, 2013）正是因为有了对祖父的强烈认同，祖父才代替父亲在他心目中的位置，所以贝多芬同时也会强烈地拒绝、否认父亲。

祖父的音乐家身份，的确对贝多芬的职业生涯选择起到了很重要的影响作用。一个人在幼年时期，就开始受到家庭的深刻影响，长期潜移默化的结果，会使人形成一定的价值观和行为模式。许多人还会受到家庭中父兄的教诲和各种影响，自觉不自觉地习得某些职业知识和技能（姚裕群, 2003）。祖父的榜样力量，极大地增强了贝多芬踏上音乐圣途的决心，即便父亲的教学方式摧毁了贝多芬对音乐的无限幻想，但那颗向往音乐家祖父的赤诚之心，却始终在蠢蠢欲动。

所以，家庭的影响、榜样的力量，也是幼年时期对未来职业生涯规划的一个重要影响因素，并且这个影响很有可能是根深蒂固、伴随终生的。

（三）弥散着音乐之声的浪漫都市

贝多芬出生在德国波恩，这儿虽不及维也纳远负盛名，但同样也是一座浪漫的音乐都市，1780 年到 1790 年的波恩，正是世界早期古典派音乐与全盛期古典派音乐彼此互争雄长的世界性汇聚点。

波恩的百姓十分热爱音乐，个个能歌善舞，即便不是盛大的节日，城市上空也总是弥散着莺歌燕语。豪门望族对音乐的态度更是十分虔诚，时常举行大型音乐会。波恩的选帝侯也是一位狂热的音乐爱好者，宫廷中供养的乐师不胜其数。

因为父亲的音乐家身份，所以常常会有父亲的音乐家好友来家中做客，大家一同竞新斗巧，好不热闹。贝多芬很喜欢这样的音乐盛宴，父亲虽然很不乐意贝多芬掺和进来，但他喜欢听大人们的高谈阔论，喜欢听出色的人演奏音乐。

社会环境，不仅指社会的政治经济形势，也指个人所在的学校、社区、工作单位、家族关系、个人交际圈子等小环境，这些小环境因素决定着一个人具体活动的范围、内容和限制，从而也决定了人的职业生涯的具体际遇好坏。（姚裕群，2003）在这样一个音乐气息十分浓郁的社会文化环境中，小贝多芬自然是深受熏陶，它对贝多芬的职业生涯选择的影响也是不容忽视的。

（四）与生俱来的艺术家气质

贝多芬似乎是一个天生的艺术家，他自小展现出的别具一格的气质，隐约中时常能让人嗅到艺术家的气息，他自小就是与众不同且孤独的。

朋友米勒对他的回忆是“他一直腼腆，不爱说话，因为他很少跟人交换思想”（Solomon，& 田园，2013）。塞耶对他的归纳是“他们当中，那些是他同学的人，那些在后来年月里记下了对他回忆的人，没人说他是一个好玩的孩子，没人能讲出一点和他一道开的玩笑，在山间漫游或者在莱茵河和它岸边的冒险，他本来是可以扮演一个角色的。”（Solomon，& 田园，2013）

同学眼中的贝多芬，是一个孤单的人。他不懂得如何融入大集体中，不知道要跟同学谈论些什么，除了音乐以外，别的任何事情似乎都不能激起他的兴趣。音乐世界里的他是彩色的，是极富创造力的，而现实世界中的他则是灰色的，在来来往往的人群之中，他是格格不入的。

创造力一直眷顾贝多芬，学会弹奏钢琴和小提琴以后，贝多芬的脑子里总是时不时冒出跳跃的音符，那时的他已经可以即兴演奏，创作属于自己的音乐了，而父亲总是泼他冷水，“你知道我根本受不了，杀鸡也照谱子杀，不然拉了也没用”（Solomon，& 田园，2013）。非但不鼓励，反而还遏制，这对孩子的创造力无疑是毁灭式地扼杀。孩子的创造力是最丰富的，父母对于孩子的创造性行为应该予以鼓励和引导，这样才不会导致孩子将来成为思维固化的人。创造力自始至终都是艺术家必须具备的独特气质，虽然父亲在一定程度上起到遏制的作用，但他体内的音乐细胞时刻处于躁动的状态，属于自己独创的旋律总是不自觉地喷涌而出。

霍兰德提出的人职匹配理论，将职业类型分为六种，其中对艺术型（A

型）的描述是这样的：艺术型人格，喜欢通过各种媒介表达自我的感受，审美能力较强，感情丰富且易冲动，不合群，富有成就感，有独创性。（姚裕群，2003）儿时的贝多芬，孤独背后深藏的日渐成熟的艺术家气质，也在一定程度上昭示着他日后音乐巨匠的成就。

与生俱来的音乐天赋，是开启音乐大门的金钥匙；父亲日复一日的严苛训练，是音乐圣途上铺就的泥泞板路；祖父带来的榜样力量，是荆棘路上引航的明灯；歌舞升平的成长地波恩，是获取更高音乐造诣的引玉砖；孤独惆怅的艺术家气质，则是相伴一生的音乐家标签。

个人、家庭、社会，每一个方面都会对未来的职业生涯选择产生或重或轻的影响，都是不可忽视的重要因素。在职业生涯选择面前，兴趣和天赋是首要因素，父母在发掘孩子天赋的同时亦然不能打击孩子其他方面的创造力；榜样的力量也是一个影响深远的因素；当然环境的作用也不容小觑，身处一个能够受到良好熏陶的环境中，对孩子未来的发展同样会起到事半功倍的效果。

三、 猛狮背后的柔情——致永生的恋人

贝多芬虽然终生未婚，但他一直都走在追求幸福的康庄大道上，从未止步。每当遇到令他心倾的魅力女性时，贝多芬总是不遗余力地大胆追求，在爱情方面，他是一位毫不畏惧的勇士。艺术家在感情方面总是拥有让人好奇的经历，同样地，在贝多芬浪漫缠绵的罗曼蒂史上，也一直遗留着一个让众人津津乐道的谜团。

贝多芬死后，人们在其遗物中发现了三封写于 1812 年没有附言的情书，没有时间、没有地址、没有收信人，只知信中他将她唤作永生的恋人，字里行间是抑制不住的欣喜和难以言喻的甜蜜。自从这三封情书被公示后，“永生的恋人”这个谜团一直都是人们热议的话题。贝多芬的研究者们对此做出了许多大胆的推测，但没有一种结果是足够令人信服的。直到 1972 年，梅纳德 · 所罗门发表《关于贝多芬写给一位不知名的女性的信的新曙光》一书，他以近乎侦探般的嗅觉给出了一个各方面都十分符合的结果——安东妮 · 布伦塔诺，距今为止，这是最受大众接受和肯定的一个结果。

（一）万花丛中为何她被唤作永生

关于永生的恋人是谁这个问题，已有太多的人去探索，并且也已得出一个肯定的结果了。而今天，我们要探讨的是另外一个更让人匪夷所思的问题，从心理学的角度去分析贝多芬为何会选择安东妮作为永生的恋人？

踏入贝多芬爱情漩涡的女性诸多，恍恍惚惚的爱情来得快去得也快，他的终生挚友韦格勒曾说过“贝多芬无时不在恋爱，而且总是在热恋中”（李近朱，1997）。那为何唯独安东妮脱颖而出，能够在贝多芬心中攫取一方领地呢？

1810年，安东妮与贝多芬相遇，此时的贝多芬已经是四十岁的中年人了，而此时的安东妮也已是四个孩子的母亲，窈窕多姿在她身上已了无踪影。而贝多芬以往的恋爱对象往往都是瑰姿艳逸的年轻女性，这可能源于艺术家固有的对美的向往。意料之中的是，每次恋爱的时间都不长，费迪南德·里斯曾描述过贝多芬的恋情，“屡次三番在恋爱，可大多只是一阵子”。（Solomon，& 田园，2013）

这样的贝多芬看起来好似一个多情浪子，但浪子多情面具的背后隐藏的是一颗寻觅的心，姣好的容姿、花容月貌的年纪、天真无邪的性情，这些都换不来母性般的安全感。安东妮身上散发的母爱光辉和坚忍的性格，无疑让他看到了母亲的影子。

贝多芬的童年是阴暗的，除了音乐之外，母亲是唯一能抓得住的希望的曙光。母亲玛利亚是一位容忍、善良、坚忍的妻子。邻居们对玛利亚的印象多是本分、宽容、品德好，这无疑与贝多芬的父亲形成了鲜明的对比。马斯洛曾提出，安全感是决定心理健康最重要的因素之一。适度的安全感是幼儿心理健康发展的基础，孩童时代，贝多芬的安全感几乎全部来自母亲，因为父亲对他来说是魔鬼一般的存在，只有母亲能够给予他呵护和温暖，母亲的怀抱是避风的港湾，是充溢着安全感的坚固堡垒。

母亲对于贝多芬来说是无比重要的存在，在他写给好友冯·沙登的信中，他是这样描述母亲的：“她是一位慈祥、可爱的母亲，是我最好的朋友。啊！当我还能喊出母亲这般甜蜜的称呼并听到它时，有谁比我更幸福呢？”（Lockwood，& 刘小龙，2011）由此可见，母亲在他心中的地位是多么重要。

弗洛伊德曾提出，男孩生来就具有恋母情结，在幼儿3到5岁时，力比多集中在生殖器上，性器官成为儿童获得快感的中心，这时儿童以异性父母为“性恋”的对象，男孩要占有他父亲的位置，有与自己父亲争夺母亲爱情的表现。弗洛伊德认为这是一种本能的异性爱的倾向，这种幼年的性欲由于受到压抑在男孩心理上就成了恋母情结。（叶浩生，2014）只有当男孩认同自己的父亲，以父亲为榜样并模仿父亲的行为时，这种恋母情结才会得以消除。而显然，贝多芬的父亲约翰并没有达到一个值得认同的程度，他是一个不合格的丈夫，同时也是一个失败的父亲。贝多芬没法认同这样不堪的父亲角色，所以这种恋母情结一直压抑在贝多芬的潜意识中，他自始至终都怀念那一丝羽毛轻触般的舒适感，怀念那久违的孩童时代的安全感，所以他一直都在寻觅，寻觅一位能给予自己舒适感和安全感的女性作为自己的终身伴侣。

安东妮是一位隐忍、宽容、坚强的母亲，她其实一共育有五个孩子，但第一个孩子在不到一岁的时候不幸夭折。贝多芬的母亲玛利亚一生共育有七个孩子，但最终只活下了三个。眼看着亲生骨肉离自己而去是一件多么悲痛的事情，而能从其中走出来的母亲必然是无比坚强的，是拥有坚韧性格的。

安东妮的出现，让贝多芬内心压抑许久的恋母情结再次涌现，所以，无关乎美，无关乎道德，就这样不顾一切地爱上了。

除此之外，安东妮对贝多芬近乎狂热的崇敬态度，也是让贝多芬无法抗拒这份艰难爱情的一个重要原因。在这一份崭新的爱情之中，贝多芬找到了自我存在的价值，找到了迷失已久的自信心。在安东妮的眼中，贝多芬是犹如神明一般的存在。“我要把原作交到贝多芬神圣的手里，我深深地崇拜他，他神一般漫步在芸芸众生之间，以更高的立足点对待这个低微的尘世，而他有病的小肚子只是让他一时情绪低落，因为艺术拥抱着他，把他搂在温暖的怀里。”（Solomon，& 田园，2013）这是安东妮写给好友克莱门斯的信中截取的一段话。这份热烈的如同火焰般的崇敬感，让贝多芬看到了自我，看到了音乐带给他的优越感，他享受这般被簇拥的感觉，他在安东妮的面前又重新拾起那份阔别已久的骄傲。

（二）相知相爱却无法相守一生

尽管两人相知并相爱，但贝多芬似乎是命中注定的孤独终老，相守一生是他们无法企及的幸福彼岸。

贝多芬与安东妮相爱时，安东妮的身份依然是弗朗茨的妻子，并且贝多芬与弗朗茨还是交情不错的朋友。贝多芬心中的道德标杆始终都处于常人之上的位置，“道德是那些不同寻常者异于众人的力量源泉，而我就有那种力量”（Beethoven，& 张宇，2012）。这是贝多芬在同友人泽梅斯卡男爵的一次谈话中他所提到的。与好友的妻子相爱，显然是应该遭到社会唾弃的不道德之事，但最终，这份违背道德的爱情已经浓烈到足以冲破精神上的枷锁，让他不顾一切地甘愿承受被社会背弃的危险，和安东妮共同沐浴在不被众人祝福的爱河之中。

在那个封建闭塞的年代，安东妮甘愿冒着被社会唾弃的危险，毅然决然地向贝多芬抛出橄榄枝，她主动提出想要做他的妻子，想要跟他共度一生，这是多大的勇气和决心啊！并不是爱得不够深，也不是没有胆量承受社会上的风言风语，但让人意外的是，贝多芬婉言拒绝了这份饱含勇气与坚毅的心意。

贝多芬虽然渴望相守一生的爱人，但他内心却拒绝坐上一家之主的位置，因为父亲是一个极其失败的一家之主：没有爱的父亲，整日酗酒的父亲，让妻子忧心的丈夫，让妻子不能拥有幸福的丈夫，无法撑起整个家庭的一家之主。父亲失败的一家之主的位置，再次给贝多芬带来了挥之不去的阴霾，所以他选择逃避，选择拒绝。

幼时的贝多芬曾问过母亲什么是婚姻，母亲的回答是“很少欢乐，可是之后一连串痛苦”（Solomon，& 田园，2013）。可见，父母并不幸福的婚姻早已在他心中烙下了深深的印记，他倾听着母亲惆怅的诉说，他看着母亲整日的奔波辛劳，日子需要精打细算才能勉强过活，而父亲却日日酗酒，不知体恤母亲。日后的贝多芬提到婚姻时，用的全是不愉快的语气。1817 年，贝多芬对贾纳塔西奥家人提到自己时说“他不知道这样的婚姻过了一段时间，会不会要不这个人，要不那个人，会懊悔这一步。而且对少数姑娘，早年间要是想占有她们，他会视为最大幸福。对此，他后来作了评论：他非常幸福，她们没有一个成了他妻子”（Solomon，& 田园，2013）。强烈的畏惧心理远远超越了对幸福婚姻生活的渴望，在1813年5月13日的日记中，贝多芬这样写道：“一次大的行动，有可能放弃，就让它这样！啊，与在我心中常常显现的折磨、懒散的生活比有多大的差别，啊，可怕的状况，它压制不了我对家庭生活的感情，可是做起来难！啊，上帝，上帝，俯瞰不幸吧，别让它拖得太久！”（Solomon，& 田园，2013）他无法抗拒摆脱这种对婚姻的恐惧，但同时也不想失去和安东妮之间的爱情。

但这道无法逾越的鸿沟终是断了这份寻觅半生而得的爱情，结局虽不美满，但迟到的爱情将贝多芬阴霾重重的生活再次照亮，唤醒内心深处最柔软的一面。

四、 命运击不垮的音乐巨人

天妒英才，贝多芬晚年时期遭受了失聪之痛，音乐家失去了听力，犹如游鱼离开了水，飞鸟折去了翅膀，太阳消散了光芒，再充盈的创造力也都只是过眼云烟。听不到声音的音乐家，多么嘲讽！可贝多芬又是那样一个自尊心极强的俯视者，他怎能承受得来这般打击。

（一）无畏于皇权富贵，做自己的贵族

1792年，22岁的贝多芬独自一人来到他心心念念的音乐圣都——维也纳，他渴望在这座承载着梦想的城市，向声望更高的音乐家学习，同时也渴望成就一番属于自己的事业。璞石经得住时间的考验，凭借着自己非凡的音乐才华和刻苦谦逊的学习，贝多芬在维也纳的上流社会中逐渐站稳了脚跟。人人钦羡他的音乐创作，对他的演奏技巧心悦诚服，能够请贝多芬在自己的府邸中演奏一曲，可以说是十分荣幸的一件事了。

然而，在那个专制统治时期，贵族阶级与音乐家之间是雇佣者与受雇者的关系，音乐家虽然是艺术家的身份，但他们的地位却并不受重视。与贵族之间保持一定的联系，只不过是需要从贵族手中获得施舍，以此来维持生活。在贝多芬以前的音乐家，他们的生存空间都有着很大的局限性，地位比较卑微，只不过是贵族的音乐仆人。同样，为了维持生计，贝多芬不得不将自己的作品双

手奉上，不得不随时恭候为他们演奏。

正值风华正茂的青年时期，骨子里的桀骜不驯和与生俱来的自我独立，让贝多芬没有选择卑躬屈膝。越接近这纸醉金迷的贵族生活，贝多芬便越发愤懑，但愤懑的同时也充斥着无助的自卑感。

阿德勒认为，每个人一生下来就带有不同程度的自卑感。（郑雪，2017）况且在这样一个贵族圈子里，贝多芬的确有充分的理由自卑。并不富裕的家庭、整日酗酒名声不好的父亲、羸弱多病的母亲，十二岁起就要担起家庭的重担，外出谋生计。而当面对这样一群天生自带贵族光环的群体，再浩瀚的创造天赋也无法使他昂起头颅。

但令人欣慰的是，贵族们对于贝多芬的音乐天赋始终抱着一种十分崇敬的态度，崇敬到将他暴躁无常的脾气都视为极其正常的艺术家气质。甚至于为求贝多芬演奏，李希诺夫斯基亲王的母亲都跪下来求他。正是贵族圈内对贝多芬近乎狂热的痴情崇拜，逐渐让贝多芬认识到自身的价值，让他渐渐撇弃自卑感。自卑感有时会产生消极作用，但有时也会成为推动人积极向上的动力，一个人有自卑感时，就需要将其克服，而要克服自卑，就必须赶上别人，甚至超越别人，这种赶超别人的努力倾向就是追求优越。无疑，贵族的崇拜加速了贝多芬追求优越的建成，他逐渐地克服自卑感，认识到自己的优越之处，逐渐地形成了一种自励人格。

除了认识到自己的难能可贵之处以外，使他昂起头颅的还有另外一个原因。18 世纪以后，随着社会文化环境的改变，音乐家又增加了一类音乐受众群体——市民阶级。印刷出版业在音乐领域的使用使得音乐家的社会和经济地位逐步地升高，“贝多芬是第一个依靠印刷自己的乐谱出售来维持生活的音乐家”（王青，2007）。在经济来源方面，贝多芬已无须再依靠贵族阶级，所以他便更有底气，也更有自信。

所以他做了属于自己的贵族，在面对王子命令般的要求时，他可以高昂着头颅说出这番话：“王子，您的身份是靠出身偶然得到的；而我呢，全凭的是自己的努力。这世上诞生过无数的王子，而且之后还会有更多的王子；但是这世界上只有一个贝多芬！”（Beethoven，& 张宇，2012）从这段话中可以看到，此时的贝多芬已经完完全全地突破了他的自卑感，他认识到了自己身上难能可贵的天赋和为此付出的不懈努力。

贝多芬一直都仰慕歌德，而歌德也对贝多芬的作品早有耳闻，1812 年，两位伟人终于见面。在维也纳，两人一见如故，探讨文学、音乐、哲学、生命，似乎有许多共通点。

正当探讨地热烈时，迎面走来了奥地利皇后、王子等一众皇室贵族，见此状，歌德立马毕恭毕敬地迎上去脱帽致敬，而贝多芬却劝说歌德“您大可不必这样做，他们也许能使一个人成为官员，但在任何时候也造就不出歌德或贝多芬……”但歌德却依然迎上去了。

而此刻的贝多芬却依然戴着礼帽，昂着头站在路边。

而皇后、王子等贵族，见到贝多芬以后，却是主动上前打招呼，两人的差别是显而易见的。

贝多芬同样也很有礼帽的打招呼，但没有谄媚、没有讨好。事后，贝多芬痛心地对歌德说道：“您对于他们过分尊敬了。”贝多芬心中的伟大诗人形象已经土崩瓦解了。

两位伟人的此次见面显然是不愉快的。贝多芬骨子里的刚正不阿容不下这般情景，他的独立精神不容许他低头。这股倔强的劲头同样适用于日后对待耳疾的态度和毅力。贝多芬不是一个容易屈服的人，幼时父亲造就的困境，恰好磨炼了其意志和韧劲，并影响其终生。

在他眼中，自己就是贵族，因为他的天赋无人能敌，他的才华胜之千里。他无需对那些因世袭而谋得贵族身份的权贵低头哈腰。他用自己与生俱来的音乐天赋和为之不辞辛劳付出的努力，换来了至高无上的自尊，换来了属于自己的贵族身份。

（二）突破心理创伤，涅槃重生

1796 年，贝多芬 26 岁，正是音乐事业起步的关键时刻，而此时贝多芬的耳朵就已经出现问题了，但他一直将这个秘密置于心底，就连最亲密的朋友也缄默不语。他不敢让别人知道这样一个优秀出众的音乐家居然得了耳疾。贝多芬是一个极度自强自尊的人，他那猛狮般的暴脾气给他招致了不少虎视眈眈的敌人，他不想让别人看他的笑话。为了防止让别人发现他的耳疾，他逐渐与人群疏离，他的脾气也越发地暴躁了。那段日子，别人眼中的他就像是个带刺的玫瑰，处处带有攻击性，让人无法亲近。而这一切都源于他独自守护的秘密，他不想让任何人知道他是一个聋子！

贝多芬始终都是一个自尊心极强的人，在面对皇室的演奏命令时都不曾低头，那在可以毁掉自己音乐声誉的耳疾面前，又怎能妥协低头呢？

日益严重的耳疾折磨着贝多芬，音乐家的世界里从此只剩下伴有耳鸣的嗡嗡声，美妙的声乐只能回响在渐渐萎靡的心底。耳疾使得孤僻的性格慢慢演变成郁郁寡欢，患上耳疾后的贝多芬，已经渐渐成为一个脾气古怪、孤僻冷漠的人。

耳聋对于音乐家贝多芬来说无疑是一次十分重大的心理创伤。心理创伤指日常生活中的与精神状态相关的负性影响，常由于躯体伤害或精神事件所导致，它可以事件的当事人为载体，但也可能因目睹事件而诱发（施琪嘉，2006）。贝多芬因耳聋导致生活发生重大变化，从而导致连续性不愉快的环境并造成了适应障碍，这属于严重应激反应及适应障碍。日益加重的耳疾，同时也日益加重了贝多芬的恐惧感，身为一个优秀的音乐家居然听不到音乐，这在别人眼中是多么讽刺的一个笑话啊！所以自卑、恐惧、抑郁、不知所措，种种负面情绪接踵而至，日益积累，最终导致情感、行为、躯体等部分或全面障碍的疾病，这种疾病可以在创伤后数天、数月或数年后发生。心理创伤表现在情感方面的外在反应，包括焦虑、恐惧、忧郁、悲伤、易怒、无助，没有安全感，冷漠或疏远，失去信心；在行为方面的外在反应，包括退缩或远离他人，敌对或好攻击，经常与别人争论。

布罗伊宁曾写信给韦格勒："您无法相信，亲爱的韦格勒，我愿说，听力减退对他造成的真是无法形容的，可怕的影响。您设想一下，处于不幸的感受，他那么暴躁的性格都变得内向，常常反对他最好的朋友，在许多事情上都犹豫不定！"（Solomon，& 田园，2013）彼时的贝多芬已被心理创伤带来的绝望和无助给压得透不过气来了。

这种无力感深深笼罩着贝多芬，他感觉听不到声音的自己已经不存在任何价值，所以他选择了结束自己的生命，就将生命永远地定格在最灿烂的时代吧，这应该是他决定自杀的动机。

在1802年写给弟弟们的遗嘱中，他曾提到他想过要自杀，“类似的事件把我逼入了绝境，如果再多一点，我可能就得结束自己的生命了——是我的艺术没让我这么做”（Morris，& 王维，2014）。贝多芬想要自杀这件事其实一直都没人知晓，这封原本要终结自己的遗嘱并未交到弟弟们的手中，是艺术拯救了他，是强大的心理弹性拯救了他。心理弹性是人类面对逆境时的一种良好反应，是个体的一种品质和技能，也是人们普遍具有的一种潜能。（张爱华，刘晓虹，2011）这是一种面对困难时固有的反弹能力，但这种反弹能力也并不总是会比困难要强大。

人们是在贝多芬的遗物中发现了这封遗嘱，才得知他曾动过想要自杀的念头。那时的贝多芬，承受着多么沉重的痛苦啊！独自一人默默承受着苦楚，在死亡与活着之间摇摆不定，然而没有人知道他的秘密，没有人知道他的痛苦，没有人在他耳畔给他鼓励和疏导，没有人给他温暖的依靠，他就独自一人落魄地飘摇在音乐圣途上，他想要维持一个别人眼中光鲜亮丽的形象。强大的心理弹性让他经受住了这一切，而这种抗击压力的能力则受益于坎坷多难的成长环境。在逆境中跌倒，同样也在逆境中成长，生活总是一次又一次地甩给他难题，他却一次又一次地迎刃而解，心智慢慢成熟，同时也慢慢坚韧。

虽然音乐“迫害”了他，但同时也拯救了他。他要为音乐而活下去，他要锁住命运的咽喉，他要做命运击不垮的巨人，而不是一个任凭命运摆布的弱者。“我愿意同命运抗争；命运是击不垮我的。噢，再过千世也是值得的啊!”（Beethoven，& 张宇，2012）就冲破这道好似万丈深渊的命运鸿沟吧，无须再做任何的隐瞒，就告诉所有人，无论是那些崇拜他的敌视他的人：“我是一个聋子音乐家!”但那又怎样，即便听不到声音，但他依然要继续做他的音乐家，只不过接下来的路是无声的路。

耳疾总是反反复复，但始终没有好转。直到1815年，正值人生事业巅峰的中年时期，贝多芬的耳朵却已经完完全全地聋了。但完全丧失听力的他仍在音乐圣途上不断地艰难前行，此后的音乐风格与以往已经大不相同，跌宕起伏的节奏中，有雄伟，有果断，有呐喊，有批判，有势不可挡的英雄力量，彼时的他已然是重生的他。

曾经经受过的磨难，曾经停留过的郁结，曾经体验过的不痛快，所有的负性力量，都升华为音乐作品中的怒吼，升华为对音乐的态度，升华为向命运宣战的颂歌。弗洛伊德认为本我中聚集的大量能量总是力图通过各种渠道发泄出来（弗洛伊德称之为精神发泄），而满足本能欲望、发泄能量的直接方式往往为超我的道德规范或现实要求所不容，因而会遭受自我和超我的抵制与压抑（反精神发泄）。如果力比多发泄的直接、原始的方式被社会所赞许的、高尚的间接方式所替代，就称为升华。（郑雪，2017）这是唯一成功的防御机制。凭借着力比多的升华力量，贝多芬在自己的音乐世界中又创造了一个又一个的奇迹，《英雄交响曲》《庄严弥撒》《第九交响曲》……在没有声音的世界里，他依然创作出了流芳百世的音乐巨作。

1824 年，贝多芬已经 54 岁了，日益严重的耳疾和逐渐败落的健康折磨着他，但他依然在进行着自己最热爱的事业。他在维也纳举行了一次演奏会，并且获得了空前的成功，谁能想到这居然是一个听不到声音的音乐家创造的音乐盛宴呢？“在贝多芬出场时，受到群众五次鼓掌的欢迎；在讲究礼节的国家，对皇族的出场，习惯也只用三次的鼓掌礼。因此经常不得不出面干涉。交响乐引起狂热的躁动。许多人哭起来。”（Rolland，& 傅雷，2012）我们有理由相信，泪水之中除了观众对这场音乐盛宴的感慨赞誉之外，更多的是感动，为贝多芬的执着而感动，为贝多芬的不妥协而感动。

命运击不垮的音乐巨人，无畏于低谷，无畏于命运，无畏于世俗的眼光，无畏于打击他的所有苦难，重创后的巨人往往更有力量。他用执着和顽强谱写了一篇又一篇的华美乐章。

但再顽强的意志也抵不过疾病的侵袭。1826 年 12 月，贝多芬已经同时遭受肺炎、胸膜炎和咳血的折磨，昔日的音乐巨人倒下了。他躺在床上已经奄奄一息，但凭借毅力又坚持了几个月。好友们得知贝多芬病重的消息，纷纷前来探望，他在虚弱的重病状态中依然爱发脾气。

1827年3月26日，享年57岁的音乐巨人便与世长辞了，29日是贝多芬下葬的日子，在这一天，维也纳所有的学校都停了课，只为向这位伟大的音乐家致敬，几乎维也纳所有的人都出动了，参加送葬队伍的将近有两万多人。人们不舍这位音乐巨匠，不舍他给维也纳带来的铿锵有力的英雄奏歌，也不舍他面对顽疾时的英雄意志。

五、 结语与启示

纵观贝多芬的一生，艰难和孤独似乎总与他相伴，他的人生开端，便是没有曙光的黑暗。音乐天赋的降临，究竟是缪勒女神的眷顾，还是地狱使者的诅咒？总之，音乐让他受尽了苦楚，也尝尽了甜头。天赋、训练、榜样、环境、气质，所有的条件都完备无缺，冥冥之中，命运之神已为他铺好未来的道路，但耳疾的降临，却打碎了一个志气蓬勃的音乐家所有的梦。没有声音的世界本就是孤独的，在寻寻觅觅的爱情路上，一路跌跌撞撞，终于遇见可以唤作永生爱人的红颜知己，但孤独的魔咒却总是萦绕不散。

人生路途中的暴风雨也从未善待过他，在恣意享受掌声和拥戴的辉煌时刻，他却遭遇了作为一个音乐家最可怕的噩梦——耳疾。面对命运的暴击，贝多芬没有选择做一个束手就擒的妥协者，而是做一个敢于同命运抗争的巨人，他挥霍了属于自己的所有力量，反将命运击垮。他一次又一次地跌倒，一次又一次地绝地反击，也曾彷徨无助，也曾绝望惆怅，也曾看不到关于未来的一丝丝光芒，他的世界灰了又亮，总在大起大落间徘徊不定。拒绝失败，拒绝懦弱，拒绝不堪一击，他一次又一次地奋勇反抗，终将自己的世界谱成了彩色。

贝多芬的一生都是与音乐交织在一起的，祖父对其音乐天赋的发掘让贝多芬找到了毕生的归属，即便在音乐这条道路上困难重重，但他也未曾想过放弃，而是一次又一次地同命运抗争，终其一生为音乐献身，这就是热爱的力量。对于真正热爱的事物，孩子往往是不需要父母督促着去做的，兴趣永远是孩子最好的老师，当然，每个孩子也都拥有专属于自己的天赋。为人父母，应该做的是尽可能地去发掘孩子的未知天赋，帮助孩子发现自己的兴趣所在，而非强制孩子遵循父母规划好的路线。父母应该引导孩子，在职业生涯的选择面前，所谓的热门专业并不一定就是最好的决定，兴趣和天赋才是首要决定因素，因为只有真正的热爱才是推进孩子追求这份职业的动力。乔布斯曾说过："成就一番伟业的唯一的途径就是热爱自己的事业。"如果孩子想成就一番自己的事业，毫无疑问，孩子所选择的必将是自己所热爱的。

第十章　科学巨匠牛顿一生为何茕茕孑立?

艾萨克·牛顿是曾出现过的最伟大、最有影响的科学家之一。他取得的成就打开了物理世界的大门。但就是这样一位神一般存在的伟人，却“孤独”地度过了一生。本文就牛顿为何一生选择不婚，并结合他的幼年经历、性格、性取向以及生涯历程对牛顿不婚的原因展开分析，深入地了解牛顿不婚背后的心理机制。

一、苦难的童年

伊萨克·牛顿（Isaac Newton），于1642年的圣诞节（这是根据英格兰当时的日历确定的时间，计时方法未必准确）出生在乌尔索普（Woolsthorpe）的一个小村庄。祖父罗伯特·牛顿（Robert Newton）是一位富裕的农庄主。他的父亲（亦名Isaac Newton）继承了田庄，母亲汉娜·埃斯库（Hannah Ayscough）是一个家道中落的乡绅的女儿。牛顿的父母在1642年4月结婚，这时老牛顿35岁，正值壮年，按发展心理学观点，正处于埃里克森阶段发展理论的第七阶段成年中期，“心理发展任务是获得繁殖感而避免停滞感，体验着关怀的实现。这时男女建立家庭，他们的兴趣扩展到下一代”（林崇德，2016）。老牛顿本应陪伴牛顿快乐成长的，不幸婚后半年就病故了。所以牛顿生下来就没有了父亲，只剩下母亲汉娜。

在这种情况下，牛顿应该比他的双亲都健在的情况下更加依赖他的母亲，可事实上牛顿却恨他的母亲！为什么会这样？牛顿 3 岁时，母亲改嫁给富有的教区长巴纳巴斯·史密斯。然而，史密斯想要的只是一个妻子，并不想要继子。与此同时，家族的人希望刚出生的牛顿将来能够接替他从未谋面的父亲来管理这个家。

根据结婚协议，最终汉娜决定留下 3 岁的小牛顿给奶奶照顾（后来牛顿由外祖父母共同抚养)，搬去和史密斯同住。我们可以理解史密斯不愿汉娜带着儿子与他一起生活。但作为母亲的汉娜能够答应这样的条件，着实让我们怀疑：牛顿是不是汉娜的亲生儿子？汉娜到底爱不爱牛顿？

牛顿的确是亲生的，汉娜同样也是爱儿子的。有两份文件可以展现汉娜对她儿子的爱。第一件是她使艾萨克牛顿成为全庄园的唯一继承人，而且在遗嘱中指定由牛顿决定最适合的方式下葬她的遗体。第二件是牛顿在大学读书的时候，她亲笔写给他的一封家书，她是这样写的：

> 艾萨克
>
> 来信收悉。而我也期盼着你收到我的信并你的衣物。除了你妹妹们给你的爱，我也给你母爱，及祈祷上帝给你爱，无物给你。
>
> 我，挚爱你的母亲
>
> 汉娜

从这封信来看，汉娜是爱牛顿的，但遗憾的是不能陪伴在牛顿身边。1653 年，牛顿的继父去世，牛顿的母亲带着三个同母异父的弟妹回到乌尔索普。此时已是汉娜离开牛顿的第 8 年，时间是无情的，8 年的时光足以改变太多事情，也足以让人错过很多珍贵的东西。对于汉娜来说也是这样，8 年间，过少的感情交流让她与牛顿产生了难以修复的隔阂。

所以，即使母子再次重聚，俩人的关系却再也回不到从前……

有些事，错过了就是一辈子！

“威胁我那史密斯的父母亲，要把他们连同房子一齐烧掉”（Michael, & 陈可岗，2004）。这是牛顿 19 岁时写在他那忏悔本上的，可见牛顿对母亲改嫁这件事的愤恨。

对于汉娜抛弃牛顿的行为，我们只能猜测其背后的原因。或许是汉娜希望给牛顿更好的生活，亦或许是牛顿家族的其他成员决定了牛顿的命运？在当时的背景下，可能后者才是将母子两人分开的主要原因，但不管原因如何，牛顿最终面临的是母亲的离去。

“尽管后来牛顿也关怀他的母亲，在 1679 年汉娜重病时，回家亲自照顾她。”（Michael, & 陈可岗，2004）可是，母亲的再婚对牛顿的伤害太深，以至于影响到牛顿日后对女人的态度（对女人失去信任，因而不会与女性建立婚姻关系）。

“弗洛伊德认为，儿童出生到成年要经历几个先后有序的发展阶段，每个阶段都有一个特殊的区域成为力比多兴奋和满足的中心，此区域称为性感区。据此，弗洛伊德把心理性欲划分为口唇期（oral stage）、肛门期（anal stage）、性器期（phallic stage）、潜伏期（latency stage）、生殖期（genital stage）五个阶段。弗洛伊德认为，儿童在这些阶段中获得的各种经验决定了他们成年后的人格特征。”（Michael, & 陈可岗，2004）在汉娜离开牛顿的前两年，也就是牛顿性心理发展的性器期（3—5 岁）阶段（这一阶段对于男孩来说，就是正确处理好恋母情结的问题），汉娜的离去导致了牛顿性心理发展的“停滞”和“倒退”，从而成年之后会形成相应的人格类型（在后面会讲到）。

在心理学中，“停滞和倒退不仅使个人人格发展受到阻碍，而且会对人格结构特征产生深刻的影响。某些人在成人以后，还保留着早期发展阶段的心理特征，这主要是因为他在早期阶段有过停滞或倒退的经验。进一步说，一个成人的人格特征往往是他早期阶段发展的停滞和倒退的反映”（林崇德，2016）。而对于牛顿而言，他成年后自私、自恋，以及无法建立正常的人际关系的种种现象，就是由于他无法正常度过“性器期”，产生了心理发展上的“停滞”和“倒退”，最终形成了他的“性器期人格”。

汉娜离开牛顿的8年间，艾萨克由外祖父母詹姆士和马杰里抚养，他们搬到庄园来与他同住。但是牛顿日后从来不提他的外祖父母，似乎牛顿与他们之间并不存在什么爱。埃斯库老夫妇可能已尽责照顾，但他们毕竟不能代替汉娜。三岁的牛顿无法理解母亲为何要离开，他思念母亲同时又恨她。其实很大程度上，牛顿身上体现的是教养方式的不当。牛顿没有与外祖父母形成良好的亲密关系，甚至牛顿都不喜欢他的外祖父母。

到了12岁，牛顿在学校里已经开始学习拉丁语、神学、希腊语和希伯来语。此时，牛顿的性格已初步形成，内心寂寞，焦虑，争强好胜。

有时，牛顿和其他男孩子在墓地打架，常常被打得鼻子流血。在一个拉丁语练习本上，他下意识地写满了抄来的和自创的语句：“一个小家伙！我很无助！他面色苍白！没有我的容身之处；在房子的顶楼——在地狱的顶层；他将来能干什么呢?”牛顿很绝望：“我要摆脱现在的生活，我不知道该怎么做，我只有哭泣。”（Gleick，樊栩静，& 吴峥，2014）从牛顿的言语中，我们可以看出他的无奈与绝望以及对自己未来的迷茫！

我们不得不承认牛顿的童年是残缺、不幸福的。生来就没有见过自己的父亲，在自己最需要关爱的时候，母亲也抛弃了自己。在那个本应可以调皮、无理取闹的年纪，牛顿也是孤零零的一个人。在别人家孩子面前，他就是那个没有父母疼爱的孩子，所以牛顿总是很自卑。父母的离去让牛顿的心灵无处安放。但幸运的是，上帝关上了一扇门的同时却为他留了一扇窗。

由于家庭环境的影响，牛顿小时候孤独内向，不擅长与别人交往。被送去上学时，成绩也一般，但是他喜欢读书，尤其是关于机械制造的读物。“贝特的书于1634年发行初版，书中全是奇妙的机械和器具，以及他们的制作方法和详细说明。少年牛顿按照那些说明自行设计并制作了能够实际操作的模型机械，因而成为一个小有名气的学童。”（Gleick，樊栩静，& 吴峥，2014）牛顿童年的生长环境是纯净的大自然，他的天性里有着对大自然的无限热爱。这种内向性格与热爱大自然的天性结合起来，便就有了优势，那就是他能够也渴望探究自然的奥秘。同时，就是在这种与大自然相处的日子里，牛顿也养成了勤奋、专注、勇于探索的品性。除此之外，牛顿对大自然的探索也极具天赋，是一个无师自通的天才，而这些条件的具备也为牛顿的生涯成功起到了重要作用。

“职业兴趣是个体追求某种职业或从事某种职业的过程中表现出来的个性性向。职业兴趣可以使个体在选择职业的过程中优先选择某些职业，它能够在职业定位和职业选择中产生巨大的影响，有助于发掘智慧、潜力和工作效率。”（刘海玲，王利山，2005）关于职业兴趣理论，影响力比较大的有霍兰德职业兴趣理论。“霍兰德的职业理论的核心内容是把人分为六大类：现实型、探究型、社交型、传统型、进取型、艺术型，职业环境也以同样的名称分为六大类。同种职业人格的人的相互协作是最理想的工作状态。职业兴趣与职业环境的匹配是决定成功的最重要的因素之一。”（刘海玲等，2005）从就业角度来说，根据职业兴趣寻找到合适的职业，那么他（她）以后的职业生涯更可能会是成功的，因为他（她）选择的是自己所热爱的行业。

根据职业理论，童年时的牛顿体现更多的是“现实型”倾向：“有较强的身体技巧和机械的协调能力，对于机械和物体显示出强烈的关注。但是缺乏人际交流的技巧。”（刘海玲等，2005）成年时，则表现为“研究型”：“对于理论思维和数理统计具有浓厚的兴趣，倾向于通过思维分析解决复杂的问题，喜欢具有创造性、挑战性的工作。”两种类型有差别，但也有相似之处。但实质都是探索自然，发现自然。牛顿的兴趣在不同的年龄阶段虽有所变化，但他热爱大自然的那颗心，却始终没变！

对于牛顿而言，童年的遭遇给他带来的是永远的伤痛，是内心禁止触碰的伤疤，也让牛顿眼中的女性有了母亲汉娜的影子。因而面对婚姻，他选择拒绝。所以很大程度上，牛顿一生没有结婚归咎于母亲改嫁对他造成的伤害。但好在牛顿喜欢探索，喜欢自然，当他做自己喜欢的事情的时候，能够让他放下心中对母亲的恨意。

二、 天才在左，“疯子”在右

牛顿是科学界的神话，是理性的化身。我们敬仰牛顿，但我们对牛顿的了解大部分是关于他的传奇事迹，很少会了解到他的生活及真实性格的一面。那么生活中的牛顿是怎样的一个人呢？一生未婚又是为何？

首先，我们可以确定的是，牛顿一生之中是不喜欢与人交往的，或许是幼年经历造成的不安全感，让他在人生道路上选择沉默。牛顿一生中的朋友很少，自己本身也不擅长培养感情。常年在他身边的人回忆说，牛顿在人前只笑过两回，其中一次还是嘲笑：有人问他，欧几里得的《几何原本》那么老朽，不知道还有什么价值。牛顿闻听放声大笑。这种说法显然是放大了牛顿的缺点。但还是值得我们了解的，牛顿确实是一个不喜欢笑的人。“胡克曾视牛顿如同一个干果壳，毫无生活情趣的人，人固然很杰出，但却是一个满腹偏见、自我主张和自我陶醉的人。”（Michael，& 陈可岗，2004）胡克作为牛顿的宿敌，还是非常了解牛顿的，其评价也比较可信。

要了解牛顿的性格，我们可以通过他与朋友间的几件事情。其一，在朋友法蒂奥和惠斯顿遇到困难的时候，牛顿是如何处理的。其二，牛顿与莱布尼兹关于谁先发明微积分的争论。

当法蒂奥和牛顿分手之后，法蒂奥仍然住在英国，并且继续游走于上流社会的边缘。但是没过多久，法蒂奥参加了一个新教徒组织，还很轻易地攀升到秘书兼出纳的职务。但是法蒂奥身为一名哲学家，参与他们并且可能成为这个组织的领袖，是威胁到科学界的信誉的。并且在当时敏感的宗教环境中，新教徒的组织已经引起当局的不快。于是到1707年秋天，当这个组织再一次发布谣言的时候，英国女王不得不采取激烈的行动。1707年11月，最后，法蒂奥被法庭判决有罪。

在整个事件过程中，牛顿并没有设法帮助法蒂奥，或者在他认为，法蒂奥应该好汉做事好汉当，但是最有可能的理由是为了撇清自己。因为此前，他已经被人检举私下同情法蒂奥和卡米撒派所奉行的信条（卡米撒派是不被王室所接纳的）。我们经常说患难见真情，但在这件事情上，我们没有看到牛顿为朋友付出的一面，相反我们只看到了他的自私与无情。

然而，就在公众对这件事情的指责声浪稍微平息一点之时，牛顿又面临了另一位过去的追随者带给他的更大麻烦。

1694 年，一位 27 岁的青年数学家惠斯顿（William Whiston，1667—1752）以一篇题为《地球的新理论》的文章（New Theory of the Earth），令牛顿印象深刻，不久就获聘为三一学院卢卡斯讲座教授的助理，并在牛顿的帮助下，继任卢卡斯讲座教授的职务。

在惠斯顿担任助理之后不久，他对阿里乌教义就发生兴趣，也受到牛顿的鼓励和指导。两人虽然有共同的宗教观，但在信仰上南辕北辙。牛顿所持的宗教态度是保守和自保，而惠斯顿则在牛顿的热情和保护下引入原始的基督教义之后，就变成一个积极的传道者；由于惠斯顿将宗教理念（与基督教教义不同）公开，所以很快就得到了罪名。到了 1708 年，法蒂奥受辱事件才过去不到一年，惠斯顿即因公开宣扬阿里乌教义而受到学校的谴责。（Michael，& 陈可岗，2004）

1710 年 10 月，这位年轻的教授受到惩罚，剑桥大学解除了他的职务。惠斯顿则让全家搬往伦敦，依赖他微薄的积蓄和兼职数学教师的薪水补贴过活，与此同时，他继续传播极端的宗教理念。他的几个朋友都在背后帮助他，给予他精神和物质上的支援，可是把他带到毁灭之路的人——他所崇拜的学术偶像牛顿，却默不作声。

牛顿害怕受到牵连，完全不敢为惠斯顿辩护。他自己挑选的继任者被解除了卢卡斯讲座教授的职务，他也置之不理；在惠斯顿反抗剑桥大学的宗教权势和其后反抗伦敦当局宗教战争中，牛顿仍旧不为他说一句话。（Michael，& 陈可岗，2004）面对牛顿这样的行为，我想，惠斯顿的内心应该也是失望的。

当法蒂奥与惠斯顿遇到困难的时候，牛顿极力撇清自己与法蒂奥的关系，生怕法蒂奥所犯下的错误会对自己造成丁点影响。同样，对惠斯顿遭遇打击后生活变得艰难也见死不救。难以想象牛顿会为了自己的声誉，抛弃自己那屈指可数的友情，并且对自己的“挚友”变得如此冷淡与绝情！

这不得不引发我们的思考：为什么牛顿对待科学上那么认真负责，对待自己的朋友却是那么无情与淡漠？问题的关键还是他的性格，从小到大，牛顿一直是一个没有安全感和缺乏信任的人，而且到了晚年，牛顿对金钱和权力的追求达到了狂热的状态。他不能容忍别人对自己的成就有所威胁，所以他会极力消除影响他前进步伐的障碍。这样看来，牛顿对待自己的朋友都不曾留情，那么对异性呢？加上早年牛顿母亲对牛顿的影响，他可能更不会选择相信女性。设想牛顿连给予信任的机会都不给女性的话，那何谈建立在信任基础上的恋爱甚至婚姻呢？而这或许就是对他单身问题的最好解释。可能对于牛顿来说，真理才最值得他信任。真理不会阻碍他追求的脚步，更不会背叛他！

关于谁先发明了微积分，首先我们要对莱布尼兹有一个基本的了解。

莱布尼兹，1646 年生于莱比锡，是德国的数学家兼自然哲学家，同时也是一个极具天才的人物。有些人认为，莱布尼兹可以与牛顿并肩。一位牛顿的传记作者甚至说："他们两个是全欧洲最了不起的天才，不只是在他们的年代，甚至包括历史长河中的各个时代。"还有一位作家也形容莱布尼兹为"历史中最伟大的通才之一。"（Michael，& 陈可岗，2004）

1673 年至 1675 年，莱布尼兹创建了高等数学的革新领域，其中一种称为无穷级数的运算技巧，并且最重要的是，它是微积分学的另一个版本。而这种技巧引发了后来谁是优先发明微积分的人的争议，甚至一段时间后发展成了意识与流派的阵营之争，以至哲学思想和数学应用两方面的分裂达数代之久。莱布尼兹因使用较佳的记号，很快在全欧洲得到广泛应用。于是牛顿和莱布尼兹之间便开始互相攻击对方。

1705 年，莱布尼兹提升了回击的力度。以匿名的方式在 1 月份的《学术论文集》中评论《光学》（牛顿的作品），并且还鲁莽地指控牛顿剽窃。最后，牛顿亲自出马了，他利用心理学会主席的权力，决定成立一个委员会来调查这件争执。在牛顿权力掌控下，委员会并没有公正地进行调查，而是做出了有利于牛顿的判决：牛顿是首先发明的微积分。所以在这场斗争中，莱布尼兹输了。但是两人的战争并没有就此结束，而是一直持续到莱布尼兹逝去，事情才接近尾声。迈克尔·怀特在牛顿传记中写道："即使莱布尼兹进了坟墓，牛顿也不愿意放过那可怜人。"

"牛顿的性格中最异于常人的一点，是他的愤怒不会随着岁月消失，反而越来越激烈。对他而言，时间不能使伤口愈合，却让伤口腐烂。牛顿几乎毫无恕人的度量，特别是关于会影响到他个人形象的事"（Michael，& 陈可岗，2004），这是一位《牛顿传》的作者对牛顿的评价。

对待学术上的敌人，牛顿不留任何情面。同样，在生活中，牛顿也是时而躁狂、时而忧郁，性格暴戾，非常容易被激怒，不喜欢与别人交往，总喜欢把自己关在实验室里。在普通人的眼中，牛顿或许是一个情绪不正常的天才；但在现代医学看来，他的行为是异常的，其本人也确实是一个标准的躁郁症患者。

总而言之，除了幼年时受到母亲抛弃的创伤从此对女性有阴影以外，牛顿一生没有伴侣的另一个重要原因，可以归咎于他的性格：冷漠、无情、暴戾乖张。心理学家卡特尔认为，早期生涯对人格的形成特别重要，个体人格的基本形成发生在7岁以前。（郑雪，2017）显然，牛顿的这种人格影响了他一生。但这也为他的职业选择奠定了人格素质的基础。

"从心理学的角度看，人格是一个非常重要的领域。即使一个人具有非常高的智力水平，具有相当出色的各种能力，也不能保证其职业生涯的顺利、事业成功。因为除了智力、能力因素之外，还有很多其他影响因素，非智力因素就是很重要的内容。例如情商，情商包括人们的人格特质（包括个性和情感）、人际关系能力和'意志'等心理品质。"（Michael，& 陈可岗，2004）而对于牛顿来说，他对学术之外的不在乎、低情商让他更适合做属于自己的理论。排除一切外界影响因素，跟着自己的感觉走。

科学巨匠的世界，不能用常理衡量……

科学巨匠的世界，普通人难以懂得……

三、 不一样，又怎样！

牛顿成年后并未对女人有过特别的感情。所以，凡是谈到牛顿的感情生活，就必定要提到两位可能和他有感情纠葛的男人。第一个是令人捉摸不透的威金斯（牛顿在三一学院的室友），他和牛顿同居了将近20年。其实并没有确切的证据指出他们的关系本质上是基于性。大家只是从他们俩的亲密程度和他们分开时所表现出来的暧昧加以猜测的。另一个和牛顿有非常明显的感情纠结的，是一位名叫法蒂奥（Nicholas Fatio Duillier）的瑞士青年数学家。（Michael，& 陈可岗，2004）法蒂奥比牛顿年轻22岁。1689年，威廉王子成为英国国王，法蒂奥成为来自荷兰、将访问伦敦的著名学者惠更斯访问期间的陪同人员，同年12月，与牛顿会面。牛顿与法蒂奥几乎马上建立起熟络的关系，并且两个人经常见面。在现存的牛顿写给法蒂奥的信件中，最早一封的日期是1689年10月（此时两人仅仅认识几个月）。这封信曾被不明人士改过，其原文是这样的：

> 我非常高兴你是……（第一处被删）朋友，至为由衷地感谢你对我的好意，特意安排我与他结识。我计划于下周到伦敦，将会十分高兴能够和你同住一旅舍，我会带着我的书和你写给我的那些信。（Michael，& 陈可岗，2004）

两人的亲密关系是可以明显看出来的。

1690年6月初，法蒂奥开始为期15个月的欧洲之旅。10月份，牛顿就向洛克打听法蒂奥的下落。这对于一般人来说，是一件再普通不过的事，可对于一个从不打听任何熟人，不喜欢与人交往的牛顿来说，就是一件意义不同的事了。更特别的是，当1691年法蒂奥回到英国时，牛顿听到消息后就立马前往看他。1692年11月，法蒂奥自剑桥回瑞士的途中，得了严重的风寒，便写信给牛顿。写道“先生，我大概无望再见到你了”（英国作家迈克尔·怀特认为这是法蒂奥在发烧、神志不清的状况下写的）。所以通过这件事，我们依然可以看到两人之间不寻常的关系。在此以后，牛顿和法蒂奥便通过充满情感的书信交流着炼金术和宗教。

直到1693年6月，两人的亲密关系突然终结。几个星期之后，牛顿被禁锢了的情绪（对感情的压抑）泛滥出来，使他陷入暂时性的精神错乱。

牛顿出现这种状况，其原因肯定是多方面的。首先，在事业上，此时他创办的期刊《原理》取得了很好的声誉，甚至让牛顿产生了这样的困惑：我还能不能突破自我，追求进一步的提升？其次，在工作方面，牛顿担任卢卡斯讲座教授已将近 25 年，在 1693 年之前的两年中，他已经体会过三一学院以外生活的窘迫，在品味了多姿多彩的政治生活（英国国王詹姆士二世推出忠于罗马教廷的行动，牛顿被推选为出席特别法庭的 8 位大学代表之一，参与政治活动。由于《原理》出版，牛顿声望蒸蒸日上）及广阔的人生后，再度回到孤单的剑桥大学，难免会有所不适和不甘心。最后，也就是牛顿与法蒂奥关系的结束。迈克尔·怀特猜想他们关系的破裂重挫了牛顿早已脆弱的感情，使他患上暂时的精神病。此后的三个月内，牛顿精神崩溃、意志消沉……

每个人都有自己的弱点。对于牛顿而言，感情就是他的弱点。因此他与法蒂奥感情的破裂（失恋）对他的人格造成了巨大的冲击。在心理学中，失恋属于高影响因素的生活事件。

其实，牛顿之所以单身，还有一个重要原因：牛顿是一个清教徒（清教徒要节欲）。

在当时的社会环境下，牛顿的性取向终其一生都受着压抑，但好在牛顿是信仰清教徒宗教的，因为“清教徒主义的节欲世界赐予他一个极好的借口，并作为他对自己无心恋爱的解释。因为在清教徒的世界里，只有上帝和知识两根精神支柱，而追求知识又是上帝赋予他的神圣使命。这两根支柱可以取代其他一切需要，以清教徒主义和渴求知识的天性为引导，他至少可以躲避性欲的需要，没有结婚或成家的心理压力，更抑制他对物质的欲望。”（Michael，& 陈可岗，2004）对于牛顿来说，这应该是最好的办法。

对于牛顿来说，爱恋女性是一件痛苦的情绪体验，这会让他产生严重焦虑。在心理学中，若一个人出现的焦虑程度太高，持续时间过长，则往往会导致人格的分裂和精神障碍，所以宗教信仰对牛顿来说就显得尤为重要。

在弗洛伊德的人格结构学说中，本我是人格形成的基础，是由先天的本能、基本欲望所组成。但是本我在追求快乐的时候，是不好的、邪恶的和不道德的。所以本我还需要现实的“自我”和理想的“超我”来规范其行为。关于超我，弗洛伊德（弗洛伊德）曾称它为良心，视它为道德的代表。超我按照至善原则活动，其功能是监督自我去限制本我冲动，以使行为符合社会规范和道德理想。（叶浩生，2014）所以，当牛顿心中产生不符合社会规范的观念的时候，牛顿的“超我”则倾向于将这种观念寄托于符合社会理念的事物，即宗教信仰。

一方面，牛顿一生并未与女性有过亲密关系，只与两位男性朋友有过暧昧关系。另一方面，他信仰清教徒，而清教徒必须要遵守节欲的信仰。不管是哪种方式，我们可以看出，牛顿一生都在逃避，逃避婚姻。

四、 探索胜于一切

我是柏拉图的朋友，我是亚里士多德的朋友，可是我更好的朋友是真理。

——牛顿

对于牛顿单身的另一个解释是：牛顿对科学的热爱远远超过了其他的事物，包括婚姻。

牛顿有一个“哲学笔记簿”，笔记本上清楚地说明他自哪一个时间点开始脱离传统的思维，并于何时开始质疑他被教导的东西。他在笔记簿中记下 45 个题目，尝试去研究和解答关于宇宙的神秘本质。这些问题包括“水和盐的本质”“磁吸引力”“太阳、恒星、行星及彗星的本质”“浮力和重力的本质”等。此后余生，牛顿便一直在追逐这些问题的答案。

关于数学，牛顿在数学上取得的成就，一般学者都会同意，牛顿对于这些问题的思考，最大的影响来自笛卡尔。1664 年夏天，牛顿自学笛卡尔的《几何学》并在三一学院任教，期间，从巴罗教授（数学天才，时任三一学院讲座教授）身上也学到了曲线和斜率数学的很多知识。

1665 年到 1666 年上半年这段时间里，牛顿在数学研究方面进展显著，设计出计算曲线斜率的一种精确方法，也就是微分。迈克尔 · 怀特认为：“牛顿伟大的数学突破，在于领悟到某个方程的一种特定运算方式，他能够导出用该方程式来表示曲线上的准确斜率，这种算法就是微分的本质。”（Michael，&

陈可岗，2004）不久，牛顿又推导出了另一种可以应用在方程上的运算方法（积分）。“1666 年 10 月，完成一篇论文，该文现称《1666 年十月的流数论文》，是历史上第一篇系统的微积分文献。”（丰特奈尔，& 赵振江，2007）此时，牛顿 24 岁。我们不得不惊叹牛顿的天赋。微积分的发现不仅为数学历史上增添绚烂的一笔，而且还为后来牛顿将重力观念延伸到万有引力奠定了理论基础。

对于重力理论的追溯，时间可以倒回 1665 年，英国的瘟疫由于内战的结束而再次爆发，并且夺走了 10 万民众的生命（其中约 7 万人是伦敦的居民，而当年伦敦的总人口才 50 万）。此次瘟疫自伦敦开始，于 1665 年的炎夏迅速蔓延。为了躲避瘟疫，牛顿于当年 6 月底 7 月初离开三一学院，回到乌尔索普后，照传统的说法他在那时获得了关于重力的伟大发现。那个著名的苹果正如我们所期盼的那样恰到好处地落下枝头，引发了重力学说的发现。可是事情真的是这么发生的吗？首先，我们要知道，在现实世界中，无论知识有多么深邃，对科学的发展有多大影响，其发展过程远比传说要平淡无奇。“关于苹果的故事的出处，不管是哪个版本，这些故事都有一个相同的特点，就是都声称直接来自牛顿本人的说法”（Michael，& 陈可岗，2004）。或许 1666 年的某一个下午，牛顿真的坐在农场的苹果树下，看到一个苹果落下来，就是这么一个再普通不过的场景，让他对重力理论的思考有了新思绪，最终发现了重力。“但是苹果的故事也像是后人为他捏造的，或许是后人出于特殊的目的添油加醋”，而这个目的更可能是牛顿在从事炼金术的时候，引起了牛顿重力理论的灵感。毕竟牛顿是科学巨匠，难免后人会对他的一些不完美进行粉饰。

但是更可能的是，牛顿不是由于灵感的闪现而领悟出全部万有引力的。在乌尔索普的两年知识的积累，为牛顿在观念与数学方面奠定了基础，此后二十年间，根据炼金术的知识和实验证明，他才逐渐提出了更详细的理论。

不管事情发展的经过是怎样，牛顿发现了重力理论，并且没有停止对重力的研究。是年，他开始考虑重力延伸到月球轨道的问题。他发现，维持行星绕其轨道的力，一定与它到其运行中心的距离成反比。

1680 年 11 月，一颗彗星模糊地出现在黎明前的空中。此后的一个月里，天空中又出现了一个巨大的星体，星体占据了整个星空，并一直持续到1681年的3月。彗星一出现就引起了牛顿的注意。在1681年1月，牛顿几乎每晚都关注并追踪着彗星的出现过程。1684年8月，哈雷从伦敦来剑桥访问牛顿，向牛顿提出这样的问题：假设一个遵循平方反比定律的吸引力向着太阳，那么行星将做什么运动呢？牛顿告诉他，应该是沿着椭圆形的曲线运动，并表示自己做了很长时间的研究。他不愿意对哈雷的问题给予证明（实际上是不想泄漏自己的微积分），但承诺会重新进行验算并将过程一齐寄给哈雷（牛顿在验证过程中换了一种方法）。此后很长时间，牛顿都在进行自己的研究和计算。在不断验算和撰写的过程中，牛顿发现了使得宇宙中的天体接踵而至的关键所在。1686年4月28日，牛顿将自己的研究成果整理成《原理》一书（全名为《自然哲学的数学》，书中内容为牛顿定律）。《原理》的影响力，快速激发出力学和运动定律的应用，并在一个世纪之后，引发了工业革命。

牛顿一生取得了很多成就，然而就是这么一位热爱科学的人，遗憾的是他半生都在研究神学，尤其是炼金术。

牛顿对炼金术产生兴趣，最早可追溯到格兰瑟姆的药房，他在克拉克先生那学到一些制药技术，并且在药店的藏书中看到任何配方都抄记下来。当他还是大学生的时候，就喜欢调制配方，不单是为了兴趣与好奇，而是他自己本来就患有疑病症，所以他在调制配方的时候，总是会自己服用一些。到了17世纪60年代早期，他开始对传统化学的知识产生兴趣。大约在1667年，牛顿开始自修化学，此后的四十年间，便一直从事自己的秘密炼金。

我们难以理解牛顿对炼金术狂热的追求，但是牛顿当年孜孜不倦于书房、图书馆和他的炼金火炉旁时，他并没有把自己限制在我们所定义的“科学”，他面对的是整个自然，而自然作为一个整体，永不停息地运动着，而理性则深藏其中。

但是实际上，牛顿在炼金术上的研究，在传统的科学界和一般社会人士看来都是不入流的，不过，有一个更实际的问题不容忽视：炼金术专注于普通的金属炼成黄金这项工作，在那个时代里一向被统治者视为重罪。因此，甚至到了晚年，牛顿仍然要隐瞒他的双重性格，一方面为了他自己的生命财产，另一方面为了不使他辛苦得来的名誉——历史上最伟大科学家的名誉受损。牛顿在46岁自己的学术成就达到顶峰之后，就不再从事教学活动。转而寻求政治上的成就感，事实显示，他的政治生涯也是令人仰慕的：1669年，被授予卢卡斯数学教授席位；1689年，当选为国会议员；1696年，被任命为伦敦造币厂的督办（英国监管钱币制造的最高职位），1705年，牛顿被安妮女王封为爵士。

综上来看，另一个对牛顿未婚的更有说服力的解释：牛顿不需要婚姻。牛顿不管是在学术上还是政治上，都取得很大的成功。他是一个成功人士。其解释就是，牛顿在数学、天文和物理上取得了丰硕成果，而这会让牛顿产生强烈的成就感。这种成就感给我们大脑的刺激跟恋爱时让人感到快乐和幸福的机制是相似的，当你感到快乐的时候，大脑会分泌多巴胺，让你感到这个世界的美好。但两者有些许不同：成就感会更加持久地让人愉快，恋爱则会稍弱一些。所以与恋爱相比，学术成就对牛顿的吸引力是更大的。

心理学中，马斯洛的需要层次理论将人的需要分为七个层次，以金字塔的结构形式排列。金字塔的最底部是生理需要，以上分别是安全需要、归属和爱的需要、尊重需要、认知需要、审美需要，最顶端是自我实现需要。对于牛顿来说，恋爱就是归属和爱的需要，但在学术上获得成功则属于自我实现。按照马斯洛的观点，自我实现需要位于需要层次之巅，是人类需要发展的高峰。那么牛顿的成就完全可以满足他的心理需要，即恋爱不是必要的。所以我们可以视牛顿为圣人，他是不需要恋爱和婚姻的。

牛顿一生未婚的原因是多方面的，既有童年时母亲改嫁对他造成的心理阴影，还有一生中怪异的性格对他的影响、他所信仰的宗教对他的约束，最关键的是他对科学的无限热爱。

对于我们来说，牛顿的生平有太多惊喜和意外。但无论牛顿的生平有过多少谜团和争议，这都不足以降低他的影响力。1726年，伏尔泰曾说过，牛顿是最伟大的人，因为“他用真理的力量统治我们的头脑，而不是用武力奴役我们”。

五、 启示

牛顿一生对于我们而言就如一场电影，“不婚”只是一幅画面。欣赏并体会这幅画面，我们可以得到很多启发与感悟：“望子成龙，望女成凤”是大多数中国父母的期望。但有一个问题很多父母都没有考虑过，就是孩子要往哪飞？要明确这个问题，我们就要科学地考虑孩子的生涯规划。

苏联教育家苏霍姆林斯基说：“没有爱，就没有教育。”牛顿因为缺失了母亲的爱，对女性产生了偏见最后缺失了对他人的信任。而作为家长，我们要教育好自己的子女，就必须要付出自己的爱与支持。除此外，父母在陪伴孩子长大的同时，要善于发现孩子的“天赋”，帮助孩子养成良好的行为习惯。树苗要想成为参天大树，必须根稳身正，而孩子成长就是这样的过程。在孩子有了独立思想后，我们再与他们就日后的职业慢慢探索，最终让孩子朝着目标努力。

每一个孩子都是独特的存在，每一个孩子都应该有属于自己的人生规划！

参考文献

Alexander, I. E. Personology: method and content in personality assessment and psychobiography. Publication—American Institute of the History of Pharmacy, 1991, 16(10):217 -22.

An, W., & Western, B.. Social capital in the creation of cultural capital: Family structure, neighborhood cohesion, and extracurricular participation. Social Science Research, 2019,81:192 -208.

Blustein, D. L.. The psychology of working: A new perspective for career development, counseling, and public policy. Mahwah, NJ: Lawrence Erlbaum Associates,2006.

Bordin, E. S. Psychodynamic model of career choice and satisfaction. D. brown & L. brooks Career Choice & Development,1990.

Bromley, D. B. The Case-study Method in Psychology and Related Disciplines: DB Bromley. John Wiley & Sons,1986.

Bronfenbrenner, U. Ecological systems theory. R Vasta Annals of Child Development, 1992,6:187 -249.

Brown, D. Introduction to theories of career development and choice. Origins, evolution, and current efforts. In D. Brown & Associates (Eds.), Career choice and development. 2002, 4: 3 – 23.

Dawis. R. V. Person-Environment-Correspondence theory. In D. Brown & Associates (Eds.). Career choice and development. 2002, 4: 427 – 464.

Elms. A. C. Uncovering lives: The uneasy alliance of biography and psychology. New York, NY: Oxford University Press, 1994.

Erikson, E. H. Young man luther: a study in psychoanalysis and history. New York: Norton, 1958.

Erikson, E. H. Gandhi's truth: on the origins of militant nonviolence. Archives of General Psychiatry, 1969, 21(6): 766.

Erikson, E. H. Dimensions of a new identity. Diagnostic Cytopathology, 1974, 10(1): 1 – 2.

Fouché, P., Burnell, B., Van Niekerk, R., & Nortjé, N. (2016). The faith development of the antiapartheid theologian Beyers Naudé: A psychobiography. Spirituality in Clinical Practice, 2016, 3(4): 276 – 288.

Friedlander, S. History and Psychoanalysis. New York: Holmes&Meier, 1978.

Garriott, P. O., Faris, E., Frazier, J., Nisle, S., & Galluzzo, J.. Multicultural and International Research in Four Career Development Journals: An 11-Year Content Analysis. Career Development Quarterly, 2017, 65(4): 302 – 314.

Ginzberg, E., Ginsburg, S. W., Axelrad, S., Herma, J. L. Occupational choice: An approach to general theory. NY: Columbus University Press, 1951.

Hackett, G., Lent, R. W., Greenhaus, J. H.. Advances in vocational theory and research: A 20-year retrospective. Journal of Vocational Behavior, 1991, 38: 3 – 38.

Hall, G. S. Jesus, the christ, in the light of psychology. Yhologal Blln, 1924 (8): 295 – 298.

Hasna Baloui, Ysander Von Boxberg, Joeuml; lle Vinh, Stefan Weiss, Jean Rossier, Fatiha Nothias and O. Exemplary lives: the uses of psychobiography for theory development. Journal of Personality, 2010,56(1): 105 - 138.

Holland, J. L. Making vocational choices: A theory of vocational personalities and work environments (3rd ed.). Odessa, FL: Consulting Psychologists Press,1997.

Holland, J. L. Making vocational choices: A theory of vocational personalities and work environments. Englewood Cliffs, NJ: Prentice Hall,1985.

Holland, J. L. Making vocational choices (2nd ed.). Odessa, FL: Psychological Assessment Resources, Inc,1992.

Hsieh, H. H. , & Huang, J. T. The effects of socioeconomic status and proactive personality on career decision self-efficacy. Career Development Quarterly, 2014,62(1):29 -43.

Humm, M. Psychobiography and Virginia Woolf. English Studies, 2015,96 (5):596 -600.

Jacobs, J.. Psychobiography and the psychology of religion: a tribute to the work of donald capps. Journal of Religion and Health, 2017,57(2): 1 -12.

Krumboltz, J. D.. The happenstance learning theory. Journal of Career Assessment, 2009,17(2):135 -154.

Lee, B. H., Zhu, J., Diaz, D., Fischer, J., Flores, L. Y., Lin, C., Atilano, R.. Racial/Ethnic Minority Vocational Research Trends: An 11-Year Update. Career Development Quarterly,2017, 65(4):288 -301.

Lent, R. W., Brown, S. D., Hackett, G.. Social cognitive career theory. In D. Brown & Associates,Career choice and development. San Francisco, CA: Jossey-Bass,2002.

Lent,R. W.. Social cognitive career theory. In. S. D. Brown & R. W. Lent (Eds.),Career development and counseling: Putting theory and research to work. New York: Wiley,2013.

Maslow, A. H.. Motivation and personality. Quarterly Review of Biology, 1970 (1):187 -202.

Mayer, C. H.. Exceptional human experiences in the life and creative works of

Paulo Coelho: A psychobiographical investigation. Spirituality in Clinical Practice,2018.

McAdams, D. P. Ochberg, R. L. Psychobiography andLife Narratives. Durhanm: Duke University Press. 1999:63 - 64.

McAdams, D. P.. The person: An introduction to personality psychology (2nd ed.). Fort Worth, Texas: Harcourt Brace,1994.

McAdams, D. P., Adler, J. M.. How does personality develop? In D. K. Mroczek, & T. D. Little (Eds.),Handbook of personality development (pp. 561 - 614). Mahwah, NJ: Erlbaum,2006.

Mcbride, B. A., Dyer, W. J., Liu, Y., Brown, G. L., & Hong, S.. The differential impact of early father and mother involvement on later student achievement. Journal of Educational Psychology, 2009,101(2):498 - 508.

Mitchell, L. K., Krumboltz, J. D. Krumboltz's learning theory of career choice and counseling. In D. Brown & L. Brooks (Eds.),Career choice and development (3rd ed., pp. 233 - 280). San Francisco: Jossey-Bass. New York, NY: Wiley & Sons,1996.

Parsons, F.. Choosing a vocation. Books on Demand, 1909,14(7):636 - 640.

Patton, W., McMahon, M.. Career development and systems theory: Connecting theory and practice (2nd ed.). Rotterdam: Sense Publishers,2006.

Plessis, C. D. The method of psychobiography: presenting a step-wise approach. Qualitative Research in Psychology, 2017,14(2).

Ponterotto, J. G., Reynolds, J. D., Samantha, M., & Linda, C.. Psychobiography training in psychology in north america: mapping the field and charting a course. Europe's Journal of Psychology, 2015,11(3):459 - 475.

Ponterotto, J. G... Psychobiography in psychology: past, present, and future. Journal of Psychology in Africa, 2015,25(5):379 - 389.

Ponterotto, J. G., Reynolds, J. D.. Bobby fischer in socio-cultural perspective: application of hiller's (2011) multi-layered chronological chart methodology. Qualitative Report, 2013,18(42).

Rholes, W. S., Simpson, J. A., Tran, S., Iii, M. L. M., & Friedman, M. Attachment and information seeking in romantic relationships. Pers Soc Psychol Bull, 2007,33(3):422 - 438.

Runyan, M. K.. Progress in psychobiography. Journal of Personality, 1988,56(1):295 - 326.

Runyan, M. K., & William.. Psychobiography and the psychology of science: understanding relations between the life and work of individual psychologists. Review of General Psychology, 2006,10(2):147 - 162.

Runyan, W. M.. In defence of the case study method. American Journal of Orthopsychiatry, 1982,52(3):440 - 446.

Runyan, W. M.. Psychology and historical interpretations. New Jersey, NJ: Oxford University Press,1988.

Runyan, W. M.. Interview with William McKinley Runyan. 2002, Retrieved from http: //www. psychobiography. com/macinterview. html.

Savickas, M. L.. Donald Edwin Super: The career of a planful explorer. The Career Development Quarterly,1994, 43: 4 - 24.

Savickas, M. L.. Career construction theory and practice. In. S. D. Brown & R. W. Lent (Eds.), Career development and counseling: Putting theory and research to work (2nd ed., pp. 147 - 186). New York: Wiley,2013.

Schultz, W. T.. Handbook of psychobiography. New York, NY: Oxford University Press,2005.

Sheu, H. B., Lent, R. W., Brown, S. D., Miller, M. J., Hennessy, K. D., & Duffy, R. D.. Testing the choice model of social cognitive career theory across holland themes: a meta-analytic path analysis. Journal of Vocational Behavior, 2010, 76(2):252 - 264.

Sijbom, R. B. L., Lang, J. W. B., & Anseel, F.. Leaders' achievement goals predict employee burnout above and beyond employees' own achievement goals.

Journal of Personality, 2019,87(3):702－714.

Stebleton, M. J., & Eggerth, D. E.. Returning to our roots: Immigrant populations at work. Journal of Career Development, 2012,39:3－12.

Steiner, R.. Some thoughts about tradition and change arising from an examination of the british psychoanalytic society's controversial discussions (1943－1944). International Journal of Psychoanalysis, 1985,12:27－71.

Super, D. E.. The psychology of careers. NY: Harper and Row,1957.

Super, D. E.. A life-span, life-space approach to career development. Journal of Vocational Behavior, 1980,16(3): 282－298.

Thompson, M. N., &Dahling, J. J.. Perceived social status and learning experiences in social cognitive career theory. Journal of Vocational Behavior, 2012, 80(2):351－361.

Tseng, H., Yi, X., & Yeh, H.-T.. Learning-related soft skills among online business students in higher education: Grade level and managerial role differences in self-regulation, motivation, and social skill. Computers in Human Behavior, 2019, 95:179－186.

Tucker. R. C.. The georges' wilson reexamined: an essay on psychobiography. American Political Science Review,1977, 71(2): 606－618.

Young, R. A., Domene, J., Valach, L.. (Eds.), Counseling and Action: Toward life-enhancing work, relationships and identity. Dordrecht, The Netherlands: Springer Science & Media,2014.

〔美〕埃德蒙·莫里斯著,王维译:《贝多芬传》,译林出版社2016年版。

〔德〕贝多芬著,张宇译:《贝多芬自述:鼓掌吧,朋友们!》,江西教育出版2012年版。

〔美〕Feist, J., Feist, G. J.《人格理论》,人民卫生出版社2011年版。

〔法〕丰特奈尔等著,赵振江译:《牛顿传记五种》,商务印书馆2007年版。

〔美〕詹姆斯·格雷克著,樊栩静、吴峥译:《牛顿传》,高等教育出版社2014

年版。

〔美〕列维斯·洛克伍德著,刘小龙译:《贝多芬:音乐与人生》,中央音乐学院出版社 2011 年版。

〔法〕罗曼·罗兰著,傅雷译:《贝多芬传》,生活·读书·新知三联书店 2012 年版。

〔美〕马斯洛著,石磊编译:《马斯洛谈自我超越》,天津社会科学院出版社 2011 年版。

〔英〕迈克尔·怀特著,陈可冈译:《最后的炼金术士:牛顿传》,中信出版社 2004 年版。

〔美〕梅纳德·所罗门著,田园译:《贝多芬传》,陕西师范大学出版总社有限公司 2013 年版。

〔美〕舒尔茨编,郑剑虹译:《心理传记学手册》,暨南大学出版社 2011 年版。

〔美〕谢弗等著,邹泓等译:《发展心理学》(第九版),中国轻工业出版社 2009 年版。

车文博著:《中外心理学比较思想史》(第三卷),上海教育出版社 2009 年版。

陈静、李卫东著:《大学生职业价值观、自我效能感和就业能力的关系研究》,《高教探索》2011 年第 5 期。

陈徒手著:《人有病天知否:一九四九年后中国文坛纪实》,人民文学出版社 2000 年版。

陈曦、尹兆华主编:《大学生生涯辅导教程》(第二版),高等教育出版社 2006 年版。

程刚著:《熊十力的怪脾气》,《档案记忆》2017 年第 3 期。

邓子鹃:《近 10 年国内女性职业生涯发展研究综述》,《2012 年中国社会学年会“中国女性人才发展规律与政策研究”论坛论文集》,2012 年。

丁蕙、屠国元:《教师期望效应的理论解析及其应用》,《郑州大学学报》(哲学社会科学版)2004 年第 37 期。

丁为祥著:《熊十力学术思想评传》,北京图书馆出版社 1999 年版。

丁为祥:《方方面面熊十力》,《读书》2002 年第 7 期。

丁文江、赵丰田著:《梁启超年谱长编》,上海人民出版社 2009 年版。

杜睿、江光荣著:《自杀行为:影响因素、理论模型及研究展望》,《心理科学进展》2015 年第 23 期。

度阴山著:《知行合一王阳明》,北京联合出版公司 2014 年版。

范泓著:《与李敖打官司》,江苏文艺出版社 2005 年版。

傅光明著:《老舍之死口述实录》,复旦大学出版社 2009 年版。

傅宁军著:《李敖:我的人生不可复制》,人民文学出版社 2010 年版。

高增良:《老舍与纸鸢》,《新文学史料》1981 年第 1 期。

郭齐勇著:《天地间一个读书人——熊十力传》,上海文艺出版社 1994 年版。

郭齐勇著:《熊十力传论》,中国社会科学出版社 2013 年版。

郭永玉著:《人格心理学导论》,武汉大学出版社 2007 年版。

何梦君:《矛盾的性格:胡兰成心理传记学研究》,湖南师范大学硕士学位论文,2017 年。

贺岩:《红学之心理传记学研究》,陕西师范大学博士毕业论文,2016 年。

黄冈市地方志办公室.(2016). 风土民情,黄冈市人民政府. http://www.hg.gov.cn/art/2016/2/23/art_54_38506.html.

金树人著:《生涯咨询与辅导》,高等教育出版社 2007 年版。

金怡:《乱世中的凄惶不安——论张爱玲的都市传奇》,《赣南师范大学学报》2018 年第 39 期。

景海峰:《现代三圣——熊十力与梁漱溟、马一浮》,《中国文化》2010 年第 1 期。

景海峰著:《唯识与体用——熊十力哲学研究》,上海人民出版社 2017 年版。

莱西著:《心理学导论》,上海人民出版社 2017 年版。

赖诚斌、丁兴祥著:《在历史及社会文化脉络中个人主体性之建构——以沈从文为例》,《应用心理研究》2002 年第 16 期。

老舍著:《老舍论创作》,上海文艺出版社 1980 年版。

老舍著:《老舍文集》(第 15 卷),人民文学出版社 1991 年版。

老舍著:《老舍全集》,文汇出版社 2008 年版。

老舍著:《我这一辈子:老舍自传》,江苏文艺出版社 2010 年版。

李敖著:《李敖大全集》,中国友谊出版公司 2010 年版。

李近朱著:《乐圣贝多芬》,上海人民出版社 1997 年版。

李抗、汪凤炎:《人心是何? 现代新儒家的心理观》,《心理科学》2018 年第 6 期,第 1524 – 1529 页。

李祥俊著:《熊十力思想体系建构历程研究》,北京师范大学出版社 2013 年版。

李小菁:《走向民间的赖和:一种互为主体的心理传记》,辅仁大学心理学研究所硕士论文,2018 年。

李燕、肖博文:《父母的人格、教养行为与儿童发展》,《东北师大学报(哲学社会科学版)》2005 年第 2 期。

梁璞:《黄冈地区民国名人档案文献开发利用研究》,华中师范大学硕士学位论文,2015 年。

梁启超著:《梁启超传记五种》,百花文艺出版社 2009 年版。

梁启超等著:《王阳明传》,红旗出版社 2017 年版。

林崇德著:《发展心理学》,人民教育出版社 2016 年版。

林清玄:《我所认识的李敖》,《东西南北》2003 年第 4 期。

刘爱军著:《熊十力“性智”统领“量智”下的新儒家知识论》,《哲学研究》2018 年第 3 期。

刘聪慧、王永梅、俞国良、王拥军:《共情的相关理论评述及动态模型探新》,《心理科学进展》2009 年第 5 期。

刘丹、石国兴、郑新红:《论积极心理学视野下的心理韧性》,《心理学探新》2010 年第 30 期。

刘海玲、王利山:《霍兰德职业兴趣理论及其价值分析》,《职业时空》2005 年第 22 期。

刘俊哲、段吉福、唐代兴著:《熊十力、唐君毅道德与文化思想研究》,巴蜀书社 2008 年版。

刘俐俐:《张爱玲研究的现状、问题分析及其思考》,《南京社会科学》2013 年第 10 期。

刘莉莎:《梁漱溟、马一浮、熊十力教育思想与实践研究》,武汉大学博士学位论文,2017 年。

刘晴波、彭国兴著:《陈天华集》,湖北人民出版社 2008 年版。

刘素凤、赖诚斌、丁兴祥:《从“小脚”中蜕变与重生:张幼仪“做自己”的痛苦追寻》,《生命叙事与心理传记学》2016 年第 4 期。

刘学忠:《大学生创新精神与创新能力的培养路径》,《教育研究》2008 年第 1 期。

罗胜银著:《杨绛传》,北京联合出版公司 2015 年版。

罗文荣:《梁启超与李端棻》,《读书》1985 年第 7 期。

梅珍兰:《童年的意义、困境与出路》,《全球教育展望》2013 年第 3 期。

孟慧著:《职业心理学》,中国轻工业出版社 2009 年版。

莫雷等著:《教育心理学》,教育科学出版社 2007 年版。

慕容素衣著:《杨绛传》,江苏凤凰文艺出版社 2016 年版。

南海、薛勇民:《什么是“生涯教育”——对“生涯教育”概念的认知》,《中国职业技术教育》2007 年第 3 期。

潘怡为著:《老舍评传》,青岛出版社 2009 年版。

彭聃龄著:《普通心理学》,北京师范大学出版社 2011 年版。

彭琼:《学习动机理论综述》,《社会心理科学》2013 年第 13 期。

钱铭怡等著:《变态心理学》,北京大学出版社 2006 年版。

秦虹、张武升:《创新精神的本质特点与结构构成》,《教育科学》2006 年第 2 期。

荣斌著:《李清照》,济南出版社 2010 年版。

沈洁:《霍兰德职业兴趣理论及其应用述评》,《职业教育研究》2010 年第 7 期。

施琪嘉著:《创伤心理学》,中国医药科技出版社2006年版。

舒尔茨著:《心理传记学手册》,暨南大学出版社2011年版。

舒乙:《爸爸的最后两天》,《收获》1985年第4期。

舒跃育、王栋:《心理传记资料分析中的“凸显性指标”》,《心理科学》2012年2月。

舒跃育:《历史人物之二重形象研究》,西北师范大学硕士学位论文,2009年。

舒跃育:《心理传记学研究现状、存在问题及展望》,《岭南师范学院学报》2010年第31期。

舒跃育:《心理动力系统与心理学的目的论原则》,吉林大学博士学位论文,2012年。

舒跃育:《心理传记学的历史与展望》,《西北师大学报》(社会科学版)2018年第5期。

宋志明著:《熊十力评传》,百花洲文艺出版社1993年版。

苏永荣:《权威民主型教养方式:学理分析、价值探赜及实践策略》,《平顶山学院学报》2016年第4期。

桃花潭水著:《李清照:尘烟如梦花事了》,哈尔滨出版社2015年版。

田宝、赵耀、田盈雪著:《职业心理学》,首都师范大学出版社2011年版。

汪凤炎著:《中国心理学思想史》,上海教育出版社2008年版。

王臣著:《愿此生岁月静好:张爱玲传》,东方出版社2016年版。

王明德:《凝质与流质之间——康有为、梁启超的个性差异与其不同的政治境遇》,《河海大学学报》(哲学社会科学版)2007年第9期。

王青:《论贝多芬与维也纳贵族的关系》,《星海音乐学院学报》2007年第3期。

王世明著:《双重身份认同的矛盾与超越:苏轼心理传记学研究》,闽南师范大学硕士学位论文,2013年。

王甦、汪安圣著:《认知心理学》(重排本),北京大学出版社2010年版。

王婉贞著:《讲故事的人:莫言文学成就的心理传记学研究》,华中师范大学硕士学位论文,2016 年版。

王晓琎:《熊十力与梁漱溟的科学观之比较研究》,《陕西社会主义学院学报》2012 年第 2 期。

王新路、李朝旭、季润青、谭镇、孟洁、绍宣毓:《典型腐败高官的心理传记学研究》,《社会心理科学》2016 年第 3 期。

王秀琴:《心理传记学研究综述》,《阴山学刊》(社会科学版)2014 年第 3 期。

王羽著:《张爱玲传》,上海文化出版社 2009 年版。

魏毅君:《社会性别视角下女性职业生涯发展研究》,福建师范大学硕士论文,2012 年。

温清霞:《习得性无助研究述评》,《江苏理工学院学报》2014 年第 1 期。

吴继霞、曹莉萍、朱浚溢:《大学名校长之唐文治:一种心理传记学的探索》,《生命叙事与心理传记学》2013 年第 1 期。

吴继霞、薛飞:《梅贻琦人格特征的历史心理学分析》,《学术交流》2008 年第 11 期。

吴继霞、赵子真:《竺可桢人格特质初探》,《苏州大学学报》(哲学社科版)2008 年第 5 期。

吴其昌著:《梁启超传》,百花文艺出版社 2004 年版。

吴毓清:《辜鸿铭人格特质的心理传记学研究》,广州大学硕士学位论文,2016 年。

萧延中:《在明澈"冰山"之下的幽暗底层——写在〈心理传记学译丛〉即将出版的时候》,《中国图书评论》2010 年第 6 期。

谢义忠、宋岩:《员工就业能力、职业自我效能感、工作不安全感对主观职业生涯成功的影响》,《中国人力资源开发》2017 年第 5 期。

熊十力著:《熊十力全集》,湖北教育出版社 2001 年版。

熊十力著:《熊十力别集〈体用论〉》,中国人民大学出版社 2006 年版。

熊十力著:《境由心生》,红旗出版社 2015 年版。

徐慧、张建新、张梅铃:《家庭教养方式对儿童社会化发展影响的研究综述》,《心理科学》2008 年第 4 期。

许葆云著:《王阳明的六次突围》,广西师范大学出版社 2014 年版。

薛荣祥著:《帝网重重中的太虚法师人间佛教:一个互为主体的心理传记研究》,辅仁大学博士学位论文,2017 年。

闫师欧著:《大学生的职业自我效能感对职业价值观的影响研究》,西南财经大学硕士学位论文,2012 年。

阎秉华:《熊十力二三事》,《炎黄春秋》2013 年第 5 期。

杨绛著:《我们仨》,生活 · 读书 · 新知三联书店 2003 年版。

杨绛著:《走到人生边上——自问自答》,商务印书馆 2007 年版。

杨绛著:《杨绛文集 · 散文卷上》,人民文学出版社 2009 年版。

杨绛:《走到人生边上》,《记者观察》2014 年第 12 期。

杨绛著:《将饮茶》,生活 · 读书 · 新知三联书店 2016 年版。

杨鑫辉著:《心理学通史》(第一卷),山东教育出版社 2010 年版。

杨亚林:《幽闭情结:解读张爱玲的一个心理依据》,《华文文学》2011 年第 6 期。

姚裕群著:《职业生涯规划与发展》,首都经济贸易大学出版社 2003 年版。

叶浩生著:《西方心理学的历史与体系》第 2 版,人民教育出版社 2014 年版。

叶贤恩著:《熊十力传》,湖北人民出版社 2010 年版。

应思远:《赵梓森院士自大情绪特质的心理传记学研究》,华中师范大学硕士学位论文,2017 年。

余祖伟:《人格面具与心理防御机制探析》,《广西社会科学》2009 年第 6 期。

曾海龙著:《唯识与体用——熊十力哲学研究》,上海人民出版社 2017 年版。

曾红著:《儒道佛理想人格的融合》,山东教育出版社 2012 年版。

张爱华、刘晓虹:《心理弹性研究进展及其对我国创伤护理的启示》,《中华护理杂志》2011 年第 7 期。

张爱玲、宋淇、宋邝文美等著:《张爱玲私语录》,北京十月文艺出版社 2018 年版。

张庚:《〈茶馆〉漫谈》,《人民日报》1985 年 5 月 27 日。

张宏图:《从〈茶馆〉看老舍的民族文化悲情》,《满族研究》2007 年第 1 期。

张惠苑著:《张爱玲年谱》,天津人民出版社 2014 年版。

张继元、丁兴祥:《弗洛伊德百年之后:辅仁心理传记学的继往开来》,海峡两岸首届“生命叙说与心理传记学”学术研讨会论文,台湾桃园 2012 年版。

张少恩:《“仁心本体”与“体用不二”——以熊十力孟子学诠释为中心》,《江苏师范大学学报》(哲学社会科学版)2018 年第 4 期。

张延玉著:《明史》第 23 册,中华书局出版社 1974 年版。

张云江:《唐君毅与牟宗三佛学思想的比较》,《西南民族大学学报》(人文社会科学版)2017 年第 2 期。

郑剑虹、黄希庭、张进辅:《梁漱溟人格的初步研究》,《心理科学》2003 年第 1 期。

郑剑虹、黄希庭:《国际心理传记学研究述评》,《心理科学》2013 年第 6 期。

郑剑虹:《中国大陆的心理传记学研究及其质量结合模式》,《生命叙事与心理传记学》2013 年第 1 期。

郑剑虹:《心理传记学的概念、研究内容与学科体系》,《心理科学》2014 年第 4 期。

郑雪著:《积极心理学》,北京师范大学出版社 2014 年版。

郑雪著:《人格心理学》(第二版),暨南大学出版社 2017 年版。